LE CHEVALIER DE LA CHARRETTE
OU LE ROMAN DE LANCELOT

read:

Dans Le Livre de Poche

« Lettres gothiques »

LA CHANSON DE LA CROISADE ALBIGEOISE.
TRISTAN ET ISEUT (Les poèmes français - La saga norroise).
JOURNAL D'UN BOURGEOIS DE PARIS.
LAIS DE MARIE DE FRANCE.
LA CHANSON DE ROLAND.
LE LIVRE DE L'ÉCHELLE DE MAHOMET.
LANCELOT DU LAC.
François Villon : POÉSIES COMPLÈTES.
Chrétien de Troyes : LE CONTE DU GRAAL

LETTRES GOTHIQUES

Collection dirigée par Michel Zink

Chrétien de Troyes

LE CHEVALIER DE LA CHARRETTE

ou

LE ROMAN DE LANCELOT

Édition critique d'après tous les manuscrits existants,
traduction, présentation et notes
de Charles Méla

LE LIVRE DE POCHE

Charles Méla, né en 1942, ancien élève de l'École Normale Supérieure, agrégé des Lettres classiques et docteur d'État, est professeur ordinaire de littérature française médiévale à l'Université de Genève.

Il est l'auteur de deux ouvrages aux éditions du Seuil, *Blanchefleur et le saint homme, ou la semblance des reliques. Étude comparée de littérature médiévale*, Paris, 1979 (Connexions du Champ freudien), 125 p. et *La Reine et le Graal. La Conjointure dans les romans du Graal, de Chrétien de Troyes au Livre de Lancelot*, Paris, 1984, 480 p., ouvrage couronné par l'Académie française en 1985. Coéditeur avec Brigitte Cazelles du Colloque de Stanford, *Modernité au Moyen Age : le défi du passé,* Genève, Librairie Droz, 1990 (Recherches et Rencontres 1, Publications de la Faculté des Lettres de Genève), 316 p.

Il a déjà traduit et présenté, dans la collection *Lettres Gothiques*, *Le Conte du Graal* de Chrétien de Troyes (Le Livre de Poche, n° 4525).

À la mémoire de mon père,
pour ma mère.

PRÉFACE

pour Pascale

Nous sommes en 1177, puisque cette année-là, selon une particularité assez rare du calendrier expressément mentionnée dans le troisième roman de Chrétien de Troyes, le *Chevalier au Lion*, la Saint-Jean (24 juin) survenait avant le deuxième dimanche qui suit la Pentecôte, soit le 26 juin. L'Ascension tombait donc le 2 juin, ce qui convient également au *Chevalier de la Charrette* dont le récit, entrelacé avec le précédent dans la fiction comme probablement dans sa rédaction, débute avec cette fête pour se dérouler à l'époque de la fenaison.

À cette date, Chrétien de Troyes, un clerc rompu à la culture antique et à Ovide, qui avait reçu le titre de maître dans une école épiscopale du Nord de la Loire, à Troyes ou en Île-de-France, peut-être même à Chartres, et qu'on a voulu identifier avec un certain Cristianus, chanoine de l'abbaye de Saint-Loup à Troyes, d'après une charte de 1173, mais qui, plus probablement, n'avait reçu que les ordres mineurs et la simple tonsure, était entré au service de la cour de Champagne où il poursuivait sous la protection de la comtesse Marie une carrière littéraire.

C'est d'elle, de sa « dame de Champagne », qu'il reçoit la matière du livre qu'elle lui commande sur le *Chevalier de la Charrette*, ainsi que la direction qu'il doit suivre. S'engager dans le « sens » indiqué, sans jamais dévier en chemin, quel qu'en fût le risque, à l'instar du héros soumis à sa Reine, fut, avec le « sens » de l'art et l'adresse qui le caractérisaient, sa manière à lui d'inventer pour le roman et pour l'amour un « sens » tout autre, une autre Raison, encore inouïe, qui devait pour un temps changer le sort de nos lettres.

Le lieu ni la personne ne doivent rien ici au hasard : la maison de Champagne a rayonné de tout l'éclat de la puissance et de la gloire, et la comtesse Marie a présidé à un nouvel art de vivre et d'aimer. La renaissance des lettres qui s'attache à la deuxième moitié du XIIe siècle fut aussi bien une naissance, celle de notre roman, dans la double acception d'un nouveau genre de récit composé dans une langue neuve, émergée du latin, qu'on appelle romane. Les fées qui se penchèrent sur son berceau furent, pour reprendre l'expression à Chrétien :

« Mainte bele dame cortoise
Bien parlant an lengue françoise. »

Marie avait en effet de qui tenir. Elle était la fille aînée d'Aliénor d'Aquitaine, dont le premier mariage avec le roi de France, Louis VII, dut aux prières de saint Bernard d'obtenir, après sept années stériles, la grâce de cette naissance, en 1145. Princesse royale, elle épouse en 1164 (après un consentement matrimonial conclu dès 1153) l'un des trois plus grands feudataires du royaume de France avec le comte de Flandre et le duc de Bourgogne, à savoir le comte de Champagne, Henri Ier le Libéral, homme de grande largesse et de grande culture lui-même, qui était né en 1127.

La révolution des mœurs et des lettres avait commencé avec Aliénor, petite-fille du premier troubadour, Guillaume IX de Poitiers, lorsqu'en mai 1152, après sa répudiation, elle s'était remariée avec Henri Plantagenêt, comte d'Anjou et duc de Normandie, bientôt roi d'Angleterre, en 1154. Elle tint en effet de 1165 à 1173 à Poitiers et en Aquitaine une cour extrêmement brillante, au point de rencontre entre le Midi et le Nord, avec les plus grands troubadours (dont Bernard de Ventadour) d'un côté, c'est-à-dire les chantres de la *fin'Amors* en langue d'oc, et, de l'autre, les clercs normands (l'auteur de l'*Éneas* et Wace) ou poitevins (Benoît de Sainte-Maure) qui, avec les romans d'Antiquité, surent, dans le langage d'Ovide, adapter le modèle épique virgilien à la vision historique d'un transfert de savoir et de pouvoir d'Orient en Occident, des Troyens aux Bretons, en passant par Rome. Mais, à cette même cour de Poitiers qui vit éclore le miracle anglo-angevin, séjourna souvent aux environs de 1170 la jeune et brillante Marie, âgée alors de 25 ans. À partir de 1173, date de la captivité d'Aliénor, prisonnière de son mari en Angleterre, c'est la Champagne qui prenait le relais de cette activité littéraire : Chrétien imposait désormais dans le roman la « matière de Bretagne », en lieu et place du roman antique, comme en témoigne son *Cligés*, tandis que voyait le jour la féconde école lyrique des trouvères en langue d'oïl (avec Gace Brulé).

Or, nous avons des échos précis de toute une polémique littéraire et d'un large débat qui prit place entre 1170 et 1174 sur la nature de l'amour. Chrétien est aussi, dans le temps, le premier trouvère. Comme l'a montré A. Roncaglia dans un article célèbre sur le cryptonyme littéraire de *Carestia* (par jeu de mots avec *Crestia* sur le nom de « Chrétien »), une véritable correspondance poétique s'est échangée entre les deux plus grandes figures de la lyrique d'Oc, Raimbaut d'Orange et Bernard de Ventadour, et Chrétien lui-même, qui venait de traduire Ovide et d'écrire sur le roi Marc et Yseut la Blonde. À Puivert, dans l'Aude, s'étaient rencontrés entre août et septembre 1170 Raimbaut et Bernard, tandis qu'on fêtait Eléonore, la fille d'Aliénor, fiancée à Alphonse VIII de Castille, au moment de son départ pour l'Espagne. Les visites de Marie à la cour de sa mère à Poitiers vers la même période avaient pu d'autre part introduire Chrétien dans le cercle des poètes. Raimbaut s'était placé sous le signe de Tristan l'amoureux : il a bu lui aussi le breuvage d'amour au gré de sa destinée et, dans son poème, les mains sous la couverture qui étreignent le corps nu de la dame ou l'allusion à la chemise d'Yseut pour sa nuit de noces évoquent assez la joie charnelle qu'il chante. Aussi Bernard le désigne-t-il du nom de Tristan « qui sait si bien se moquer (*gabar*) et rire ». Chrétien connaît aussi dans la *Charrette* cette façon de se jouer en amour et de pousser le « gab » jusqu'à la cruauté, comme il sait rendre la nuit des amants et sa merveille, mais sa propre chanson « D'Amors, qui m'a tolu a moi » rejette le modèle tristanesque : la force d'amour ne doit rien à la magie de quelque breuvage empoisonné, elle vient de la seule perfection du cœur (« fins cuers », un cœur affiné comme de l'or pur), qui librement en a cru ses yeux, pour vouloir sans faiblir cette perte désormais de tout pouvoir sur soi-même. Dans le service d'Amour, il n'est pas homme à s'y livrer par jeu (« a gas »). Chrétien rejoint ici l'expérience intérieure, tout aussi radicale, de Bernard qui chantait l'alouette oublieuse de soi au-devant des rayons du soleil, au point de se laisser, dans sa joie, soudainement tomber. Ainsi Lancelot s'avance-t-il vers le Gué défendu, abandonné au seul penser d'Amour, sans plus savoir s'il est ou s'il n'est pas, ni même qui il est, où il va, d'où il vient, toute réalité, y compris la sienne, abolie dans l'abîme qu'ouvre soudain en lui et autour de lui Celle dont l'absence tout entier le possède.

« Car je ne puis me retenir d'aimer
Celle dont jamais je n'aurai profit.
Elle m'a pris mon cœur, elle m'a pris moi-même
Et elle-même et le monde entier,
Et quand c'est elle qu'elle m'a pris, elle ne m'a rien laissé,
Sinon le désir et le vouloir du cœur. »

Cette seconde strophe de la célèbre chanson *Can vei la lauzeta mover* convient à l'amant de la Reine, mais Bernard, de désespoir, blâme sa Dame d'être bien femme et abandonne la partie : il renonce à l'amour comme au chant, « e.m recre », de ce mot que Chrétien honnit, la « recréance » qui consiste à lâcher pied dans le combat ou en chemin comme « recru de fatigue », c'est-à-dire, en définitive, à céder sur son désir pour s'épargner le pire. Contre Raimbaut et contre Tristan, Chrétien affirme que le véritable amour est l'affaire d'un choix, celui de vouloir le vivre dans toute son exigence, et non pas d'une contrainte subie contre sa volonté et hors de toute raison. Contre Bernard, il maintient ce choix jusqu'au bout, quoi qu'il advienne, sans jamais dévier ni reculer :

« J'en ai cru mes yeux,
Ils m'ont engagé dans une voie
Dont jamais je ne sortirai, où jamais je n'ai renoncé. »

« Ains n'i recrui », ce sont ses mots. Il sait très bien, comme le répètent les théoriciens médiévaux, tel André le Chapelain dans son traité *Sur l'amour*, que l'amour est une passion qui procède de la vue, devant la beauté de l'autre sexe, ainsi que de l'obsédante pensée qui en résulte, mais, s'il faut parler d'amour vrai, qu'on sache que la vérité en amour, pour contradictoires qu'en soient les termes, se soutient seulement dans une éthique du désir, qui consiste à aller jusqu'à l'extrême du manque qu'on porte en soi, sans se leurrer ni se satisfaire d'un quelconque bien trouvé en chemin :

« Jamais, si tu m'en crois, tu n'aimeras l'abondance,
Et en cas de famine, n'aie pas de crainte :
Un bien que l'on retarde a plus de douceur. »

Disette, famine, ces mots traduisent ici l'ancien français « chier tans », le temps où les choses se font chères, parce que rares, en provençal justement : « Carestia », la cherté, mais aussi bien le prix, selon l'ambiguïté propre au mot « cher », « carus », dont Raimbaut d'Orange se sert dans l'envoi d'une de ses chansons pour désigner son mystérieux destinataire, un autre poète comme lui, « Chrétien » peut-être. La « fin'Amors », placée sous le signe de cette essentielle famine, rencontrerait ainsi le mythe du *Banquet* où, selon Platon, Amour fut conçu du Manque ou de Pauvreté (« Penia »). Si habile à tirer parti des ressources de l'art, Chrétien pouvait-il rêver d'un meilleur prête-nom ? Son coup de force était d'autant plus brillant qu'il avait, ce faisant, repris son cher Ovide, d'après le fameux passage des *Amores*, II, 19, vv. 25 - 26 :

« Pinguis amor nimiumque patens in taedia nobis
Vertitur »
Un amour repu et trop en vue se change vite pour nous en dégoût,

ou le « dum copia tollat amorem » (jusqu'à ce que l'abondance chasse l'envie d'aimer) des *Remèdes*, v. 541. Mais le piment au plaisir que cherche Ovide dans un art de séduire qui est aussi un art de jouir le cède, avec la « fin'Amors », aux rigueurs d'une ascèse en proie au seul désir, dans l'attente d'une joie qui vient parfaire une illumination tout intérieure.

Un autre témoignage sur ce nouvel art d'aimer apparu dans

l'entourage d'Aliénor et de Marie, avec la connivence des dames du Midi, peut être recueilli dans le traité *Sur l'amour* composé vers 1186 par André le Chapelain qui fut entre 1181 et 1186, pendant la régence de la comtesse Marie, devenue veuve, son secrétaire personnel. Il y évoque 21 « jugements d'amour » rendus par Aliénor et par Marie, par Elisabeth de Vermandois, femme de Philippe de Flandre et cousine de Marie, et par la reine de France, Adèle de Champagne, belle-sœur de Marie, par Ermengarde, la vicomtesse de Narbonne, et par l'assemblée des dames de Gascogne (« Dominarum curia ») : toute une casuistique amoureuse s'élaborait à travers ces divertissements mondains, ces jeux aristocratiques et intellectuels, qui prenaient figure de « cours d'amour ».

Il s'en dégage, dans sa plénitude, un discours amoureux qui résonne au cœur de l'aventure du *Chevalier de la Charrette*. Dans une lettre sans doute fictive que son chapelain rapporte, en date du 1er mai 1174 (soit par excellence le jour de l'amour), la comtesse Marie tranche la question de savoir si l'amour peut exister entre époux et s'il faut condamner la jalousie entre amants. La réponse est non, dans les deux cas. L'amour n'a de sens qu'en dehors du mariage, et la jalousie prend un tout autre sens quand elle sort de la comédie conjugale des fabliaux. Le don réciproque des amants repose en effet sur la gratuité d'un libre consentement, non pas sur la contrainte d'un devoir. Le mariage exclut le pouvoir de dire non. Chacun y détient l'autre comme un bien qu'on possède et dont on a l'usage, sans qu'il puisse se refuser à l'œuvre de chair, en vue de procréer ou d'apaiser l'ardeur naturelle. L'acte conjugal est affaire d'obéissance réciproque, l'œuvre d'amour n'est au contraire jamais due, elle est l'effet d'une grâce, qui ne saurait être acquise une fois pour toutes. Elle relève de la liberté, non de la nécessité, d'une exigence intérieure, non d'une contrainte sociale, d'une élection dont on peut déchoir, non d'une possession assurée. L'affection conjugale n'est pas la dilection amoureuse. Cette grâce, toujours incertaine, n'a cependant rien d'arbitraire, elle a sa raison. En amour, dire oui dépend du mérite que s'acquiert chacun des contractants. L'époux qui réclame son dû n'a rien fait pour le mériter. Toute la conduite de l'amant doit au contraire témoigner que l'autre compte à ses yeux, que cet amour enrichit sa vie, est au principe de ses actes, le pousse constamment à se rendre digne de l'autre qui en tire légitime fierté. La prouesse du chevalier et l'honneur qu'on lui rend le grandissent aux yeux de sa dame qui sait qu'elle l'inspire et ne l'en aime que plus :

« Probitas sola quemque dignum facit amore »

L'honnêteté seule rend digne d'être aimé.

L'idéal et l'estime entrent désormais en jeu dans l'amour qui mérite ainsi son nom de courtois, parce qu'il rend meilleur et qu'il civilise. L'attention que j'accorde à l'autre, et dont témoignent la fidélité à la parole donnée, le respect dans les gestes de la vie, ainsi que le secret qui préserve cet amour du déshonneur ou de l'envie, mais aussi de la vanité personnelle, ne se dissocie pas de la courtoisie des manières et du courage des actes dans le comportement social, comme d'autant de signes de cette richesse intérieure qu'on doit au vrai amour. Mais plus Lancelot brille aux yeux du monde, plus il doit garder secrète la source de toute perfection, comme s'il fallait taire ce qui est au plus intime, d'autant plus qu'il rayonne au-dehors.

Quant à la jalousie (« zelotypia »), consubstantielle au véritable amour :

« Qui non zelat, amare non potest »

Qui n'est jaloux ne peut aimer,

elle ne signifie rien de vil ni de grotesque, mais traduit au contraire l'antique loi qui veut que « la vie et le règne de l'Amour » se passent dans « la crainte et le tremblement » :

« Amorosus semper est timorosus »

Qui est rempli d'amour est toujours rempli de crainte.

Parce qu'on n'est jamais assuré de la grâce reçue. On peut faillir et, malgré soi ou faute d'une plus haute volonté, s'en être rendu indigne. Aussi bien, en pareille épreuve, quelque chose demeure irréductiblement hors de toute portée et rien ne s'en approche sans une obscure angoisse.

Ce discours amoureux n'élude d'ailleurs rien de la question de la jouissance. Après tout, rétorque une dame de petite noblesse au grand seigneur galant qui l'entreprend, l'amour est-il autre chose que la poursuite effrénée (« immoderata ambitio ») d'une certaine prédilection charnelle ? Et la reine de France, Adèle de Champagne, sait fort bien que si on s'en tient à l'instinct naturel des appétits charnels (« naturali instinctu libidinis »), un jeune homme recherche plutôt une femme faite, et l'homme mûr, une jeune fille, tandis que la femme, jeune ou adulte, attend plus d'un homme jeune que d'un homme avancé en âge. Voilà pour l'aspect physique des choses (« physicalis inquisitio rei ») ! Mais la « libido », la volupté excessive, la sensualité violente ne se confondent pas avec l'amour. La doctrine courtoise est en matière d'amour comparable aux enseignements de l'Église au sujet du mariage. « Qui aime sa femme avec trop d'ardeur est adultère », dit saint Jérôme, dans ses diatribes contre Jovinien, ce dont, au reste, la courtoisie tire argument pour situer l'amour en dehors du mariage. Mais ce n'est pas si simple, puisque la religion de la « fin'Amors » édicte à son tour cette règle entre amants courtois :

> « L'homme que tourmente trop le plaisir des sens ["voluptas"] ne saurait aimer. » (Règle 29)

De même, dans le 12e jugement, rendu par la comtesse de Flandre, à propos d'un amant indélicat qui trompe la première avec la seconde, puis celle-ci avec celle-là, sitôt ses faveurs obtenues :

> « Le plaisir trop impérieux des sens est tout à fait ennemi de l'amour. »

L'appétit de jouissance ne cherche qu'à se satisfaire lui-même, au mépris de l'autre, sans lui accorder, selon la juste discipline du désir, la place qui lui revient. La jouissance en proie à son fantasme trompe le désir qu'il faut savoir maintenir, parce qu'il la contredit sans fin et qu'en lui seulement peut loger le vrai amour. Entre Ovide et Chrétien de Troyes est venu saint Augustin.

Une question demeure cependant : si, à en croire le jugement 13 du traité, attribué à la même comtesse de Flandre, telle dame a su, par la grâce de son amour, conduire son amant du fond de la perversité (« improbitas ») au faîte de la droiture (« probitas ») et de toute courtoisie (« curialitas »), que penser d'un roman comme « la *Charrette* » qui donne, à l'inverse, pour emblème à son héros le nom de la pire honte, qui en fait une exigence du parcours amoureux et même un commandement venu de la Dame ? Le thème en aurait-il été livré à Chrétien comme l'un de ces cas où se posait aux amants une question de droit, difficile à trancher ? Peut-on, par exemple, refuser son regard et sa parole à un amant qui fut loyal au point d'encourir le pis pour sa dame ? Comment doit alors se comporter l'amant ainsi moqué ? En renonçant comme Bernard de Ventadour ? Ou en persévérant dans la voie d'amour ? Nous trouvons l'écho de ces débats dans les monologues centraux de Lancelot ou de la reine (vv. 4197 - 4396) et leur solution dans la raison soudain avancée qui prend de court l'amant comme le lecteur : « Je vous en ai voulu, lui dit-elle, non pas de vous être déshonoré pour moi en montant dans la charrette, mais d'avoir tardé un instant à le faire » (cf. vv. 4484 ss). C'est pousser à l'hyperbole et au paradoxe le service d'amour. Mais loin qu'il s'agisse ici d'un jeu de l'esprit ou d'une jolie trouvaille galante, ce renversement donne au roman une tout autre profondeur, analogue à ce qui fut aux yeux des hommes de la fin de l'Antiquité la folie de la Croix. Dans l'ordre des choses humaines, le scandale arrive quand l'amour touche à la question de la vérité, en choisissant le pire contre toute raison. Quiconque, pourtant, ne serait ainsi allé sans faiblir jusqu'au bout de sa nuit compromet, sans qu'il le sache, le jour qui pour tous se lève. Et la proposition s'inverse s'il est vrai que le Fils de Dieu fut couvert d'opprobre et humilié sur la croix pour que s'ouvre enfin aux hommes le Royaume. Avec la *Charrette*, Chrétien a tenu le pari insensé de faire à la fois de Lancelot un nouveau Tristan, coupable du même adultère et de la même trahison, et la figure du Christ, Sauveur des hommes. Mesure-t-on assez l'audace d'avoir figuré le Christ en amant de la Reine ? Mais il faut qu'on sache ce qui dans la destinée humaine est mis vraiment en jeu.

Une faille s'ouvre au cœur du monde humain, tel que l'incarne l'ordre arthurien, sitôt le Roi atteint par le geste qui lui ôte sa Reine. Les récits d'origine celtique que véhiculent les conteurs de l'époque, depuis la Bretagne ou le Pays de Galles, par le relais de Poitiers et de la cour anglo-normande, sont de deux ordres : un héros entraîné dans une chasse magique y conquiert avec la fille du Roi du Monde la Souveraineté (comme dans *Érec et Énide*) ou bien un revenant de l'Autre Monde contredit au roi d'ici-bas son royaume en revendiquant comme sienne la reine qu'il lui enlève (comme dans la *Courtise d'Étain*). « L'Île de Verre » que cache peut-être le nom de Gorre est ce lieu d'inquiétante merveille d'où nul n'est jamais revenu, mais où chacun peut lire sa mort en puissance et où se laisse entrevoir le reflet interdit de ce dont l'homme n'a jamais rien voulu savoir. Car le royaume de Gorre que traverse la reine Guenièvre est le miroir secret où se trouble la belle image arthurienne : pourquoi, en effet, la noble figure d'un père, en la personne du roi Bademagu, viendrait-elle en regard d'un impuissant roi Arthur, si un mauvais fils dénommé Méléagant n'avait, comme une figure maudite de Lancelot et de son coupable secret, affiché en pleine cour son désir pour la reine, et osé dire, ce qui était vrai, qu'elle n'appartenait plus au roi ?

Lancelot, mystérieux et masqué, dépossédé de lui-même et de son nom, s'engage sur les chemins de ce monde qui n'est Autre que faute d'être reconnu le même, à moins qu'il ne faille plutôt penser que le même n'existe jamais que comme Autre, et les aventures surgissent du dehors comme la fantasmagorie de ce qu'il emporte au plus intime de soi : maîtriser le feu du ciel pour prendre place dans la couche digne d'un roi qui lui était interdite, puis transpirer d'angoisse dans le lit de la Fée amante, pénétrer enfin dans un espace enchanté où les cheveux d'or accrochés au peigne au bord de la fontaine suffisent à évoquer, dans le folklore des eaux, la chevelure serpentine dont se voile la nudité des fées aquatiques des sources et des rives; où la carole magique dans la Plaine des jeux et de la jeunesse rappelle, par sa ressemblance avec un paradis d'enfance, le pays merveilleux de l'éternel été où, selon la tradition celtique, une femme conduit le mortel qu'elle est venue chercher. On entendra peu après le héros invoquer à l'aide sa « dame » (v. 2342), non pas la reine, mais la fée qui l'avait nourri en son enfance, la Dame du Lac dont il porte le nom. Comment mieux dire, dans un instant de confusion, que la Reine Amante et la Fée Mère n'ont, dans les rêves de l'Autre Monde, jamais fait qu'une ?

Mais d'autres figures ont pris entre-temps le relais : voici dans le Pré au jeux un beau vieillard (vv. 1649 ss) contre lequel un fils se révolte avec violence, parce qu'il lui interdit une femme, par anticipation du roi Bademagu et de Méléagant, le ravisseur; puis, à deux reprises (vv. 2016 ss, 2540 ss), un hôte accueillant, revenant de la chasse, bientôt entouré de sa famille. Se trouve ainsi dissocié un scénario sous-jacent à nombre d'aventures arthuriennes, l'hospitalité amoureuse offerte par la fée au héros et le retour, chargé de menaces, de l'hôte parti à la chasse (voir la tradition qui va du *Festin de Bricriu*, dans la geste irlandaise de Cuchulainn, jusqu'à *Sire Gauvain et le Chevalier Vert* en moyen anglais). Sans doute l'hôte est-il ici bienveillant comme l'est Bademagu lui-même pour le héros, mais celui-ci n'en est pas moins affronté à l'épreuve d'une décapitation dans l'épisode suivant de l'Orgueilleux qui vient le défier (cf. vv. 2632 ss), tout comme Gauvain risquera sa tête pour s'être un peu compromis avec l'épouse féerique du Chevalier Vert. L'important est de percevoir ici, en filigrane du récit, la mise en place fantasmatique, comme sur une autre scène, des images redoutées ou bénies de la mère et du père.

Où mène pourtant cet enchaînement d'aventures ? Au lit de la reine, une scène qui très vite tourne au pire, comme l'annonçait l'infamie de la charrette où montent ceux qui ont perdu tout sens de la justice et de la loi et qui se sont exclus des lois en usage chez les hommes, mais aussi comme le rappellera par jeu la feinte couardise du héros au tournoi de la Dame de Noauz, c'est-à-dire de la Dame du Pis, à l'image de la reine qui lui commande de tout faire du pis qu'il peut. Et le pis est aussi un jeu de dupes, dans la tradition des romans de *Tristan* : quand la vérité éclate au matin, avec le sang sur les draps, ceux qui croient la lire à ce signe n'en sont pas moins impuissants à la saisir, car elle se voile en devenant visible, son évidence même leur donne le change, ce qui permet à Lancelot de prêter comme Yseut un serment ambigu. En se méprenant sur le coupable, Méléagant n'en dit pas moins la vérité : quel qu'il soit, il a trahi la confiance du roi Arthur, son seigneur (vv. 4854 ss), dont il a pris la femme, comme le fera Mordred son neveu, on le sait depuis le *Brut* de Wace, quand sera venue l'heure, annoncée par Méléagant (vv. 59 - 60), de la mort d'Arthur et de la destruction de la Table Ronde, lors de la fratricide bataille finale. La mort d'Arthur et de tous ceux de la Table Ronde se donne ainsi à lire par anticipation dans la scène du Cimetière futur comme la conséquence obscurément pressentie du crime secret de Lancelot, tel qu'il se rejoue dans le défi lancé au roi par Méléagant. Le pire, c'est le mensonge envers le père, à qui la Reine fut à son insu volée, mais c'est peut-être cela la vérité. Comme tout est cependant mis en miroir, le royaume de Gorre devient le lieu des fausses rumeurs, jusqu'à ce que le mensonge se referme sur Lancelot lui-même : une fausse lettre exhibée par un messager accrédite aux yeux de tous la nouvelle de son retour auprès d'Arthur (vv. 5252 ss). La lettre était un mensonge, tous furent dupes de la lettre (vv. 5339 - 5341).

Mais les lecteurs du roman de Chrétien, ainsi dûment avertis, pourraient en tirer profit : si « la lettre » est faite pour tromper, peut-être faudrait-il la lire autrement. Ce qui s'en déclare n'est pas toujours ce qu'il faut entendre, même si ce leurre est nécessaire pour que vienne une autre lumière. Mais pour la reconnaître, il faut à la façon d'un Rabelais rompre quelque peu l'os des signifiants pour en sucer la moelle et déchiffrer à la lettre ce qui s'écrit.

Quand la reine accusée par Méléagant rougit à la vue des draps tachés de sang, la merveille qui s'offre aux yeux serait plutôt la couleur vermeille qui lui vient au visage, comme la rime des vv. 4777 - 4778 le suggère, en attente déjà du visage de Blanchefleur dans le *Conte du Graal* et des jeux verbaux à venir sur le semblant de l'amour (*sanc/blanc*, vv. 4741 - 4742). Aussitôt revient en mémoire la mention des « draps blancs » sur le lit du Château de la Lance enflammée (v. 518), surélevé lui-même d'une demi-aune par rapport aux deux autres (comme au tournoi du Pis le chevalier inconnu saura mesurer à son aune tous ses adversaires) et recouvert d'un dessus étoilé d'or : « un covertor d'or estelé » (v. 507). Ce redoublement de syllabe suggère une autre lecture, plus secrète, où se devine une gestation encore obscure : dans ce drap de couverture, « l'or » qui reste « couvert » brille comme au firmament sur le chemin des étoiles (où le songe transporta Scipion chez Cicéron et Macrobe et où saint Jacques, invoqué au v. 1476, guide les pèlerins). Le feu du ciel semble prêt pour cet embrasement du « covertor » qui est aussi celui du cœur « épris » d'amour. À quoi s'oppose, dans l'épisode suivant, l'eau du Gué qui réveille celui qui dormait en veillant (« Ego dormio, sed cor meum vigilat », *Cantique des Cantiques*, V, 2), tandis que les épées des deux guerriers sont mises « à l'œuvre » sur les écus où reluit l'or, dont ils « se couvrent » (vv. 860 - 862). L'or et le feu, l'or et l'eau, les contraires devraient-ils se mêler comme le font le rubis et l'émeraude, le soleil et l'eau, la chaleur et le froid dans la Fontaine merveilleuse du *Chevalier au Lion* ? Mais l'eau se dit « Eve » en ancien français. Est-ce un hasard si « l'ève » se referme sur l'un des combattants, quand on apprendra que l'autre venait du Lac où une mère féerique continue de veiller sur lui ? Mais « Lancelot du Lac » ne va pas au « Pont sous Eve »; par un chiasme voulu, il franchit le Pont de l'Épée, dans un martyre ou une Passion vécue sur une autre croix, sous le regard du Père, le roi dans la tour. Le travail s'accomplit ainsi par le feu et par le fer, comme celui de la Lance qui entamait déjà sa chair, de l'Épée qui le mutile aux mains et aux pieds, des barreaux tranchants de la fenêtre qui entaillent la « jointure » du petit doigt (celui qui est, selon une croyance antique rappelée par André le Chapelain, dans le 21e jugement, le siège de la vie et de la mort), où se dessine et se signe la « conjointure » entière du roman. Ainsi se rejoignent l'eau et le sang dans cette nouvelle Eucharistie où renaît l'Amour, comme le feu et l'eau en disaient le baptême (cf. *s. Matthieu*, 3, 11, *s. Jean*, 19, 34). L'œuvre d'abord cachée de l'or, par le vermeil, identique au sien, du sang versé, est destinée à emplir peu à peu de sa lumière la nuit de Gorre. En témoigne, en termes explicites, la comparaison hyperbolique, reprise à *Cligés*, des cheveux de la reine avec l'or le plus pur : « L'or qu'on aurait cent mille fois affiné et après chaque passe autant de fois recuit serait plus obscur que n'est la nuit auprès du plus beau jour qu'on ait eu de tout l'été, si côte à côte on plaçait sous nos yeux l'or et les cheveux » (cf. vv. 1488 ss). Langage précis, bien au fait des techniques de l'or dont l'alchimie fait métaphore. Il prouve à qui en douterait que l'Œuvre du Soleil se parfait en silence dans la longue nuit d'un cœur épris d'amour. Le nom même, au passage, du géant Ysoré (la Tombe-Issoire), conjoint au souvenir d'Yseut la dorure précieuse de Soredamor dans *Cligés*, car rien n'est laissé au hasard chez le grand maître champenois :

« Amour lui est au cœur enclose »,

lit-on dans *Cligés* (v. 870).

« Je ne sais où ma dame est enclose »,

dit en écho le *Chevalier de la Charrette* (v. 2138). Dans la transparence du royaume de Gorre ou de « Verre », ce n'est que son propre cœur que le héros visite, dans l'attente de sa métamorphose et de cet or intérieur qui s'élabore dans le cours de sa mutation. Le voici au-dessus de l'eau *noire* des enfers, tandis que la *blancheur* de l'épée fera jaillir le *sang* de ses veines; plus loin, la nuit s'est faite elle-même *noire* et *obscure*, en contraste avec la *blanche* apparition de la reine dans sa chemise (Guenièvre, en gallois Gwen-hwyvar : « Blanc fantôme »), tandis que le *sang* s'apprête à teindre de sa couleur vermeille les draps *blancs* de la reine.

Mais la scène se passe dans la tour de Gorre, comme la tour du Château de la Lance inaugurait le cycle des aventures et comme une autre tour tenait, après le Passage des Pierres, Lancelot « enclos et enserré » (vv. 2355 - 2361). À cet instant d'ailleurs, Lancelot conjurait l'enchantement possible des pierres de sa prison ou de son trépas à l'aide de « la pierre », la gemme précieuse que la Fée du Lac, sa dame, lui avait donnée pour sa protection (v. 2337). Par un autre jeu de mots familier à l'auteur, *la tour* est aussi bien ce qui fait le tournant de l'œuvre, comme Lancelot fait *le tour* de Méléagant (cf. vv. 3667 - 3674, 3709 - 3713), comme la roue de Fortune se retourne elle-même (vv. 6468 - 6470). La transmutation de Lancelot suppose, comme pour Phénice dans *Cligés*, son enfermement et sa mort dans la tour d'où il sortira régénéré. Ce retournement est marqué par l'ambivalence d'une autre figure féminine, la sœur de Méléagant, qui survient tour à tour en Demoiselle Sauvage (*Yvain*) ou Hideuse (*Perceval*) sur une mule fauve pour brandir une tête par la tresse, puis en Fée guérisseuse (comme les sœurs de Guivret le Petit dans *Érec*), pour rendre à la vie le héros.

Qu'il s'agisse là de la vraie « conjointure » de l'œuvre se démontre au fait qu'à la description du Pont de l'Épée en termes de sinistre charpente, ou d'assemblage (« joint ») funeste (vv. 3044 - 3045), répond la construction de la Tour de Méléagant par les meilleurs maçons et charpentiers (v. 6112), en 57 jours (soit 7×8, le 56 qui fixe à Scipion le terme de sa vie, $+ 1$, comme la Pentecôte est la semaine des semaines, $7 \times 7 + 1 = 50$ jours après Pâques), de même que la Tour de Jean dans *Cligés* se signalait par son invisible « jointure » (*Cligés*, v. 5526). Il ne faut dès lors pas opposer en termes de service amoureux la Reine dans la tour de Gorre et la Sœur de Méléagant, au sortir de la tour qui fut, notons-le, bâtie en bord de « mer ». La sœur réclame la tête de l'Orgueilleux, au passage du Pont de l'Épée, qui est lui-même la figure de Méléagant dont la reine veut la mort. La Femme dont l'absence oriente l'ensemble du roman se présente toujours sous trois visages, comme il y avait, détail en apparence insignifiant, trois pleureuses autour de la litière qui s'éloignait du Château de la Lance enflammée (v. 555). Les trois femmes du destin de Lancelot se nomment la Dame du Lac, la reine Guenièvre et la sœur de Méléagant (qui résume en elle les autres demoiselles), soit la Mère, l'Amante et la Sœur, selon le schéma isiaque que nous avons relevé à propos du *Conte du Graal* (la Veuve Dame, Blanchefleur, Clarïant). Comment s'étonner alors si de la tour mortelle, où pour « tout l'or du monde » il ne voudrait revenir, s'envole, tel un oiseau longtemps « en mue » (vv. 6630 - 6636), à l'exemple du Phénix renaissant de ses cendres dans *Cligés*, un être qui avait la beauté d'un ange, plus rapide à *tourner* sur soi qu'aucune autre créature, tout entier changé et renouvelé (v. 6668), parce qu'il doit à la sœur de son double maudit de l'avoir fait ainsi renaître ? Cette transmutation s'accompagne nécessairement de l'élimination finale de Méléagant, cette force du mal que le héros portait en soi et qui le hantait tout au long du récit comme son double, mais dont maintenant, sauvagement, il se libère, dans le troisième et dernier combat (cf. vv. 6983 ss). Le sycomore planté depuis le temps d'Abel (sous le regard du père Méléagant fut donc Caïn) évoque l'Éden originel, dans l'effacement de toute faute, la fontaine au gravier d'*argen*t et au conduit d'*or* accomplit les Noces chimiques de la Fontaine du *Chevalier au Lion* et les mois d'avril et de mai (v. 7078) viennent clore le roman en écho au prologue (v. 13), où la dame était gemme en signe de régénération et de reverdie. Il fallait donc, en s'engageant sur les routes de l'Autre Monde, n'avoir jamais reculé devant le pire pour que le meilleur pût enfin refleurir.

À ce premier paradoxe sur lequel se fonde le roman s'en ajoute un second, non moins surprenant, mais déjà mis en lumière par J. Rychner à propos de la double cohérence du récit : l'absolu amoureux qui seul guide Lancelot n'en est pas moins intégré à une histoire du salut, où un sauveur libère tout un peuple du Royaume sans retour. Qu'il soit même une figure du Messie, J. Ribard, évangiles à l'appui, en suivant pas à pas le récit, l'a aussi montré, malgré l'incrédulité ambiante qui persiste encore. Mais comment l'entendre ? Comme pour les prisonniers du royaume de Gorre : il suffit que l'un, quelconque, puisse en revenir, pour que tous aussitôt soient libres (vv. 3899 - 3901). Mais l'histoire dit aussi que seul celui qui s'est rivé à son désir au point de s'avancer dans une zone interdite, infiniment proche à force d'être lointaine, en abolira le maléfice, au profit de tous aussi bien. Le monde ne se transforme pas parce que l'on a souci des autres, mais seulement parce qu'on n'a pas laissé en soi la vérité en déshérence.

L'épisode du Cimetière futur nous invite à cette lecture à plus haut sens. Le moine avertit Lancelot à propos de la tombe qui est plus grande et plus belle que les autres, comme au Château de la Lance enflammée un lit était plus riche et plus haut que les deux autres : « Il est beau au dehors et dedans plus encore » (v. 1888). L'opposition de l'extérieur et de l'intérieur prépare à entendre le sens caché sous l'écorce des mots, l'autre chose qui est signifiée par la chose qui est dite, selon la définition de l'allégorie. Derrière l'aventure du chevalier de la Table Ronde qui soulève la dalle impossible à bouger de sa propre tombe, se dessine la découverte du Tombeau Vide dans la scène des Trois Maries que relate l'évangile selon saint Marc (16, 1 - 8) et que mentionne le roi Bademagu lui-même en apportant son aide au héros blessé (v. 3358). Le sens profond du passage est d'assimiler ainsi Lancelot au Christ, sans qu'il soit besoin de rien dire de ce qu'il voit dans la tombe vide, si belle à l'intérieur. Que voit-il, en effet, sinon la Vie au cœur de la mort, l'Annonce de la Résurrection à l'instant même où s'appréhende la fin du monde arthurien, la Mort du roi Arthur ? Selon l'espoir breton, que rapportait Geoffroi de Monmouth dans la *Vita Merlini*, le retour mythique du roi disparu devait coïncider avec le renouveau du monde. Arthur mort ne cessera de revivre pour tous les hommes, parce que son règne s'identifie à cette fabuleuse traversée par ses chevaliers des Portes de corne et d'ivoire. Cette tombe est d'ailleurs désignée du terme de « vaisseau », d'une beauté jamais égalée (v. 1884) : l'expression, on le sait, qualifie dans la littérature du Graal, à partir de Robert de Boron, aussi bien la précieuse relique de la Passion qui recueillit le Saint Sang que le corps maternel de la Vierge où fut conçu le fruit du Salut. Le *Chevalier de la Charrette* serait-il un « Graal inverse » (la Lance, l'Épée, la sainte relique) ?

Dans cette vision de fin du monde, la Résurrection est en attente, tandis que s'amorce le procès d'une palingénésie dont témoignent les « adynata », au passage du Pont de l'Épée qu'il ne serait pas plus possible de franchir « que l'homme ne pourrait retourner dans le ventre de sa mère et renaître » (vv. 3056 - 3057). Dans un tel contexte la symbolique des nombres a son importance : 7 hommes ne pourraient suffire à la tâche de lever la pierre (v. 1892), Lancelot y parvient pourtant mieux que 10 ne l'auraient fait (v. 1913) et la demoiselle qui l'accompagne jure n'avoir vu de chevalier semblable sur toute l'étendue du monde où soufflent les 4 vents (v. 1954). Ainsi le 4 des éléments du monde, le 7 qui depuis la Création gouverne la vie de l'homme et l'harmonie de l'univers, le 10 où se parfait la sagesse en Dieu sont-ils convoqués au moment où dans la mort s'annoncent une terre et un ciel nouveaux. Aussitôt après le chevalier est accueilli par un hôte hospitalier, avec 5 fils, dont 3 chevaliers et 2 jeunes gens non encore adoubés, et 2 belles jeunes filles, soit 7 au total, une fois encore, mais l'énumération pourrait aussi bien se lire 5 et 3, soit 8, 2 et 2, soit 4, selon la double perfection du 7 et du 8 (l'octave de la vie nouvelle) qui donne les 56 années du terme de la vie de Scipion, dont il lui est fait révélation au sein de la Voie Lactée dans le *Songe* rapporté par Cicéron et commenté par Macrobe.

Le passage du Pont de l'Épée se charge enfin lui-même de tout le poids des significations eschatologiques propres à la littérature visionnaire des Apocryphes, comme l'a souligné Ph. Walter, puisqu'il fut jeté au-dessus d'une eau semblable au « fleuve au diable » (v. 3012). Se rejouent tout ensemble la Descente du Christ aux enfers, les ponts aux arêtes tranchantes où passent les damnés parmi les divers supplices que décrivent les Apocalypses apocryphes, mais aussi les ponts étroits qui servent à séparer les bons des méchants, en analogie avec la pesée des âmes, Lancelot prenant ainsi tour à tour figure de damné par son supplice, de Rédempteur par sa Passion (dont la croix serait figurée par l'épée), d'Archange par son combat et de guide pour les âmes arrachées à la gueule du lion et aux profondeurs du lac, comme on le chante à l'Offertoire de la messe des défunts, en invoquant saint Michel.

L'ambivalence se maintient jusqu'au bout, puisque l'ascèse du désir qui est puissance de Résurrection n'est jamais dissociée d'une plus secrète connivence avec l'objet d'une jouissance à laquelle conduit le nain dans la charrette de la mort, mais dont un sujet peut attendre, s'il en traverse l'épreuve, la transformation qui le ferait renaître. Tristan qui serait comme Orphée parti chercher la reine aux Enfers, Lancelot, vainqueur à l'image d'Héraclès, en aurait ramené les âmes captives selon le mystère du Christ.

Cette écriture complexe du roman se signifie peut-être elle-même dans le renvoi des « lettres » inscrites sur les tombes (v. 1860) aux « lettres » gravées en devise sur les épées des deux adversaires (v. 7046), en passant par « les fausses lettres » venues de Méléagant (v. 5339). En prendrions-nous l'emblème dans le *sureau* qu'évoque Méléagant en défi à son père (v. 6300) et dont on sait par la légende qu'il fut l'arbre où se pendit Judas, pour le conjoindre au *sycomore* planté au temps d'Abel, autre figure du Christ, c'est-à-dire au figuier d'Égypte que la tradition désigne encore comme l'arbre du Paradis ? Mais le lecteur nous suivra-t-il encore sur ces voies, midrachiques, du Commentaire infini ?

ARGUMENT ET CHRONOLOGIE DU CHEVALIER DE LA CHARRETTE

Un jour de l'Ascension surgit en pleine cour du roi Arthur un chevalier venu du Pays sans Retour, qui enlève la reine. C'était Méléagant, le fils du roi de Gorre. Parti à sa poursuite, Gauvain, le neveu d'Arthur, rencontre en chemin un mystérieux chevalier, déjà entré en quête, qui accepte, à l'invitation d'un nain, pour en savoir plus, de monter dans la charrette des condamnés. Le soir même, au Château de la Lance enflammée, il s'endort en vainqueur dans le lit interdit.

Le deuxième jour, après avoir appris l'existence de deux passages pour entrer en Gorre, le Pont sous l'Eau que choisit Gauvain et le Pont de l'Épée où il se dirige, il traverse le Gué défendu et passe la nuit au château d'une hôtesse amoureuse qui lui offre, après un simulacre de viol, de partager son lit, ce qu'il s'interdit lui-même.

Le troisième jour, accompagné de la jeune femme, il est défié par le prétendant de celle-ci, mais dans le Pré aux jeux, le père de ce dernier empêche son fils de combattre, tandis qu'il parvient au Cimetière futur, force sa propre tombe et se trouve ainsi consacré comme le Sauveur attendu par tous les exilés de Logres au royaume de Gorre.

Au quatrième jour, il franchit le Passage des Pierres et conduit à la victoire un soulèvement spontané des gens de Logres.

Le cinquième jour, provoqué par l'Orgueilleux, il lui tranche la tête, à la demande d'une énigmatique jeune fille à la mule fauve.

Le sixième jour, il franchit la merveille du Pont de l'Épée et, le septième jour, sous les yeux de la reine qui révèle son nom, Lancelot affronte Méléagant, dont le père, le roi Bademagu, obtient l'ajournement du combat à la cour d'Arthur. Mais la reine, sans raison apparente, accueille sans un mot ni un regard son libérateur.

Lancelot est reparti à la recherche de Gauvain, mais il est, par méprise, capturé. On le croit mort, il croit lui-même la reine morte et tente un suicide. Deux jours s'écoulent. Le soir du neuvième jour, à son retour, se produit la merveille : la nuit d'amour entre la reine et Lancelot.

Au matin du dixième jour (c'est la veille de la Pentecôte), Méléagant découvre les draps tachés de sang et accuse d'adultère le sénéchal Keu qui dormait, blessé et malade, dans la même chambre. Lancelot soutient contre lui un combat judiciaire, qu'interrompt de nouveau le roi. Il part alors chercher Gauvain, mais tombe, en route, dans le piège d'un nain à la solde de Méléagant.

Quelque temps passe pour de vaines recherches, puis, trompés par un faux message, la reine, Gauvain, Keu et tous les captifs rentrent en une semaine à la cour d'Arthur (trois jours plus tard, selon le *Chevalier au Lion*, dont la seconde partie, à partir du v. 3700, coïncide avec la chronologie de la *Charrette*, la sœur cadette de la Noire Épine venait à la cour réclamer de l'aide).

Entre-temps, en l'absence de la reine, les dames avaient décidé d'organiser un tournoi à Noauz (« le Pis »), afin que les demoiselles prennent les meilleurs pour maris. La reine, de retour, doit y assister, ce qu'apprend Lancelot retenu prisonnier chez le sénéchal de Méléagant. Il obtient de son amoureuse geôlière la permission d'y participer et s'y rend, incognito, en armes vermeilles. Durant deux jours, il alterne, sur l'ordre secret de la reine, le pis et le meilleur.

Rentré dans sa prison, il est emmuré dans une tour isolée en bord de mer que Méléagant fait construire en cinquante-sept jours, avant de se rendre à la cour d'Arthur pour défier Lancelot en son absence dans le délai d'un an. Mais la sœur du traître, qui n'est autre que la jeune fille à la mule fauve, part à sa recherche une année durant, le retrouve et lui rend la vie.

Lancelot retourne à la cour juste à temps pour relever le défi qui expirait le même jour. Il ne laisse à personne le soin de tuer, dans un dernier combat, Méléagant.

★

Le roman commence à l'Ascension, mais comme nous sommes à l'époque de la fenaison (dont la date traditionnelle est la Saint-Médard, le 8 juin, ou la Saint-Barnabé, le 11), l'action se déroule au mois de juin[1], ce qui suppose des données comparables à celles de l'année 1177 où Pâques tombait le 24 avril, l'Ascension le 2 juin et la Pentecôte, le 12.

La reine rentre dix ou quinze jours plus tard, soit à la Saint-Jean ou dans l'octave de la Saint-Jean (il faut une semaine pour aller de Gorre en Logres, le faux retour de Lancelot suppose donc le même temps). Le tournoi de Noauz a dû être décidé à la Pentecôte et fixé à trente ou quarante jours plus tard (ce qui nous amènerait à la fête de sainte Madeleine, le 22 juillet ou à la Saint-Jacques, le 25, période de la canicule).

S'ajoutent encore les deux jours du tournoi, le temps du retour de Lancelot, les cinquante-sept jours de la tour et le voyage de Méléagant à la cour : soixante-dix jours environ s'écoulent ainsi avant son défi , nous voici donc vers la fin de septembre. Un an jour pour jour, après avoir été cherché en vain tout un hiver et tout un été, reparaît Lancelot. Ainsi le roman se serait-il joué d'abord entre l'Ascension et la Pentecôte, puis entre la Saint-Jean et la fin de septembre ou, plus précisément encore, la Saint-Michel (29 septembre), soit les dates hautement symboliques du solstice d'été et de l'équinoxe d'automne.

Rappelons que le *Chevalier au Lion* postule une date identique pour la Pentecôte, puisque, ce jour-là, Arthur jure de venir à la

1. Voir Philippe Ménard, « Note sur la date du *Chevalier de la Charrette* », *Romania*, 92, 1971, pp. 118-126.

Fontaine merveilleuse avant le deuxième dimanche qui suivra ou mieux encore à la veille de la Saint-Jean. En 1177, le deuxième dimanche tombait précisément le 26 juin. Cet indice a donné à penser que les deux romans, dont les fictions s'entrelacent, ont été eux-mêmes entrepris dans le même temps, parallèlement, par Chrétien. Dans le temps de la fiction toutefois, l'enlèvement de la reine, mentionné au v. 3700 du *Chevalier au Lion*, interviendrait deux ans après la venue d'Arthur à la Fontaine (Laudine avait fixé un délai d'un an pour le retour de son époux et attendu jusqu'à la mi-août. Une seconde année est donc nécessaire de la folie d'Yvain à ses retrouvailles avec Lunette autour v. 3700).

REMARQUES SUR LA PRÉSENTE ÉDITION

La tradition manuscrite du *Chevalier de la Charrette*, très bien étudiée par A. Micha dès 1939 (nouv. éd. 1966), est représentée par huit manuscrits, dont deux seulement (C et T) donnent le texte complet :

A Chantilly 472 (Musée Condé) fos 196 ra-213 va, fin XIIIe s., ms. picard-wallon. Commence au v. 31 et s'arrête au v. 5853. Le scribe se nomme au fo 112, Colin li Fruitiers.

C Paris, Bibliothèque Nationale, fonds français 794, fos 27 rb 54 ra, premier tiers du XIIIe s., champenois. Transcrit à Provins par un scribe qui se nomme Guiot (fo 105 rc).

E Escurial, Real Monasterio de San Lorenzo, M.III.21, fos 1-32, première moitié du XIIIe s., normand-picard. S'arrête au v. 5742.

F Paris, Bibliothèque Nationale, f. fr.1450, fos 221 r-225 r, XIIIe s., picardisant. Va du v. 5632 à la fin (v. 7100).

G Université de Princeton, Garrett 125, fin du XIIIe s., picard. Ms. inconnu de Foerster, de Roques et d'A. Micha (cf. *Romania* 94, 1973, pp. 407-410). Donne dans le désordre les vv. 1-288, 951-1292, 1461-1630, 2306-2455, 2628-2973, 3624-3958, aux fos 3 rv (121-288), 8 rv (951-1124), 11 rv 12 rv

(2628-2973), 15 rv 16 rv (3624-3958), 21 rv (1461-1630), 22 rv (2306-2455), 34 rb 34 v (1-120), 39 rv (1125-1292).

I Paris, Institut de France 6138 (ancien 4676), XIIIe s. court fragment (vv.3615-3654, 3735-3774 et 4741-4899).

T Paris, Bibliothèque Nationale, f. f. r.12560, fos 41 rb 83 rb, XIIIe s. champenois.

V Vatican, Regina (Christine de Suède) 1725, fos 1 ra-34 rb, deuxième moitié du XIIIe s., picardisant. Commence au v. 851.

Notre propre étude de la tradition, qui tient compte de G, nous permet de souscrire au classement des manuscrits proposé par A. Micha : C, d'une part, puis le groupe TF, enfin un dernier groupe où nous distinguerons A, d'un côté, VGE, de l'autre. La copie de Guiot est sans conteste supérieure à toutes les autres. Notre préférence se porte ensuite sur A, plutôt que T. On ne peut pas faire confiance à V qui remanie souvent, ni à E, mais G et F s'avèrent parfois très utiles.

L'édition critique de Foerster, vraiment remarquable, quoi qu'on ait dit, dans le choix des leçons et l'exactitude des interprétations, avait cependant pris T comme manuscrit de base, ce qui étonne. Mais il est vrai qu'après un début d'assez mauvaise qualité, le texte de T semble nettement s'améliorer à partir des v. 2850 (fo 59r).

Faute, d'autre part, de pratiquer le double étagement des notes (avec les leçons non conservées du ms. de base en première ligne et la *varia lectio* en dessous), l'apparat critique est difficilement utilisable pour qui n'aurait à son tour accompli le travail. Nous pensons en outre que toutes les variantes ne sont pas d'un égal intérêt et que la lisibilité est au prix de renoncer à l'exhaustivité.

L'édition de Mario Roques, en adoptant la copie de Guiot, avait donc pris le meilleur parti : Guiot a eu un excellent modèle, dont il est respectueux; il est de plus intelligent, ce qui lui permet de se rattraper habilement quand il se laisse surprendre : l'erreur est due, semble-t-il, au fait qu'il travaille vite, qu'il comprend et qu'il anticipe. À ce titre, l'édition de Roques est exagérément conservatrice, comme en témoigne la traduction de J. Frappier qui rétablit, une soixantaine de fois, le texte selon Foerster. Un cas sensible est représenté par les rimes, souvent riches chez Chrétien, sans que Guiot y prête la même attention. Ce qui ne veut pas dire qu'il faille rétablir la meilleure rime dans tous les cas contre Guiot : il arrive que les copistes en rajoutent, comme V en témoigne.

Voici quelques exemples simples : aux vv. 2991 ss., nous lisons dans C :

Que li chevaliers ne volt pas
Monter sor le cheval presté
Qu'an li ot a l'uis presanté.

Les autres manuscrits (TAVE) donnent à la rime : « apresté ». Il n'y a aucune raison de garder ici Guiot contre la tradition. De même, aux vv. 2925-2926 :

Li chevaliers la teste prant
Par les chevox et si la tant
A celi, etc.

TAVGE contre C proposent une meilleure rime : « si la rent ». La leçon de C peut s'expliquer par une simple confusion graphique (entre t et r) comme le confirme au reste le ms. T où on pourrait aussi bien lire « tent », et même si elle paraît plus expressive, l'autre leçon est plus subtile : la tête revenait de droit à la jeune fille, à qui il convient de la rendre.

En revanche, aux vv. 4317-4318 :

Et quant il mal ne se puet faire
Se dit : « Ha vix Morz deputaire ! »

l'accord de A et de C, ainsi que le sens, invitent à ne pas retenir la rime riche, propre à V :

Et quant il ne se pot plus taire

mais T témoigne d'un souci comparable, en plus habile :

Si dist : « Ha mort de put afere ! »

Autre exemple aux vv. 2425-2426, où V est seul à proposer la rime « onorent : en orent » au lieu de « sorent : en orent ».

Deux cas plus intéressants pour finir : au Cimetière futur, le héros voit sur les tombes qui attendent les chevaliers arthuriens les inscriptions

Qui les nons de ces devisoient
Qui dedanz les tonbes girroient.

Ce que confirme la suite : « Ci girra » etc. Or C est le seul à présenter d'emblée la scène dans son étrangeté comme l'accomplissement par anticipation du désastre à venir. TAEV font en effet rimer « gisoient » avec « devisoient ». Faute d'avoir compris à temps le renversement de la perspective ? La richesse de la rime doit ici le céder au sens, que seul C préserve.

Nous n'en dirons pas autant des vv. 2963-2964 : l'hôte du héros, originaire comme lui du royaume de Logres lui souhaite de réussir, car les siens en profiteraient, s'il trouvait l'honneur

« An cest païs, an ceste voie. »
Et cil respont : « Dex vos en oie ! »

C'est la leçon de C, qui est banale. ATVGE offrent une leçon plus difficile, mais plus intéressante: « Bien le savoie », car elle montre Lancelot conscient de la mission libératrice que l'épisode de la tombe lui avait révélée et dont il est désormais investi.

Sans rien systématiser et en appréciant chaque cas pour lui-même, il faut donc en revenir aux principes de l'édition critique. À cet égard, la dernière édition en date de la *Charrette* par A. Foulet et K. Uitti rétablit le texte comme Foerster l'avait fait. À quelques détails près, les différents travaux se rencontrent et s'accordent vite sur les choix à opérer. S'il arrive encore au philologue de douter, le traducteur, guidé par une autre logique, n'hésite plus. Qu'on se reporte une fois encore à l'exemple de J. Frappier !

Il reste que le texte soumis au lecteur ne doit pas être un produit de notre temps : toute retouche du manuscrit de base, fût-elle infime ou nécessaire, doit être aussitôt visible, en première ligne de notes au bas de la page. Ainsi le témoin réel d'une tradition est-il préservé sous les yeux du lecteur qui peut toujours y revenir et le préférer s'il le souhaite. Le redressement critique, partout où il s'impose, ne contredit plus ainsi l'exigence de conserver un vestige authentique. Mais il faut aller plus loin, car le critique a les moyens, par la comparaison des témoins, l'étude des fautes communes et l'intelligence littéraire du texte, de s'approcher un peu mieux de l'original tel que l'auteur l'a conçu, sans craindre, pour autant, de verser dans le fantasme !

Simplement la reconstitution doit rester *virtuelle*, grâce à la *varia lectio* allégée à l'essentiel et consignée, voire commentée, dans la seconde ligne de notes. Il faut aussi qu'y soit toujours indiqué avec soin à quel manuscrit est empruntée la variante jugée la meilleure dont on conservera exactement la graphie et la couleur dialectale propres. Seule la disparate conservée de matériaux réels et fragmentaires devra servir à produire l'image virtuelle de l'œuvre à restaurer.

L'originalité de cette nouvelle édition critique tient donc moins à son contenu (Foerster reste le maître) qu'au parti pris d'une autre méthode pour éditer les textes mouvants du passé.

Si l'édition ainsi conçue respecte le document tout en lui accordant, grâce à l'apparat critique, une valeur relative, la traduction donnée en regard, parce qu'elle appartient à notre temps et qu'elle est recréation, peut viser à une plus haute fidélité, qui restitue à l'œuvre son visage tel que l'auteur l'a voulu, en bien ou en mal, car la copie ne court pas toujours nécessairement au pire et l'original peut avoir ses défauts. On traduira donc le manuscrit de base amendé, sans s'interdire, le cas échéant, le recours à des variantes qui apparaissent, à divers titres, plus conformes à l'état initial de l'œuvre. Ainsi, pour reprendre l'exemple célèbre, l'hésitation du héros à monter dans la charrette, fût-ce le temps de faire deux pas, doit être, contre l'omission de Guiot, rétablie à sa place (après le v. 360), puisque la reine s'en fait plus tard l'écho (au v. 4487). En revanche, nous résisterons à la séduction de « Camaalot », que mentionnent pourtant quatre manuscrits sur cinq, en nous tenant cette fois au texte de Guiot, même isolé, pour des raisons de rime entre autres (voir la note au v. 29).

La traduction elle-même, outre l'exactitude requise, obéit à deux exigences contradictoires : épouser dans son rythme et dans son jeu l'ordre du texte ancien pour respecter ce qui fait, à chaque fois, événement de langue (d'où la disposition juxtalinéaire et la recherche d'une prose rythmée, par segments équilibrés qui cependant s'enchaînent par-dessus l'octosyllabe, car celui-ci ne répond plus à la respiration de notre langue), passer résolument d'autre part d'un état de langue à un autre, autrement dit, traduire l'ancien français dans la langue écrite ou parlée qui est en usage de nos jours (à l'exclusion donc des tournures vieillies ou, pis encore, décalquées du médiéval). L'œuvre ancienne ne gagne rien en effet à ne pas être résolument moderne.

Nous étions aidé dans notre tâche par la très belle et très achevée traduction que notre maître Jean Frappier en avait donnée en 1962. Nous n'avons pas craint, faute de mieux, de lui reprendre certaines trouvailles d'expression, souvent définitives. Pourquoi, en effet, chercher à tout prix l'originalité ou la petite différence, au détriment du but à atteindre, auquel devraient plutôt concourir nos efforts successifs, dès lors en progrès, de rendre toujours mieux la merveille un jour apparue dans nos lettres.

Si nous avons, enfin, banni les notes de la traduction, c'est en nous flattant de l'espoir que Chrétien pourrait être lu comme tout auteur vivant offert au grand public dans un livre de poche : sans notes en bas de page !

AVERTISSEMENT AU LECTEUR

Afin de donner une vue précise du manuscrit, nous avons marqué la place des grandes initiales (y compris les deux lettres ornées des vv. 1 et 4397) par des capitales en caractères gras et respecté un intervalle entre chacune des trois colonnes des feuillets recto ou verso, dont l'indication est reportée en marge à gauche entre crochets. Toute correction introduite dans le texte est signalée en bas de page dans la première ligne de notes, où on peut lire la leçon rejetée.

La traduction mise en regard correspond ligne à ligne au texte du manuscrit, sauf dans les cas où des omissions sont réinsérées entre crochets et où la préférence est donnée aux leçons d'autres manuscrits. On en trouvera le texte original en dessous de celui de Guiot dans la deuxième ligne de notes, avec l'indication de sa provenance, la traduction du passage de Guiot non retenu s'il fait difficulté et des explications éventuelles. Quand la leçon donnée dans l'apparat critique au vers correspondant n'est pas précédée de l'indication *Var.* (Variante), il faut comprendre qu'il s'agit, à nos yeux, du texte probable de l'auteur, tel qu'il faut le rétablir d'après la tradition manuscrite, comme s'y emploie justement la traduction sur l'autre page.

Ainsi la traduction se fait-elle la projection de ce qui restait en attente dans ce qui, de toutes façons, n'est plus. Puisque le texte même de Chrétien n'existe qu'à travers ses copies. Puisque, plus généralement, quelque chose s'est déjà perdu dans le passage d'une langue à une autre et que cette perte est cela même qu'un traducteur a pour tâche de ressaisir. À condition de ne pas se désespérer dans le mot à mot, ni s'épuiser dans la paraphrase. À condition simplement qu'il soit dans le rythme.

REMERCIEMENTS

Nous tenons à dire ici notre gratitude envers M. Olivier Collet, maître-assistant de langue médiévale à l'Université de Genève, auteur d'une édition critique avec commentaire du *Roman de Jules César*, à paraître prochainement aux éditions Droz (Textes Littéraires Français). Le présent travail doit beaucoup à sa compétence et presque tout à sa générosité et à son efficacité. Nous l'avons directement associé à la préparation du texte du manuscrit de base, ainsi qu'à la lecture et à l'appréciation de passages délicats dans l'établissement des variantes. Il s'est enfin chargé de toute la partie technique, avec l'aide de Mme Colette Isoz, secrétaire de notre département de Langues et Littératures françaises et latines du Moyen Âge, et l'a menée à bien grâce au remarquable équipement informatique mis en place par la Faculté des lettres de Genève.

Nous remercions également la Bibliothèque Nationale à Paris, la Bibliothèque du musée Condé à Chantilly, la Bibliothèque du Vatican et l'Université de Princeton dont les envois de microfilms nous ont permis de procéder à la collation des manuscrits.

INDICATIONS BIBLIOGRAPHIQUES

Éditions

Christian von Troyes, *Sämtliche erhaltene Werke*, IV, *Der Karrenritter (Lancelot)*, herausgegeben von Wendelin Foerster, Halle, Max Niemeyer, 1899 (réimpr. Amsterdam, Ed. Rodopi, 1965).

Les Romans de Chrétien de Troyes, édités d'après la copie de Guiot, III. *Le Chevalier de la Charrete*, publié par Mario Roques, Paris, Champion, 1958 (Classiques Français du Moyen Âge 86).

Lancelot or The Knight of the Cart, Edited and translated by William W. Kibler, Garland Library of Medieval Literature, 1, Series A, New York and London, Garland Publishing, Inc. 1981.

Chrétien de Troyes, *Le Chevalier de la Charrette (Lancelot)*, édition bilingue de A. Foulet et Karl O. Uitti, Paris, Bordas, Classiques Garnier, 1989.

Traductions

Chrétien de Troyes, *Le Chevalier de la Charrette (Lancelot)*, roman traduit de l'ancien français par Jean Frappier, Paris, Champion, 1962, nouv. éd. 1967.

Voir également dans les éditions ci-dessus mentionnées les traductions de W. Kibler (en anglais) et de A. Foulet et K. Uitti.

Études

Danielle BUSCHINGER, éd. *Actes du colloque des 14 et 15 janvier 1984, Lancelot*, Göppingen, Kümmerle Verlag, 1984 (G.A.G. 415).

Tom P. CROSS and William A. NITZE, *Lancelot and Guenevere : A study in the Origins of Courtly Love*, Chicago, 1930, Modern Philology Monographs of the University of Chicago.

Jean FRAPPIER, *Chrétien de Troyes*, Paris, Hatier, Connaissance des Lettres, nouv. éd. 1968 (pp.122-144). Voir aussi son article sur « Le prologue du *Chevalier de la Charrette* et son interprétation », dans *Romania* 93, 1972, pp. 337-377.

Margaret Victoria GUERIN, *Mordred's Hidden Presence : the Skeleton in the Arthurian Closet*, dissertation (Ph.D.), Yale, 1985, pp.13-81 (à paraître prochainement aux éditions Stanford University Press, sous le titre : *The Fall of Kings and Princes*).

Douglas KELLY, *« Sens » and « Conjointure » in the « Chevalier de la Charrette »*, La Haye, Mouton, 1966.

Charles MÉLA, *La Reine et le Graal*, Paris, Éditions du Seuil, 1984 (pp. 256-323).

Gaston PARIS, « Études sur les romans de la Table Ronde. Lancelot du Lac », dans *Romania* 10 (1881) pp. 465-496 ; 12 (1883) pp. 459-534.

Jacques RIBARD, *Chrétien de Troyes, Le Chevalier de la Charrette. Essai d'interprétation symbolique*, Paris, Nizet, 1972.

Jean RYCHNER, *Du Saint Alexis à François Villon, Études de littérature médiévale*, Genève, Droz, 1985, PRF 169 (pp. 83-159).

Leslie T. TOPSFIELD, *Chrétien de Troyes : a Study of the Arthurian Romances*, Cambridge, Cambridge University Press, 1981 (pp.105-174).

Philippe WALTER, *La Fête dans les romans de Chrétien de Troyes, contribution à la méthodologie des études thématico-textuelles*, Thèse de 3e cycle, exemplaire dactylographié, Faculté des Lettres de Metz, 1979 (pp. 156-251).

Philippe WALTER, *La mémoire du temps. Fêtes et calendriers de*

Chrétien de Troyes à La Mort Artu, Paris, Champion, 1990, Nouvelle Bibliothèque du Moyen Âge 13.

Tradition manuscrite et critique textuelle

Alexandre Micha, *La tradition manuscrite des romans de Chrétien de Troyes*, Genève, Droz, nouv. éd. 1966, PRF 90. (pp. 128-145, 226-228, 285-286, 309-310, 334-339, 346-352, 393).

L.J. Rahilly, « La Tradition manuscrite du *Chevalier de la Charrette* et le manuscrit Garrett 125 » dans *Romania* 95, 1974, pp. 395-413.

Jean Frappier, « Remarques sur le texte du *Chevalier de la Charrette*», dans *Mélanges offerts à Charles Rostaing*, Liège, 1974, pp. 317-331.

Alfred Foulet, « Appendix I : On Editing Chrétien's Lancelot », dans D. Kelly, éd., *The Romances of Chrétien de Troyes : A Symposium*, Lexington, KY, French Forum Publishers, 1985, pp. 287-303.

Alfred Foulet, « On Grid-Editing Chrétien de Troyes », dans *L'Esprit Créateur*, 27, 1, 1987, pp. 15-23.

Karl D. Uitti (avec A. Foulet), « On Editing Chrétien de Troyes : Lancelot's two Steps and their Context », dans *Speculum* 63, 1988, pp. 271-292.

Le Chevalier de la Charrette
ou Le Roman de Lancelot

[fo 27 rb] **P**uis que ma dame de Chanpaigne*
Vialt que romans a feire anpraigne,
Je l'anprendrai molt volentiers
Come cil qui est suens antiers
De quanqu'il puet el monde feire
Sanz rien de losange avant treire.
Mes tex s'an poïst antremetre
Qui i volsist losenge metre,
Si deïst, et jel tesmoignasse,
Que ce est la dame qui passe
Totes celes qui sont vivanz,
Si con les funs passe li vanz
Qui vante en mai ou en avril.
Par foi, je ne sui mie cil
Qui vuelle losangier sa dame,
Dirai je : tant come une jame
Vaut de pelles et de sardines,
Vaut la contesse de reïnes ?
Naie, je n'en dirai [ja] rien,
S'est il voirs maleoit gré mien,
Mes tant dirai ge que mialz oevre
Ses comandemanz an ceste oevre
Que sans ne painne que g'i mete.
Del *Chevalier de la charrete*
Comance Crestïens son livre,
Matiere et san li done et livre
La contesse et il s'antremet
De panser, que gueres n'i met
Fors sa painne et s'antancïon,

---

* *Leçons du manuscrit C non conservées*
8. Qui li v. **12.** Si con li funs passe les vanz. *Corr. d'après G :* Tant com le fu passe li vens *(T* li funs p. li v.*). K. Uitti propose* les funs *(« les effluves du sol »).* **17.** pailes *(corr. d'après TG).* **19.** Naie voir *(corr. d'après G).*

Variantes de l'édition critique
1. *Var. TG* Des que. **26.** *Var. G* Matere et senz li baille livre *(T* l'en done livre*).* **28.** si que rien n'i met *(GT). Après* **29.** T(AEG) : Des or comance sa

Puisque ma dame de Champagne
veut que j'entreprenne de faire un roman,
je l'entreprendrai très volontiers,
en homme qui est entièrement à elle
pour tout ce qu'il peut en ce monde faire,
sans avancer la moindre flatterie.
Tel autre s'y emploierait
avec le désir d'y mettre un propos flatteur,
il dirait, et je m'en porterais témoin,
que c'est la dame qui surpasse
toutes celles qui sont en vie,
comme surpasse tout parfum la brise
qui vente en mai ou en avril.
En vérité, je ne suis pas homme
à vouloir flatter sa dame.
Irai-je dire : Autant qu'une seule gemme
peut valoir de perles et de sardoines,
autant vaut la comtesse de reines ?
Certes non, je ne dirai rien de tel,
même si c'est vrai, que je le veuille ou non,
mais je dirai qu'en cette œuvre
son commandement fait son œuvre
bien mieux que ma sagesse ou mon travail.
Du *Chevalier de la Charrette*
Chrétien commence son livre :
la matière et le sens lui sont donnés
par la comtesse, et lui, il y consacre
sa pensée, sans rien ajouter d'autre
que son travail et son application.

---

raison / A un jor d'une Ascensïon / Fu venuz devers Carlïon / Li rois Artus et tenu ot / Cort molt riche a Cama(a)lot. *La leçon de C est isolée mais elle offre la meilleure rime. Aucune autre mention de Camaalot ne se trouve chez Chrétien : s'agit-il d'une interpolation sous l'influence du Lancelot en prose ?*

Et dit qu'a une Acenssïon*
Li rois Artus cort tenue ot
Riche et bele tant con lui plot,
Si riche com a roi estut.
Aprés mangier ne se remut
Li rois d'antre ses conpaignons,
Molt ot an la sale barons
Et s'i fu la reïne ansanble,
Si ot avoec aus, ce me sanble,
Mainte bele dame cortoise
Bien parlant an lengue françoise,

[fo 27 rc] Et Kex qui ot servi as tables
Manjoit avoec les conestables.
La ou Kex seoit au mangier,
A tant ez vos un chevalier
Qui vint a cort molt acesmez,
De totes ses armes armez.
Li chevaliers a tel conroi
S'an vint jusque devant le roi
La ou antre ses barons sist,
Nel salua pas, einz li dist :
« Rois Artus, j'ai en ma prison
De ta terre et de ta meison
Chevaliers, dames et puceles,
Mes ne t'an di pas les noveles
Por ce que jes te vuelle randre,

---

*

---

33. com au jor e. *(TAG)*. **38.** li *(AEG)*. **47-48.** Intervertis *(TAG)*. **48.** Si vint.

Un jour de l'Ascension, nous dit-il,
le roi Arthur avait tenu sa cour
avec tout le lustre et la beauté qu'il y souhaitait,
ainsi que l'occasion l'exigeait.
Après le repas le roi ne bougea pas
d'entre ses compagnons ;
il y avait dans la salle quantité de nobles,
et la reine y était présente,
et avec elle, je le crois bien,
maintes belles dames courtoises
habiles à parler en langue française.

Keu avait fait le service des tables
et il mangeait avec les connétables.
Comme Keu était assis pour manger,
voici venir un chevalier
qui arrivait à la cour soigneusement équipé
et tout armé de pied en cap.
Dans cette tenue, le chevalier
parvint devant le roi,
qui était assis au milieu de ses fidèles.
Sans le saluer, il lui dit :
« Roi Arthur, je retiens prisonniers
des chevaliers, des dames, des jeunes filles
qui sont de ta terre et de ta compagnie,
mais je ne t'apporte pas de leurs nouvelles
dans l'intention de te les rendre !

Ençois te voel dire et aprandre*
Que tu n'as force ne avoir
Par quoi tu les puisses avoir,
Et saches bien qu'ainsi morras
Que ja aidier ne lor porras. »
Li rois respont qu'il li estuet
Sofrir, s'amander ne le puet,
Mes molt l'an poise duremant.
Lors fet li chevaliers sanblant
Qu'aler s'an voelle, si s'an torne,
Devant le roi plus ne sejorne,
Et vient jusqu'a l'uis de la sale,
Mes les degrez mie n'avale,
Einçois s'areste et dit des la :
« Rois, s'a ta cort chevalier a
Nes un an cui tu te fiasses
Que la reïne li osasses
Baillier por mener an ce bois
Aprés moi, la ou ge m'an vois,
Par un covant l'i atandrai
Que les prisons toz te randrai
Qui sont an essil an ma terre,
Se il la puet vers moi conquerre
Et tant face qu'il l'an ramaint. »
Ce oïrent el palés maint,
S'an fu la corz tote estormie.
La novele an a Kex oïe,
Qui avoec les sergenz manjoit,
Le mangier leit, si vient tot droit

---

* **77.** an prison *(corr. d'après TAG).*

---

58. *Var.* *G(E)* ravoir.

Je veux te dire au contraire et te faire savoir
que tu n'as pas la force ni la richesse
grâce auxquelles tu pourrais les ravoir.
Sache-le bien, tu mourras
sans jamais pouvoir leur venir en aide. »
Le roi répond que force lui est bien
de le supporter, s'il ne peut y remédier,
mais il le ressent douloureusement.
Alors de toute évidence le chevalier
veut s'en aller, il fait demi-tour,
sans plus s'attarder devant le roi,
et il parvient à la porte de la salle.
Mais il ne redescend pas les marches,
il s'arrête d'abord et de là, il ajoute :
« Roi, s'il se trouve à ta cour un seul chevalier
à qui tu ferais assez confiance
pour oser lui donner la charge
de mener la reine à ma suite
dans ce bois là-bas où je vais,
je m'engage à l'y attendre
et à te rendre tous les prisonniers
qui vivent en exil sur mes terres,
s'il est capable contre moi de la conquérir
et s'il réussit à la ramener. »
Ils furent nombreux dans la grande salle à l'entendre,
la cour en fut tout alarmée.
La nouvelle parvint à l'oreille de Keu,
en train de manger avec les hommes de service.
Il laisse son repas, s'en vient droit

[fo 27 va] Au roi, si li comance a dire*
Tot autresi come par ire :
« Rois, servi t'ai molt longuemant
Par boene foi et lëaumant,
Or praing congié, si m'an irai
Que ja mes ne te servirai.
Je n'ai volenté ne talant
De toi servir d'ore an avant. »
Au roi poise de ce qu'il ot,
Mes, quant respondre mialz li pot,
Si li a dit en es le pas :
« Est ce a certes ou a gas ? »
Et Kex respont : « Biax sire rois,
Je n'ai or mestier de gabois,
Einz praing congié trestot a certes,
Je ne vos quier autres dessertes
N'autre loier de mon servise,
Ensi m'est or volantez prise
Que je m'an aille sanz respit.
— Est ce par ire ou par despit,
Fet li rois, qu'aler an volez ?
Seneschax, si con vos solez,
Soiez a cort, et sachiez bien
Que je n'ai en cest monde rien
Que je por vostre remenance
Ne vos doigne sanz demorance.
— Sire, fet il, ce n'a mestier,
Ne prandroie pas un setier,
Chascun jor, d'or fin esmeré. »
Ez vos le roi molt desperé,

---

* **87.** boenemant *(corr. d'après TAG).* **109-110.** demorance ... porloignance *(cf. infra* remenoir, remaigne, *etc.) ; corr. d'après TAG.*

---

94. Et q. il r. li pot *(TAG).* **112.** N'en *(TAG).*

au roi et se met à lui dire
sur le ton de la colère :
« Roi, j'ai longtemps été à ton service
avec fidélité et loyauté.
Aujourd'hui je prends congé de toi, je m'en vais
et je ne serai plus jamais à ton service.
Je n'ai plus la moindre envie
de te servir dorénavant. »
Le roi est affligé par ce qu'il entend.
Dès qu'il retrouve la parole,
il s'est empressé de lui dire :
« Est-ce tout de bon ou pour rire ? »
Et Keu de lui répondre : « Cher roi, mon seigneur,
je ne suis pas présentement d'humeur à rire,
c'est tout de bon que je prends congé,
et sans vous demander pour mes services
d'autre avantage ou récompense.
C'est ainsi, ma décision est prise
de m'en aller sur-le-champ.
— Est-ce de colère ou par fâcherie,
dit le roi, que vous voulez partir ?
Sénéchal, fidèle à vous-même,
restez à la cour et, soyez-en sûr,
je n'ai rien en ce monde
que je ne vous donne sur l'heure,
dans le but de vous voir rester.
— Sire, fait-il, c'est inutile,
je n'en voudrais pas même chaque jour
une mesure d'or très pur ! »
Voici le roi au désespoir

Si est a la reïne alez :*
« Dame, fet il, vos ne savez
Del seneschal que il me quiert ?
Congié demande et dit qu'il n'iert
A ma cort plus, ne sai por coi.
Ce qu'il ne vialt feire por moi
Fera tost por vostre proiere,
Alez a lui, ma dame chiere !
Quant por moi remenoir ne daigne,
Proiez li que por vos remaigne
Et einz l'an cheez vos as piez,
Que ja mes ne seroie liez
Se sa conpaignie perdoie. »
Li rois la reïne i anvoie

[fo 27 vb] Au seneschal et ele i va,
Avoec les autres le trova
Et quant ele vint devant lui,
Si li dit : « Kex, a grant enui
Me vient, ce sachiez a estros,
Ce qu'ai oï dire de vos.
L'an m'a conté, ce poise moi,
Que partir vos volez del roi.
Don vos vient et de quel corage ?
Ne vos an tieng or mie a sage
Ne por cortois, si con ge suel.
Del remenoir proier vos vuel,
Kex, remenez, je vos an pri.
— Dame, fet il, vostre merci,
Mes je ne remanroie mie. »

---

* **134.** dire dire.

---

137. D. v. vient ce, de quel c. *(TAG).*

il s'est approché de la reine :
« Madame, dit-il, à propos du sénéchal,
vous ne savez pas ce qu'il me demande ?
De pouvoir partir ! Il dit, sans que je sache pourquoi,
qu'on ne le verra plus à ma cour.
Ce qu'il se refuse à faire pour moi,
sur votre prière, il le fera aussitôt.
Allez le voir, ma chère dame !
Puisqu'il ne daigne pas rester pour moi,
suppliez-le de rester pour vous.
Jetez-vous plutôt à ses pieds !
Je n'aurais plus jamais de joie,
si je perdais sa compagnie. »
Le roi envoie alors la reine
voir le sénéchal, et elle s'y rend,
Elle le trouva avec les autres.
Quand elle vint en sa présence,
elle lui a dit : « Keu, me voici
très contrariée, n'en doutez pas,
après ce qu'on m'a dit de vous.
On m'a raconté, et je m'en afflige,
que vous voulez quitter le roi.
D'où vous vient cette idée ? Qu'avez-vous en tête ?
Je ne vous tiens pas pour raisonnable
ni pour courtois, comme à l'accoutumée.
Je vous prie de rester, c'est ma volonté.
Keu, je vous en prie, restez !
— Madame, fait-il, de grâce !
Il ne saurait être question que je reste. »

Et la reïne ancor l'an prie*
Et tuit li chevalier a masse,
Et Kex li dit qu'ele se lasse
De chose qui rien ne li valt,
Et la reïne de si haut
Com ele estoit as piez li chiet.
Kex li prie qu'ele se liet,
Mes ele dit que nel fera :
Ja mes ne s'an relevera
Tant qu'il otroit sa volenté.
Lors li a Kex acreanté
Qu'il remandra, mes que li rois
Otroit ce qu'il voldra einçois
Et ele meïsmes l'otroit.
« Kex, fet ele, que que ce soit,
Et ge et il l'otroierons.
Or an venez, si li dirons
Que vos estes einsi remés. »
Avoec la reïne an va Kés,
Si sont devant le roi venu :
« Sire, je ai Keu retenu,
Fet la reïne, a grant travail,
Mes par un covant le vos bail
Que vos feroiz ce qu'il dira. »
Li rois de joie an sopira
Et dit que son comandemant
Fera, que que il li demant.
« Sire, fet il, or sachiez dons
Que je voel et quex est li dons

---

*

Et la reine continue de le supplier,
ainsi que tous les chevaliers en groupe,
Keu lui répond qu'elle se dépense
absolument en pure perte.
Et la reine, de toute sa hauteur,
se laisse tomber à ses pieds.
Keu la prie de se relever,
elle refuse de le faire :
elle ne se lèvera pas
avant qu'il lui ait accordé ce qu'elle veut.
Alors Keu lui a fait la promesse
de rester, à condition que le roi
lui accorde par avance ce qu'il voudra
et qu'elle-même en fasse autant.
« Keu, dit-elle, quoi que ce soit,
nous vous l'accorderons lui et moi.
Mais venez, allons lui dire
que dans ces conditions vous restez. »
Et Keu s'en va avec la reine.
Les voici venus devant le roi :
« Sire, j'ai pu retenir Keu,
fait la reine, mais non sans mal.
Il est à vous, mais aux termes de l'accord
vous ferez ce qu'il vous dira. »
Le roi en a poussé un soupir de joie :
ce qu'il commande, promet-il,
il le fera, quoi qu'il demande.
« Sire, fait-il, apprenez donc
ce que je veux, quel est le don

[fo 27 vc] Don vos m'avez asseüré.*
Molt m'an tieng a boen eüré
Quant je l'avrai, vostre merci.
La reïne que je voi ci
M'avez otroiee a baillier,
S'irons aprés le chevalier
Qui nos atant an la forest. »
Au roi poise, et si l'an revest,
Car einz de rien ne se desdist,
Mes iriez et dolanz le fist
Si que bien parut a son volt.
La reïne an repesa molt,
Et tuit dient par la meison
Qu'orguel, outrage et desreison
Avoir Kex demandee et quise.
Et li rois a par la main prise
La reïne, et si li a dit :
« Dame, fet il, sanz contredit
Estuet qu'avoec Keu en ailliez. »
Et cil dit : « Or la me bailliez,
Et si n'an dotez ja de rien,
Car je la ramanrai molt bien
Tote heitiee et tote sainne. »
Li rois li baille et cil l'an mainne.
Aprés ax .II. s'an issent tuit,
N'i a un seul cui molt n'ennuit.
Et sachiez que li seneschax
Fu toz armez et ses chevax
Fu enmi la cort amenez.
Uns palefroiz estoit delez,

---

*

---

176. Sire, ma dame que voi ci *(TA, G* ki est ci*)*.

que vous m'avez garanti.
Je me félicite vraiment
si je l'obtiens de votre bonté.
Sire, ma dame ici présente, c'est elle
que vous acceptez de remettre entre mes mains.
Nous irons à la suite du chevalier
qui nous attend dans la forêt. »
Le roi est mécontent, il l'en investit pourtant,
car il n'a jamais manqué de parole,
mais il le fit avec tristesse et à contrecœur,
comme on le voyait bien à son visage.
La reine aussi fut consternée.
Et tous, au palais, de se dire
que cette requête de Keu
n'était qu'orgueil, insulte et déraison.
Le roi prend alors par la main
la reine, en s'adressant à elle :
« Madame, fait-il, sans conteste
il vous faut aller avec Keu. »
« Eh bien, dit celui-ci, donnez-la moi !
N'ayez donc pas la moindre crainte,
je saurai bien la ramener
saine et sauve et toute joyeuse. »
Le roi la lui remet, et il l'emmène.
Derrière eux sortent tous les autres :
pas un qui ne soit très inquiet.
Apprenez que le sénéchal
a mis ses armes et qu'on amena
au milieu de la cour son cheval.
Un palefroi se tenait à côté,

Tex com a reïne covient.*
La reïne au palefroi vient,
Qui n'estoit braidis ne tiranz,
Mate et dolante et sopiranz
Monte la reïne, et si dist
An bas por ce qu'an ne l'oïst :
« Ha ! amis, se le seüssiez,
Ja, ce croi, ne me lessissiez
Sanz chalonge mener un pas ! »
Molt le cuida avoir dit bas,
Mes li cuens Guinables l'oï,
Qui au monter fu pres de li.
Au departir si grant duel firent
Tuit cil et celes qui la virent,

[fo 28 ra] Con s'ele geüst morte an biere,
Ne cuident qu'el reveigne arriere
Ja mes an trestot son aage.
Li seneschax par son outrage
L'an mainne la ou cil l'atant,
Mes a nelui n'an pesa tant
Que del sivre s'antremeïst,
Tant que mes sire Gauvains dist
Au roi son oncle en audïence :
« Sire, fet il, molt grant anfance
Avez feite, et molt m'an mervoil,
Mes se vos creez mon consoil,
Tant com il sont ancor si pres,
Je et vos irïens aprés
Et cil qui i voldront venir.

---

* **209-211.** Ha rois se v. ce s. / Ja ce c. ne l'otroiesiez / Que Kex me menast un seul pas *(corr. d'après A. Var. G* Ahi se v., *T* Ha ha. *La leçon* Ha rois *pourrait être une mauvaise lecture - ou une correction - pour l'inattendu* Ha amis *ou plus probablement* Amis se vos le s. **216.** qui l'oïrent *(corr. d'après AEG contre CT).*

---

229. *Var. T(E)* Dementiers qu'il sont encor pres / Je et vos en irons *(G* Endementiers k'il sunt chi p.*).*

en tous points digne d'une reine.
La reine vient au palefroi :
la bête n'était pas rétive, elle ne tirait pas non plus à la main.
Morne et triste, tout en soupirant,
la reine monte, et elle a dit
tout bas pour qu'on ne l'entendît :
« Ami, vous, si vous le saviez,
jamais, j'en suis sûre, vous ne me laisseriez,
sans vous y opposer, emmener d'un seul pas ! »
Elle a cru le dire tout bas,
mais le comte Guinable l'entendit :
quand elle montait, il était près d'elle.
À son départ, la douleur fut si grande
chez tous ceux et celles qui la voyaient
qu'on eût dit qu'elle fût morte et mise en bière.
On ne croit pas que de sa vie
elle en revienne jamais.
Ainsi dans son orgueil le sénéchal
l'emmène-t-il là où l'autre l'attend.
Mais personne, en dépit du chagrin,
ne s'est avisé de les suivre.
Monseigneur Gauvain dit enfin
au roi, son oncle, en confidence :
« Sire, fait-il, quelle inconscience
que d'avoir agi ainsi ! Et je m'en étonne.
Mais si vous suivez mon conseil,
pendant qu'ils sont tout près encore,
nous pourrions aller, vous et moi, après eux,
avec ceux qui voudront venir.

Je ne m'an porroie tenir*
Qu'aprés n'alasse maintenant,
Ce ne seroit pas avenant
Que nos aprés ax n'alessiens,
Au moins tant que nos seüssiens
Que la reïne devandra
Et comant Kex s'an contandra.
— Ahi ! biax niés, fet li rois,
Molt avez or dit que cortois,
Et des qu'anpris avez l'afeire,
Comandez les chevax fors treire
Et metre frains et anseler
Qu'il n'i ait mes que de l'aler. »
Ja sont li cheval amené
Apareillié et anselé,
Li rois monte toz premerains,
Puis monta mes sire Gauvains
Et tuit li autre qui ainz ainz,
Chascuns an volt estre conpainz.
Si va chascuns si con lui plot,
Armé furent de tex i ot,
S'an i ot sanz armes asez.
Mes sire Gauvains fu armez,
Et si fist a .II. escuiers
Mener an destre .II. destriers.
Et einsi com il aprochoient
Vers la forest, issir an voient
Le cheval Keu, sel reconurent,
Et virent que les regnes furent

* **233.** isnelemant *(corr. d'après AG, T* Qu'aprés aus n'aille*)*. **239.** Alons i b. n. *(corr. d'après TA)*. **244.** que del monter *(corr. d'après TAG)*.

Je ne pourrais, quant à moi, m'empêcher
de partir sur l'heure à leur suite.
Il ne serait pas convenable
de ne pas aller après eux
au moins jusqu'à ce que nous apprenions
ce qu'il adviendra de la reine
et comment Keu se conduira.
— Hélas! cher neveu, fait le roi,
mais quelle courtoisie est la vôtre !
Puisque vous en prenez l'initiative,
donnez l'ordre qu'on sorte les chevaux,
qu'on leur mette freins et selles,
et qu'il n'y ait plus qu'à aller. »
Voici qu'on amène les chevaux,
avec leurs harnais et leurs selles,
le roi monte tout le premier,
puis monte monseigneur Gauvain,
puis tous les autres, à qui mieux mieux :
chacun voulut être de la partie.
Mais chacun le fit à sa guise :
certains y allèrent en armes,
bon nombre d'autres étaient désarmés.
Monseigneur Gauvain portait son armure.
Il fit de plus par deux écuyers
mener en dextre deux grands chevaux.
Tandis qu'ils approchaient ainsi
de la forêt, ils en voient sortir
le cheval de Keu, qu'ils ont reconnu.
Ils ont aussi vu que les rênes

[fo 28 rb] Del frain ronpues anbedeus.*
Li chevax venoit trestoz seus,
S'ot de sanc tainte l'estriviere,
Et de la sele fu derriere
Li arçons frez et empiriez.
N'i a nul qui n'an soit iriez,
Et li uns l'autre an cingne et bote.
Bien loing devant tote la rote
Mes sire Gauvains chevalchoit,
Ne tarda gaires quant il voit
Venir un chevalier le pas
Sor un cheval duillant et las
Et pantoisant et tressué.
Li chevaliers a salué
Mon seignor Gauvain premerains,
Et puis lui mes sire Gauvains.
Et li chevaliers s'arestut,
Qui mon seignor Gauvain conut,
Si dist : « Sire, don ne veez
Con mes chevax est tressuez
Et tex qu'il n'a mes nul mestier ?
Et je cuit que cist dui destrier
Sont vostre, or si vos prieroie,
Par covant que je vos randroie
Le servise et le guerredon,
Que vos ou a prest ou a don
Le quel que soit me baillissiez. »
Et cil li dit : « Or choisissiez
Des .II. le quel que il vos plest. »
Mes cil cui granz besoigne en est

* **265.** et peçoiez. **273.** apantoisant. **290.** besoigne nest.

de la bride étaient rompues toutes deux.
Le cheval venait tout seul,
l'étrivière tachée de sang,
et à l'arrière de la selle
l'arçon brisé était en triste état.
Personne ne s'en réjouit,
on se fait des signes, on se donne du coude.
Bien loin devant toute la troupe
monseigneur Gauvain chevauchait.
Il n'a guère tardé à voir
venir un chevalier au pas
sur un cheval épuisé de fatigue,
à bout de souffle et tout en eau.
Le chevalier a salué
monseigneur Gauvain le premier,
lequel le salue à son tour.
Le chevalier s'est arrêté,
en reconnaissant monseigneur Gauvain.
Il lui a dit : « Seigneur, vous voyez bien
que mon cheval est tout en eau
et dans un tel état qu'il n'est plus d'aucune aide.
Je crois que ces deux grands chevaux
sont à vous. Laissez-moi donc vous prier,
en promettant que je vous en rendrai
le service en remerciement,
de bien vouloir, à titre de prêt ou en don
me remettre l'un d'eux, n'importe lequel. »
L'autre lui dit : « Choisissez donc
de ces deux celui qu'il vous plaît. »
Mais lui, dans le grand besoin où il est,

N'ala pas querant le meillor*
Ne le plus bel ne le graignor,
Einz monta tantost sor celui
Que il trova plus pres de lui,
Si l'a maintenant eslessié,
Et cil chiet morz qu'il a lessié,
Car molt l'avoit le jor pené
Et traveillié et sormené.
Li chevaliers sanz nul arest
S'an vet armez par la forest,
Et mes sire Gauvains aprés
Lo siut et chace com angrés,
Tant qu'il ot un tertre avalé.
Et quant il ot grant piece alé,

[fo 28 rc] Si retrova mort le destrier
Qu'il ot doné au chevalier,
Et vit molt grant defoleïz
De chevax et grant froisseïz
D'escuz et de lances antor.
Bien resanbla que grant estor
De plusors chevaliers i ot,
Se li pesa molt et desplot
Ce que il n'i avoit esté.
N'i a pas granmant aresté,
Einz passe outre grant aleüre,
Tant qu'il revit par avanture
Le chevalier tot seul a pié,
Tot armé, le hiaume lacié,
L'escu au col, l'espee ceinte,

---

*

---

300. poignant *(AE, T* Molt s'en va tost*)*. **313.** De ce qu'il.

n'alla pas chercher le meilleur,
ni le plus beau ni le plus grand.
Il préféra bondir sur celui
qu'il trouva le plus près de lui,
pour aussitôt le lancer au galop,
laissant là le sien qui tombe mort,
tant il l'avait ce jour-là fatigué,
tourmenté et surmené.
Le chevalier, sans jamais s'arrêter,
pique des deux à travers la forêt
et, derrière, monseigneur Gauvain
le poursuit, dans une chasse acharnée
qui le mena jusqu'en bas d'une colline.
Après avoir fait bien du chemin,
il retrouva mort le cheval
qu'il avait donné au chevalier
et il vit le sol tout piétiné
par les chevaux et, tout autour,
un amas de lances et d'écus brisés.
De toute évidence une grande bataille
avait pris place entre plusieurs chevaliers
et il regretta, mécontent,
de ne pas y avoir lui-même été.
Mais il ne s'arrête pas longtemps
et poursuit plus avant à toute allure.
Il lui arriva enfin de revoir
le chevalier, à pied, et seul,
tout en armes, le heaume lacé,
l'écu à son cou, l'épée ceinte.

Si ot une charrete atainte.*
De ce servoit charrete lores
Don li pilori servent ores,
Et en chascune boene vile,
Ou or en a plus de .III. mile,
N'en avoit a cel tans que une,
Et cele estoit a ces comune,
Ausi con li pilori sont,
Qui traïson ou murtre font
Et a ces qui sont chanp cheü
Et as larrons qui ont eü
Autrui avoir par larrecin
Ou tolu par force an chemin.
Qui a forfet estoit repris,
S'estoit sor la charrete mis
Et menez par totes les rues,
S'avoit totes enors perdues
Ne puis n'estoit a cort oïz
Ne enorez ne conjoïz.
Por ce qu'a cel tens furent tex
Les charretes et si cruex,
Fu premiers dit : Quant tu verras
Charrete et tu l'ancontreras,
Fei croiz sor toi et te sovaigne
De deu, que max ne t'an avaigne.
Li chevaliers a pié, sanz lance,
Aprés la charrete s'avance
Et voit un nain sor les limons
Qui tenoit come charretons

* **328.** A ces qui murtre et larron sont *(corr. d'après TA)*.

336. S'a. puis totes lois p. **343.** *Var. T(E)* Si te saignes. **347.** *Var. T* les banons *(CAE* limons*)*.

Il avait rejoint une charrette.
Les charrettes servaient à l'époque
au même usage que les piloris de nos jours.
Dans chaque bonne ville,
où elles sont à présent plus de trois mille,
il n'y en avait qu'une en ce temps-là,
et elle était commune,
comme le sont nos piloris,
aux traîtres ou aux assassins,
aux vaincus en champ clos
et aux voleurs qui ont pris
le bien d'autrui furtivement
ou qui s'en emparent de force sur les grands chemins.
Tout criminel pris sur le fait
était placé sur la charrette
et mené à travers toutes les rues.
Il s'était mis tout entier hors la loi,
il n'était plus écouté à la cour
ni accueilli avec honneur ou dans la joie.
Parce que telles étaient à l'époque
les charrettes, et si barbares,
on entendit dire pour la première fois :
quand charrette verras et rencontreras,
fais sur toi le signe de croix et pense
à Dieu, qu'il ne t'arrive malheur !
Le chevalier, à pied, sans lance,
s'approche derrière la charrette.
Il voit un nain sur les limons,
qui tenait en bon charretier

[fo 28 va] Une longue verge an sa main,*
Et li chevaliers dit au nain :
« Nains, fet il, por Deu, car me di
Se tu as veü par ici
Passer ma dame la reïne. »
Li nains cuiverz de pute orine
Ne l'en vost noveles conter,
Einz li dist : « Se tu viax monter
Sor la charrete que je main,
Savoir porras jusqu'a demain
Que la reïne est devenue. »
Tantost a sa voie tenue
Li chevaliers que il n'i monte.
Mar le fist et mar en ot honte
Que maintenant sus ne sailli,
Qu'il s'an tendra por mal bailli.
Mes Reisons, qui d'Amors se part,
Li dit que del monter se gart,
Si le chastie et si l'anseigne
Que rien ne face ne anpreigne
Dom il ait honte ne reproche.
N'est pas el cuer mes an la boche
Reisons qui ce dire li ose,
Mes Amors est el cuer anclose,
Qui li comande et semont
Que tost an la charrete mont.
Amors le vialt et il i saut,
Que de la honte ne li chaut
Puis qu'Amors le comande et vialt.

---

*

---

350. Li ch. a dit. *Après* **360.** *om.* Qu'il ne l'atant ne pas ne ore *(TA, E* neïs une ore*)* / Tant solemant deus pas demore *(E, A* Tot s., *T* pas ne d.*), cf. infra v. 4487.* **362.** Mar le f. mar i douta h. *(TA).*

une longue baguette à la main,
et le chevalier dit au nain :
« Nain, au nom du ciel, dis-moi donc
si tu as vu par ici
passer ma dame la reine. »
L'infâme nain, cette sale engeance,
n'a pas voulu lui en donner des nouvelles,
mais s'est contenté de dire : « Si tu veux monter
sur la charrette que je conduis,
tu pourras savoir d'ici demain
ce que la reine est devenue. »
Il poursuit aussitôt son chemin
[sans l'attendre l'espace d'un instant.
Le temps seulement de faire deux pas,]
Le chevalier tarde d'y monter.
Ce fut là son malheur ! Pour son malheur
il eut honte d'y bondir aussitôt !
Car il n'en sera que plus maltraité à son gré !
Mais Raison qui s'oppose à Amour
lui dit qu'il se garde de monter ;
elle lui fait la leçon et lui enseigne
à ne devoir rien entreprendre
qui lui vaille honte ou blâme.
Raison qui a eu cette audace,
le lui fait dire des lèvres, sans que le cœur y soit.
Mais Amour qui est enclos dans son cœur
lui commande vivement
de monter aussitôt dans la charrette.
Amour le veut, il y bondit,
sans se soucier de la honte,
puisqu'Amour le veut et l'ordonne.

Et mes sire Gauvains s'aquialt*
Aprés la charrete poignant,
Et quant il i trueve seant
Le chevalier, si s'an mervoille,
Puis li dit : « Nains, car me consoille
De la reïne, se tu sez. »
Li nains dit : « Se tu tant te hez
Con cist chevaliers qui ci siet,
Monte avoec lui, se il te siet,
Et je te manrai avoec li. »
Quant mes sire Gauvains l'oï,
Si le tint a molt grant folie
Et dit qu'il n'i montera mie,
Car trop vilain change feroit

[fo 28 vb] Se charrete a cheval chanjoit.
« Mes va quel part que tu voldras,
Et g'irai la ou tu iras. »
A tant a la voie se metent,
Cil chevalche, cil dui charretent,
Et ansanble une voie tindrent.
De bas vespre a un chastel vindrent,
Et ce sachiez que li chastiax
Estoit molt riches et molt biax.
Tuit .III. antrent par une porte.
Del chevalier que cil aporte
Sor la charrete se mervoillent
Les genz, mes mie nel consoillent,
Einz le huient petit et grant
Et li veillart et li anfant

---

* *Après* **386.** Quant mes sire Gauvains l'oï. **394.** voldras.

---

382. Puis dist au nain : Car m. c. *(TA, E* Et d.*)*. **398.** De bas vespre*, c'est-à-dire l'heure des vêpres largement passée. Rappelons le système des heures canoniales :* vigile *(2 h. après minuit),* laudes *(à l'aurore),* prime *(vers 6 h.),* tierce *(en milieu de matinée),* sexte *(midi),* none *(milieu de l'après-midi),* vêpres *(vers 18 h.) et* complies *(à l'heure du coucher).*

Quant à monseigneur Gauvain, il se met
au galop pour rejoindre la charrette.
En y trouvant assis le chevalier,
il est au comble de l'étonnement.
Puis il dit au nain : « Parle-moi
de la reine, si tu sais. »
Le nain répond : « Si tu te hais
autant que ce chevalier, ici même assis,
monte avec lui, si tu en as envie,
et je te conduirai en même temps. »
Quand monseigneur Gauvain l'entendit,
il estima que c'était une pure folie
et il refuse d'y monter.
Ce serait perdre honteusement au change
que d'échanger un cheval contre une charrette !
« Mais va toujours où tu voudras :
où tu iras, là j'irai. »
Ils se mettent alors en route,
l'un à cheval, les deux autres en charrette
et ils prirent ensemble le même chemin.
Bien après vêpres, ils parvinrent à un château.
Ce château, sachez-le,
était aussi puissant que beau.
Ils entrent tous les trois par une porte.
La vue du chevalier qu'on transporte
dans la charrette saisit les gens
d'étonnement, mais loin de parler à voix basse,
ils se mettent à le huer tous, petits et grands,
les vieillards comme les enfants,

Parmi les rues a grant hui,*
S'ot molt li chevaliers de lui
Vilenies et despit dire.
Tuit demandent : « A quel martire
Sera cist chevaliers randuz ?
Iert il escorchiez ou panduz,
Noiez ou ars an feu d'espines ?
Di, nains, di, tu qui le traïnes,
A quel forfet fu il trovez ?
Est il de larrecin provez ?
Est il murtriers ou chanp cheüz ? »
Et li nains s'est adés teüz,
Qu'il ne respont ne un ne el.
Le chevalier mainne a l'ostel
Et Gauvains siut adés le nain
Vers une tor qui tot a plain
Par devers la vile seoit.
D'autre part praerie avoit,
Et par delez estoit assise
La torz sor une roche bise,
Haute et tranchiee contreval.
Aprés la charrete a cheval
Entre Gauvains dedanz la tor.
An la sale ont de bel ator
Une dameisele ancontree,
N'avoit si bele an la contree,
Et voient venir .II. puceles
Avoeques li, gentes et beles.
Tot maintenant que eles virent

---

* **422.** qui ert a p. *(la bonne leçon est ici donnée par A).* **423.** Qui delez la v. **425.** Et d'autre part e. a.

---

433. *Var. A* .III. p.

à grands cris parmi les rues.
Le chevalier s'entend dire
bien des injures et des paroles de mépris.
Tous demandent : « À quel supplice
livrera-t-on ce chevalier ?
Sera-t-il écorché vif ou bien pendu ?
Noyé ou brûlé sur un bûcher d'épines ?
Dis-nous, nain, dis, toi qui le traînes :
de quel crime l'a-t-on trouvé coupable ?
Est-il convaincu de vol ?
Est-ce un assassin ou un vaincu en champ clos ? »
Et le nain continue de se taire,
sans répondre quoi que ce soit.
Il conduit le chevalier là où il doit loger.
Gauvain continue de suivre le nain
en direction d'une tour sise en un lieu
qui donnait de plain-pied du côté de la ville.
De l'autre part se trouvait une prairie,
et tout contre se dressait
la tour sur une roche brune,
haute et taillée à pic.
Derrière la charrette Gauvain entre
à cheval à l'intérieur de la tour.
Dans la salle, c'est une très élégante
demoiselle qu'ils ont rencontrée,
il n'y avait pas plus belle au pays.
Ils voient venir deux jeunes filles
en sa compagnie, belles et gracieuses.
Aussitôt qu'elles virent

[fo 28 vc] Mon seignor Gauvain, si li firent*
Grant joie et si le saluerent,
Et del chevalier demanderent :
« Nains, qu'a cist chevaliers mesfet
Que tu mainnes come contret ? »
Cil ne lor an vialt reison rendre,
Einz fet le chevalier descendre
De la charrete, si s'an va,
Ne sorent ou il s'an ala.
Et mes sire Gauvains descent,
A tant vienent vaslet avant
Qui anbedeus les desarmerent.
.II. mantiax veirs qu'il afublerent
Fist la dameisele aporter.
Quant il fu ore de soper,
Li mangiers fu bien atornez,
La dameisele sist delez
Mon seignor Gauvain au mangier.
Por neant volsissent changier
Lor ostel por querre meillor,
Car molt lor i fist grant enor
Et conpeignie boene et bele
Tote la nuit la dameisele.
Qant il orent assez veillié,
Dui lit furent apareillié
En une sale haut et lonc,
Et s'en ot un autre selonc,
Plus bel des autres et plus riche,
Car, si con li contes afiche,
Il i avoit tot le delit

---

* **459.** mangié *(corr. d'après TA).*

---

461. Anmi la s. *(TA).*

monseigneur Gauvain elles lui firent
un joyeux accueil, en le saluant.
À propos du chevalier, elles demandèrent :
« Nain, quelle faute a commise ce chevalier
que tu mènes comme un paralytique ? »
Mais il ne daigne pas leur donner d'explication.
Il fait descendre le chevalier
de la charrette et puis s'éloigne.
On ne sut où il s'en alla.
Monseigneur Gauvain descend de cheval.
Alors s'avancent des jeunes gens de service
pour leur ôter à tous deux les armes.
Ils revêtirent deux manteaux fourrés de petit-gris
que fit apporter la demoiselle.
Quand ce fut l'heure du souper,
on avait bien apprêté le repas.
La demoiselle eut comme voisin
de table monseigneur Gauvain.
Ils auraient en pure perte voulu changer
d'hôtel dans l'espoir de trouver mieux,
car elle sut leur faire grand honneur,
et compagnie charmante et douce,
la demoiselle, tout au long de la soirée.
Après qu'ils eurent suffisamment veillé,
on leur prépara deux lits
hauts et longs au milieu de la salle,
tout près d'un autre qui était
encore plus beau et plus somptueux,
car, ainsi que l'affirme le conte,
on y trouvait tout l'agrément

Qu'an seüst deviser an lit.*
Quant del couchier fu tans et leus,
La dameisele prist andeus
Ses ostes qu'ele ot ostelez,
.II. liz molt biax et lons et lez
Lor mostre et dit : « A oés voz cors
Sont fet cist dui lit ça defors,
Mes an cest lit qui est dela
Ne gist qui desservi ne l'a,
Ne fu pas fez cist a vostre ués. »
Li chevaliers li respont lués,
Cil qui sor la charrete vint,
Qu'a desdaing et a despit tint
La desfanse a la dameisele.

[fo 29 ra] « Dites moi, fet il, la querele
Por coi cist liz est an desfanse. »
Cele respondi, pas ne panse,
Qui en ere apansee bien :
« A vos, fet ele, ne taint rien
Del demander ne de l'anquerre,
Honiz est chevaliers an terre
Puis qu'il a esté an charrete,
Si n'est pas droiz qu'il s'antremete
De ce don vos m'avez requise,
Entesmes ce que il i gise,
Qu'il le porroit tost conparer,
Ne ge ne l'ai pas fet parer
Si richemant por vos colchier.
Vos le conparriez molt chier

---

* **473.** deça. **475.** a voz cors. **476.** li r. lors.

---

472. ça defors*: T confirme la leçon de C.* **482.** C. respont qui pas ne p. / Qu'ele s'iert porpensee *(T, A* Cele a respondre pas ne p. / Qu'ele en estoit bien apensee). **492.** *Var. T(A)* L'en ne l'a mie.

qu'on pourrait imaginer dans un lit.
Quand fut enfin venue l'heure de se coucher,
la demoiselle prit chacun des hôtes
auxquels elle avait donné l'hospitalité.
Leur montrant deux beaux lits longs et larges,
elle leur dit : « C'est pour votre usage
qu'on a fait les deux lits qui sont ici, à l'extérieur,
mais dans le lit qui est là-bas,
nul ne se couche s'il ne l'a mérité.
Il n'a pas été fait pour vous. »
Répondant aussitôt, le chevalier,
celui qui était venu sur la charrette,
dit à la demoiselle qu'il n'avait
qu'un mépris complet pour son interdiction.
« Dites-moi, fait-il, la raison
pour laquelle ce lit est interdit. »
Elle répondit sans avoir à réfléchir,
car elle l'avait bien à l'esprit :
« Ce n'est pas à vous, dit-elle, qu'il appartient
de faire la moindre requête.
Un chevalier a perdu tout honneur sur terre
après avoir été en charrette.
Il n'est pas correct qu'il se mêle
comme vous le faites de pareille question,
ni surtout qu'il veuille s'y coucher.
Il ne tarderait pas à le payer cher !
On n'y a pas fait mettre d'aussi riches
ornements pour que vous y dormiez.
Il vous en coûterait très cher

Se il vos venoit nes an pans.*
— Ce verroiz vos, fet il, par tans.
— Jel verrai ? — Voire ! — Or i parra.
— Je ne sai qui le conparra,
Fet li chevaliers, par mon chief !
Cui qu'il enuit ne cui soit grief,
An cestui lit voel ge jesir
Et reposer tot a leisir. »
Maintenant qu'il fu deschauciez,
El lit qui fu lons et hauciez
Plus des autres .II. demie aune
Se couche soz un samit jaune,
Un covertor d'or estelé.
N'estoit mie de veir pelé
La forreüre, ainz ert de sables,
Bien fust a oés un roi metables
Li covertors qu'il ot sor lui.
Li liz ne fu mie de glui
Ne de paille ne de viez nates.
A mie nuit de vers les lates
Vint une lance come foudre,
Le fer desoz, et cuida coudre
Le chevalier parmi les flans
Au covertor et as dras blans
Et au lit, la ou il gisoit.
En la lance un panon avoit
Qui estoit toz de feu espris,
El covertor est li feus pris
Et es dras et el lit a masse,

* **506 et 511.** *Paléographiquement,* soz *et* sor *peuvent prêter à confusion. On lit bien cependant chez Guiot par deux fois* sor *(cf. TA* sor lui*), ce qui est contradictoire. J. Frappier a donc corrigé le premier* sor *en* soz.

506. *La leçon de C est confirmée par E (cf. A* Se c. et sot d'un s., *texte corrompu, où se devine la leçon correcte. T en revanche présente une version refaite, adoptée par Foerster :* Et fu coverz d'un s. **521.** Qui toz estoit.

s'il vous en venait seulement la pensée.
— C'est ce que vous verrez, dit-il, sous peu.
— Ce que je verrai ? — Oui. — Eh bien, montrez-le !
— Je ne sais à qui il en coûtera,
sur ma tête ! fait le chevalier.
Peu m'importe qui s'en plaigne ou s'en fâche,
je veux me coucher dans le lit que voici
et y prendre à loisir mon repos. »
Dès qu'il eut enlevé ses chausses,
dans le lit qui était plus long et plus élevé
d'une demi-aune que les deux autres,
il se couche sous un drap de satin jaune,
étoilé d'or, mis en couverture de lit.
La doublure n'en était pas
de petit gris râpé, mais de zibeline.
Elle eût été vraiment digne d'un roi,
la couverture qu'il avait sur lui.
Le lit n'était pas fait de chaume,
ni de paille ni de vieilles nattes !
À minuit, des lattes du toit
une lance jaillit comme la foudre,
le fer pointé en bas dans la visée de coudre
par les flancs le chevalier
à la couverture, aux draps blancs
et au lit, là où il était couché !
Sur la lance il y avait une banderole
toute embrasée de feu.
Le feu prend à la couverture,
aux draps et au lit, en bloc,

[fo 29 rb] Et li fers de la lance passe*
Au chevalier lez le costé
Si qu'il li a del cuir osté
Un po, mes n'est mie bleciez,
Et li chevaliers s'est dreciez,
S'estaint le feu et prant la lance,
Enmi la sale la balance,
Ne por ce son lit ne guerpi,
Einz se recoucha et dormi
Tot autresi seüremant
Com il ot fet premieremant.
L'andemain par matin, au jor,
La dameisele de la tor
Lor ot fet messe apareillier,
Ses fist lever et esveillier.
Quant an lor ot messe chantee,
As fenestres devers la pree
S'an vint li chevaliers pansis,
Cil qui sor la charrete ot sis,
Et esgardoit aval les prez.
A l'autre fenestre delez
Estoit la pucele venue,
Si l'i ot a consoil tenue
Mes sire Gauvains an requoi,
Une piece, ne sai de quoi,
Ne sai don les paroles furent,
Mes tant sor la fenestre jurent
Qu'aval les prez, lez la riviere,
An virent porter une biere.
S'avoit dedanz un chevalier

---

*

---

535. Bien par matin au point dou jor *(AT)*.

et le fer de la lance frôle
au côté le chevalier,
lui écorchant un peu la peau,
sans vraiment le blesser.
Le chevalier s'est dressé
il éteint le feu et saisit la lance,
il la jette au milieu de la salle,
sans pour autant quitter son lit.
Il s'est recouché et il a dormi
tout aussi tranquillement
qu'il avait commencé de le faire.

Très tôt le lendemain, à la pointe du jour,
la demoiselle de la tour
leur avait fait préparer une messe.
Elle les fit lever et réveiller.
Quand on leur eut chanté la messe,
aux fenêtres qui donnaient sur la prairie,
s'en est venu le chevalier, tout à ses pensées.
C'était lui qui s'était assis sur la charrette.
Il embrassait du regard les prés en contrebas.
À la fenêtre voisine
était venue la jeune fille.
Elle y écoutait les propos que lui tenait
discrètement, dans un coin, monseigneur Gauvain,
depuis un bon moment, j'ignore à quel sujet.
Je ne sais pas de quoi ils pouvaient parler.
Tandis qu'ils restaient là, accoudés à la fenêtre,
ils aperçurent le long de la rivière,
dans la descente de la prairie, une litière qu'on transportait.
À l'intérieur se trouvait un chevalier,

Et delez ot duel grant et fier*
Que .III. dameiseles feisoient.
Aprés la biere venir voient
Une rote et devant venoit
Uns granz chevaliers qui menoit
Une bele dame a senestre.
Li chevaliers de la fenestre
Conut que c'estoit la reïne,
De l'esgarder onques ne fine
Molt antentis, et molt li plot,
Au plus longuemant que il pot.
Et quant il ne la pot veoir,
Si se vost jus lessier cheoir
Et trebuchier aval son cors,

[fo 29 rc] Et ja estoit demis defors
Quant mes sire Gauvains le vit,
Sel trait arrieres, se li dit :
« Merci, sire, soiez an pes !
Por Deu, nel vos pansez ja mes
Que vos faciez tel desverie !
A grant tort haez vostre vie.
— Mes a droit, fet la dameisele.
Don n'iert seüe la novele
Par tot de la maleürté
Qu'il a en la charrete esté ?
Bien doit voloir qu'il fust ocis,
Que mialz valdroit il morz que vis.
Sa vie est des or mes honteuse
Et despite et maleüreuse. »

---

* **554.** Et d. d. molt g. **577.** sa m. *(ponctuer avec « ? »).* **578.** Puis (Des) qu'il a *(AT).*

et, à côté, trois demoiselles poussaient
des plaintes désespérées.
Derrière la litière, ils voient venir
une troupe, avec, en tête,
un chevalier de grande taille qui à sa gauche
conduisait une belle dame.
Le chevalier de la fenêtre
eut conscience que c'était la reine.
Il la suit du regard sans avoir de cesse,
tendu à l'extrême, dans la joie qui est sienne,
le plus longuement qu'il lui fut possible.
Et quand il ne put la voir,
il eut le désir de se laisser tomber,
de laisser son corps basculer dans le vide.
Il était déjà à moitié dehors,
quand monseigneur Gauvain l'aperçut.
Il le tire en arrière et il lui dit :
« De grâce, monseigneur, retrouvez le calme !
Au nom du ciel, chassez de vos pensées pour toujours
l'idée d'une pareille folie !
Vous avez grand tort de haïr votre vie.
— Non, il a raison, fait la demoiselle.
Ne sera-t-elle pas connue de partout
la nouvelle de son malheur ?
Après avoir été dans la charrette,
il ne peut que souhaiter d'être mort.
Vivant, il aurait moins de valeur que mort.
Sa vie est désormais vouée à la honte
et au mépris et au malheur. »

A tant lor armes demanderent*
Li chevalier, et si s'armerent,
Et lors corteisie et proesce
Fist la dameisele et largesce,
Que, quant ele ot asez gabé
Le chevalier et ranponé,
Si li dona cheval et lance
Par amor et par acordance.
Li chevalier congié ont pris
Come cortois et bien apris
A la dameisele, et si l'ont
Saluee, puis si s'an vont
Si con la route aler an virent,
Mes si fors del chastel issirent
C'onques nus nes i aparla.
Isnelemant s'an vont par la
Ou la reïne orent veüe,
N'ont pas la rote aconseüe,
Qu'il s'an aloient eslessié.
Des prez antrent an un plessié
Et truevent un chemin ferré,
S'ont tant par la forest erré
Qu'il pot estre prime de jor,
Et lors ont en un quarrefor
Une dameisele trovee,
Si l'ont anbedui saluee,
Et chascuns li requiert et prie,
S'ele le set, qu'ele lor die
Ou la reïne an est menee.

---

*

Leurs armes furent alors réclamées
par les chevaliers qui s'armèrent.
La demoiselle eut à cette occasion un geste
très courtois, digne et généreux.
Car, après s'être bien gaussée
du chevalier et l'avoir raillé,
elle lui fit don d'un cheval et d'une lance
en signe de paix et d'amour.
Les chevaliers ont pris congé,
en gens courtois et bien élevés,
de la demoiselle et ils l'ont
saluée, puis ils s'en vont
par là où ils virent aller la troupe.
Ils gagnèrent cette fois la sortie du château
sans que personne les interpellât.
Rapidement, ils s'en vont par là
où ils avaient vu passer la reine.
Ils n'ont pas rejoint la troupe,
car elle avançait à bride abattue.
Au sortir de la prairie, ils entrent dans un enclos
où ils trouvent un chemin empierré.
Ils ont poursuivi à travers la forêt
jusque vers la première heure du jour.
C'est alors qu'ils ont, à un carrefour,
rencontré une demoiselle.
Ils l'ont tous les deux saluée,
chacun la prie avec instance
de leur dire, si elle sait,
où est emmenée la reine.

[fo 29 va] Cele respont come senee*
Et dit : « Bien vos savroie metre,
Tant me porriez vos prometre,
El droit chemin et an la voie,
Et la terre vos nomeroie
Et le chevalier qui l'en mainne,
Mes molt i covendroit grant painne,
Qui an la terre antrer voldroit !
Einz qu'il i fust molt se doldroit. »
Et mes sire Gauvains li dist :
« Dameisele, se Dex m'aïst,
Je vos an promet a devise
Que je mete an vostre servise,
Quant vos pleira, tot mon pooir,
Mes que vos m'an dites le voir. »
Et cil qui fu sor la charrete
Ne dit pas que il l'an promete
Tot son pooir, einçois afiche
Come cil cui Amors fet riche
Et puissant et hardi par tot
Que sanz arest et sanz redot
Quanqu'ele voldra li promet
Et toz an son voloir se met.
« Donc le vos dirai ge », fet ele.
Lors lor conte la dameisele :
« Par foi, seignor, Meleaganz,
Uns chevaliers molt forz et granz,
Filz le roi de Gorre, l'a prise,
Et si l'a el rëaume mise

---

* *Le vers 611 est répété au début de la colonne.*

---

638. *Var. T.* corsuz.

Elle répond en femme avisée
et leur dit : « Je saurais bien vous mettre,
si vous me promettiez assez,
sur la voie, dans le bon chemin,
et je vous dirais le nom du pays
et du chevalier qui l'emmène,
mais il faudrait se donner bien de la peine
si on voulait entrer dans ce pays :
que de souffrances avant d'y être ! »
Et monseigneur Gauvain de lui dire :
« Mademoiselle, devant Dieu,
je vous fais la promesse solennelle
de me mettre, quand il vous plaira,
à votre service de tout mon pouvoir,
si vous m'en dites la vérité. »
Celui qui avait été sur la charrette
ne dit pas qu'il s'y engage
de tout son pouvoir, mais il affirme
avec la libéralité, la force
et l'audace qu'Amour donne en tous points,
que sans hésiter ni craindre,
tout ce qu'elle voudra il lui promet :
il s'en remet à sa volonté seule.
« Je vous le dirai donc », fait-elle.
La demoiselle leur raconte alors :
« En vérité, messeigneurs, c'est Méléagant,
un chevalier de grande force et de très haute taille,
le fils du roi de Gorre, qui l'a prise.
Il l'a conduite dans le royaume

Don nus estranges ne retorne,*
Mes par force el païs sejorne
An servitune et an essil. »
Et lors li redemande cil :
« Dameisele, ou est cele terre ?
Ou porrons nos la voie querre ? »
Cele respont : « Bien le savroiz,
Mes, ce sachiez, molt i avroiz
Anconbriers et felons trespas,
Que de legier n'i antre an pas
Se par le congié le roi non,
Li rois Bademaguz a non.
Si puet l'en antrer totevoies
Par .II. molt perilleuses voies

[fo 29 vb] Et par .II. molt felons passages,
Li uns a non li Ponz Evages,
Por ce que soz eve est li ponz,
Et s'a des le pont jusqu'au fonz
Autant desoz come desus,
Ne deça moins ne dela plus,
Einz est li ponz tot droit enmi,
Et si n'a que pié et demi
De lé et autretant d'espés.
Bien fet a refuser cist mes,
Et s'est ce li moins perilleus,
Mes il a assez antre deus
Avantures don je me tes.
Li autres ponz est plus malvés
Et est plus perilleus assez,

---

*

---

644. *C'est aussi la leçon de A, mais T* redemandent, *et cf. infra, v. 676, TA* redemandent. **652.** *Var. AT* Baudemaguz.

dont ne revient nul étranger,
contraint qu'il est de rester au pays
en servitude et en exil. »
Et eux, de nouveau, lui demandent :
« Mademoiselle, où est cette terre ?
Où pourrons-nous en trouver le chemin ? »
Elle répond : « Vous allez le savoir,
mais vous y trouverez, apprenez-le,
nombre d'obstacles et d'inquiétants mauvais pas,
car il n'est pas facile d'y entrer
sans l'autorisation du roi.
Bademagu est le nom du roi.
On peut toutefois entrer
par deux voies très périlleuses,
par deux passages terrifiants.
L'un se nomme le Pont dans l'Eau,
parce que le pont est sous l'eau,
et il y a sous le pont jusqu'au fond
autant d'eau qu'il y en a au-dessus,
ni moins par ici, ni plus par là :
le pont est exactement au milieu
et il n'a qu'un pied et demi
de large et juste autant d'épaisseur.
C'est le genre de régal qu'il vaut mieux refuser !
C'est pourtant le moins périlleux des deux,
pour ne rien dire encore
de bon nombre d'aventures dans l'intervalle.
L'autre pont est encore pire,
il est bien plus périlleux :

Qu'ainz par home ne fu passez,*
Qu'il est com espee tranchanz,
Et por ce trestotes les genz
L'apelent le Pont de l'Espee.
La verité vos ai contee
De tant con dire vos an puis. »
Et cil li redemande puis :
« Dameisele, se vos daigniez,
Ces .II. voies nos anseigniez. »
Et la dameisele respont :
« Vez ci la droite voie au Pont
Desoz Eve, et cele dela
Droit au Pont de l'Espee an va. »
Et lors a dit li chevaliers,
Cil qui ot esté charretiers :
« Sire, je vos part sanz rancune :
Prenez de ces voies l'une,
Et l'autre quite me clamez,
Prenez celi que mialz amez.
— Par foi, fet mes sire Gauvains,
Molt est perilleus et grevains
Li uns et li autres passages,
Del prandre ne puis estre sages,
Je ne sai preu le quel je praigne,
Mes n'est pas droiz qu'an moi remaingne,
Quant parti m'an avez le geu,
Au Pont desoz Eve me veu.
— Donc est il droiz que je m'an voise
Au Pont de l'Espee sanz noise,

---

*

Jamais personne ne l'a franchi.
Il est aussi tranchant qu'une épée,
c'est pourquoi tout le monde
l'appelle le Pont de l'Épée.
Je vous ai dit la vérité,
autant que je puis le faire. »
Et eux de lui redemander ensuite :
« Mademoiselle, daignez
nous enseigner les deux chemins. »
Et la demoiselle répond :
« Voici le chemin qui mène droit au Pont
sous l'Eau et voilà celui
qui va droit au Pont de l'Épée. »
C'est alors que le chevalier,
celui de la charrette, a dit :
« Monseigneur, je vous donne de bon cœur le choix :
de ces deux voies, prenez l'une.
Que l'autre me revienne de plein droit.
Prenez celle que vous préférez.
— En vérité, fait monseigneur Gauvain,
les deux passages sont l'un comme l'autre
très périlleux et pénibles.
Dans ce choix je peux me tromper.
Je ne sais trop où est le bon parti.
Mais il serait indigne d'hésiter.
Quand vous m'offrez le choix, c'est le jeu,
j'opterai pour le Pont sous l'Eau.
— C'est donc à moi qu'il revient d'aller,
sans autre débat, au Pont de l'Épée,

[fo 29 vc] Fet l'autres, et je m'i otroi. »*
A tant se departent tuit troi,
S'a li uns l'autre comandé
Molt deboneiremant a Dé.
Et quant ele aler les an voit,
Si dit : « Chascuns de vos me doit
un guerredon a mon gré randre,
Quele ore que jel voldrai prandre,
Gardez ne l'oblïez vos mie !
— Nel ferons nos, voir, dolce amie »,
Font li chevalier anbedui.
A tant s'an va chascuns par lui,
Et cil de la charrete panse
Con cil qui force ne desfanse
N'a vers Amors qui le justise,
Et ses pansers est de tel guise
Que lui meïsmes en oblie,
Ne set s'il est ou s'il n'est mie,
Ne ne li manbre de son non,
Ne set s'il est armez ou non,
Ne set ou va, ne set don vient,
De rien nule ne li sovient
Fors d'une seule, et por celi
A mis les autres en obli,
A cele seule panse tant
Qu'il n'ot ne voit ne rien n'antant.
Et ses chevax molt tost l'enporte,
Ne ne vet mie voie torte,
Mes la meillor et la plus droite,
Et tant par avanture esploite

---

*

---

fait l'autre, et je m'y accorde. »
C'est le moment pour eux trois de se séparer,
ils se sont recommandés entre eux
à Dieu du fond du cœur.
Comme elle les voit s'en aller,
elle leur dit : « Chacun de vous me doit
en retour un don, à ma convenance,
à l'heure où je choisirai de le prendre,
gardez-vous bien de l'oublier !
— Ce ne sera pas le cas, non vraiment, douce amie »,
disent tous deux les chevaliers.
Chacun s'en va alors de son côté
et celui de la charrette est pris dans ses pensées
comme un être sans force ni défense
à l'endroit d'Amour qui le gouverne.
Et dans ce penser il en vient au point
où il perd toute notion de lui-même,
il ne sait plus s'il est ou s'il n'est pas,
il n'a plus souvenir de son nom,
il ne sait s'il est armé ou non,
il ne sait où il va, il ne sait d'où il vient,
toute chose s'est effacée de sa mémoire,
hormis une seule, et pour celle-là
il a mis toutes les autres en oubli.
À celle-là seule il pense si fort
qu'il n'entend, ne voit, ni n'écoute rien.
Cependant son cheval l'emporte avec rapidité,
sans prendre de détours,
par le meilleur et le plus droit des chemins.
Il fait tant et si bien que d'aventure

Qu'an une lande l'a porté.*
An cele lande avoit un gué
Et d'autre part armez estoit
Uns chevaliers qui le gardoit.
S'ert une dameisele o soi
Venue sor un palefroi.
Ja estoit pres de none basse,
N'ancor ne se remuet ne lasse
Li chevaliers de son panser.
Li chevax voit et bel et cler
Le gué qui molt grant soif avoit,
Vers l'eve cort quant il la voit,
Et cil qui fu de l'autre part
S'escrie : « Chevaliers, ge gart

[fo 30 ra] Le gué, si le vos contredi. »
Cil ne l'antant ne ne l'oï,
Car ses pansers ne li leissa,
Et totes voies s'esleissa
Li chevax vers l'eve molt tost.
Cil li escrie que il l'ost :
« Lai le gué, si feras que sages,
Que la n'est mie li passages. »
Et jure le cuer de son vantre
Qu'il le ferra se il i antre.
Cil panse tant qu'il ne l'ot pas,
Et li chevax en es le pas
Saut an l'eve et del chanp se soivre,
Par grant talant comance a boivre.
Et cil dit qu'il le conparra,

---

*

Après **752** *om.* Mes li chevaliers ne l'ot mie / Et cil tierce foiz li escrie / Chevalier n'entrez mie el gué / Sor ma desfense et sor mon gré / Que par mon chief je vos ferrai / Si tost come el gué vos verrai *(T(AE), A* Sans mon congié et sans mon gré*). C est isolé, l'omission peut s'expliquer par un*

il l'a conduit dans une lande.
Dans cette lande, il y avait un gué
et de l'autre côté se tenait armé
un chevalier qui montait la garde.
Il avait avec lui une demoiselle,
venue sur un palefroi.
L'heure de none était bien passée déjà,
sans que le chevalier de son penser
se soit lassé ni qu'il l'ait quitté.
Le cheval aperçoit la belle eau claire
du gué, et sa soif était grande.
Il court vers l'eau dès qu'il la voit,
mais l'homme qui était de l'autre côté
s'est écrié : « Chevalier, je suis le gardien
du gué, je vous en fais défense. »
Il n'écoute pas, il n'a pas entendu.
Son penser y a mis obstacle.
Cependant son cheval s'est élancé
au plus vite en direction de l'eau.
L'autre lui crie de l'ôter de là :
« Laisse le gué, tu feras mieux,
car ce n'est pas par là qu'on passe. »
Et de jurer, sur son cœur et ses entrailles,
qu'il ira l'attaquer s'il y entre.
Il continue de penser, sans l'entendre,
et le cheval, brusquement,
quittant le terrain, saute dans l'eau,
et commence à boire, avidement.
L'autre dit qu'il va le payer :

---

bourdon sur ne l'ot *au v.* **753***, la triple reprise est conforme à l'habitude des conteurs. Pourtant, la répétition est ici bien lourde. L'aurait-on introduite à cause du v. 780? Mais cf. infra, v. 783.*

Ja li escuz ne l'an garra*
Ne li haubers qu'il a el dos.
Lors met le cheval es galos
Et des galoz el cors l'anbat
Et fiert celui si qu'il l'abat
Enmi le gué tot estandu
Que il li avoit deffandu,
Si li cheï tot a un vol
La lance et li escuz del col.
Quant cil sant l'eve, si tressaut,
Toz estormiz an estant saut
Ausi come cil qui s'esvoille,
S'ot et si voit et se mervoille
Qui puet estre qui l'a feru.
Lors a le chevalier veü,
Si li cria : « Vasax, por coi
M'avez feru, dites le moi,
Quant devant moi ne vos savoie
Ne rien mesfet ne vos avoie ?
— Par foi, si aviez, fet cil.
Don ne m'eüstes vos molt vil
Quant je le gué vos contredis
.III. foiees et si vos dis
Au plus haut que je poi crier ?
Bien vos oïstes desfier
Au moins, fet cil, .II. foiz ou trois,
Et si antrastes sor mon pois,
Et bien dis que je vos ferroie
Tantost qu'an l'eve vos verroie. »

---

*

ni l'écu ni le haubert qu'il a sur lui
ne pourront l'en garantir.
Il lance alors son cheval au galop,
puis le pousse au grand galop
et vient le frapper, au point de l'abattre
tout à plat au beau milieu du gué
qu'il lui avait interdit.
Dans une même chute ont volé en l'air
la lance et l'écu qu'il portait au cou.
Au contact de l'eau, il sursaute,
tout secoué, il se lève d'un bond
comme s'il se réveillait,
il entend, il voit, il s'étonne :
de qui peut venir le coup qu'il a reçu ?
C'est alors qu'il a vu le chevalier :
« Vassal, lui cria-t-il, pourquoi
m'avez-vous frappé, dites-le moi,
alors que je ne vous savais pas devant moi
et que je ne vous avais causé aucun tort ?
— Si, ma parole ! C'était le cas, fait l'autre.
Ne comptais-je donc pour rien à vos yeux,
quand je vous défendis le gué
par trois fois, en criant encore
au plus fort que je pus ?
Vous avez bien entendu le défi,
fait-il, à deux reprises au moins, si ce n'est trois.
Et pourtant vous y êtes entré, contre mon gré.
Je vous avais bien dit que je vous attaquerais,
sitôt que je vous verrais dans l'eau. »

[fo 30 rb] Li chevaliers respont adonques :*
« Dahez ait qui vos oï onques
Ne vit onques mes, qui je soie !
Bien puet estre, mes je pansoie,
Que le gué me contredeïstes.
Bien sachiez que mar le feïstes,
Se au frain a une des mains
Vos pooie tenir au mains. »
Et cil respont : « Qu'an avandroit ?
Tenir me porras or androit
Au frain, se tu m'i oses prandre,
Je ne pris pas plain poing de cendre
Ta menace ne ton orguel. »
Et cil respont : « Je mialz ne vuel.
Que qu'il an deüst avenir,
Je t'i voldroie ja tenir. »
Lors vient li chevaliers avant
Enmi le gué et cil le prant
Par la resne a la main senestre
Et par la cuisse a la main destre,
Sel sache et tire et si l'estraint
Si duremant que cil se plaint,
Qu'il li sanble que tote fors
Li traie la cuisse del cors.
Se li prie que il le lest
Et dit : « Chevaliers, se toi plest
A moi conbatre par igal,
Pran ton escu et ton cheval
Et ta lance, si joste a moi. »
Cil respont : « Nel ferai, par foi,

---

* **792-793.** mar me feristes / Se ge au f. une des m. *(corr. d'après A :* Ge au f. a l'une*; T* Se je au f. a mes .II. m.*)*.

---

789. *Var. A* que je s. *(T = C)*.

Le chevalier répond alors :
« Au diable qui jamais vous vit
ou qui vous entendit, s'agirait-il même de moi !
Il se peut bien, mais j'étais dans mes pensées,
que vous m'ayez interdit le gué.
Mal vous en aurait pris, sachez-le, de l'avoir fait,
si seulement je pouvais vous tenir
d'une main par le frein ! »
L'autre répond : « Et qu'arriverait-il ?
Tu pourras sur le champ me tenir
par le frein, si tu oses m'y prendre.
Je n'estime pas plus qu'une poignée de cendre
ta menace ni ton orgueil.
— Je ne cherche pas mieux, lui répond-il.
Advienne que pourra,
je voudrais déjà te tenir ainsi. »
Le chevalier s'avance alors
jusqu'au milieu du gué, et lui le saisit
par la rêne, de la main gauche,
et par la cuisse, de la main droite,
et le secoue et le tire et le serre
tellement fort que l'autre gémit,
car il a l'impression qu'il lui arrache
tout entière la cuisse du corps.
Il le supplie de le laisser,
en ajoutant : « Chevalier, si tu veux
te battre avec moi d'égal à égal,
prends ton écu et ton cheval,
ta lance et joute contre moi.
— Je n'en ferai rien, ma parole, répond-il,

Que je cuit que tu t'an fuiroies*
Tantost qu'eschapez me seroies. »
Quant cil l'oï, s'en ot grant honte,
Si li ra dit : « Chevaliers, monte
Sor ton cheval seüremant,
Et je te creant lëaumant
Que je ne ganchisse ne fuie.
Honte m'as dite, si m'enuie. »
Et cil li respont autre foiz :
« Einz m'an iert plevie la foiz,
Se vuel que tu le me plevisses
Que tu ne fuies ne ganchisses
Et que tu ne me tocheras
Ne vers moi ne t'aprocheras

[fo 30 rc] Tant que tu me verras monté,
Si t'avrai fet molt grant bonté
Quant je te tieng, se ge te les. »
Cil li plevist, qu'il n'an puet mes.
Et quant il en ot la fiance,
Si prant son escu et sa lance
Qui par le gué flotant aloient
Et totes voies s'avaloient,
S'estoient ja molt loing aval,
Puis revet prendre son cheval.
Quant il l'ot pris et montez fu,
Par les enarmes prant l'escu
Et met la lance sor lo fautre,
Puis point li uns ancontre l'autre
Tant con cheval lor porent randre,

---

*

---

car je crois que tu t'enfuirais,
sitôt que je t'aurais lâché. »
En l'entendant, l'autre en eut grande honte,
il a répliqué : « Chevalier, monte
sur ton cheval sans inquiétude,
je te donne loyalement ma parole
de ne pas fuir ni m'esquiver.
Tu m'as humilié, j'en ai du dépit. »
Et lui de répondre une fois encore :
« J'aurai d'abord la garantie de ton serment !
Je veux que tu me fasses le serment
de ne pas fuir ni t'esquiver,
de ne pas me toucher
ni de ne t'approcher de moi
avant de me voir en selle.
Je suis déjà bien généreux
de te laisser, quand je te tiens. »
L'autre en a fait le serment, car il n'en peut mais.
Une fois assuré de sa parole,
il rattrape son écu et sa lance
qui flottaient au long du gué
et commençaient à glisser sur l'eau
déjà très loin, en aval.
Puis il revient prendre son cheval.
Quand il l'eut pris et fut en selle,
il saisit l'écu par ses courroies
et met sa lance en arrêt sur l'arçon.
Ils foncent alors l'un sur l'autre
de toute la vitesse de leurs chevaux.

Et cil qui le gué dut deffandre*
L'autre premieremant requiert
Et si tres duremant le fiert
Que sa lance a estros peçoie,
Et cil fiert lui si qu'il l'envoie
El gué tot plat desoz le flot,
Si que l'eve sor lui reclot,
Puis se trest arriers et descent,
Car il an cuidoit bien tex cent
Devant lui mener et chacier.
Del fuerre treit le brant d'acier
Et cil saut sus, si treit le suen
Qu'il avoit flanbeant et buen,
Si s'antrevien[en]t cors a cors.
Les escuz ou reluist li ors
Traient avant, et si s'an cuevrent,
Les espees bien i aoevrent,
Qu'eles ne finent ne reposent.
Molt granz cos antredoner s'osent
Tant que la bataille a ce monte
Qu'an son cuer en a molt grant honte
Li chevaliers de la charrete
Et dit que mal randra la dete
De la voie qu'il a enprise,
Quant il si longue piece a mise
A conquerre un seul chevalier.
S'il an trovast en un val hier
Tex cent, ne croit il pas ne panse
Qu'il eüssent vers lui desfanse,

---

* **873.** *La leçon de C reste indécise entre* set, *comme Foerster l'a lue, et* sen, *selon Roques. Corr. d'après TAE.*

Celui qui devait défendre le gué
est le premier à porter l'attaque,
et il le frappe avec une telle violence
que sa lance est, à coup sûr, mise en pièces.
Mais son coup à lui l'expédie
dans le gué, tout à plat, au fond de l'eau
qui se referme sur lui !
Il recule et descend de cheval.
Cent autres pareils, il pensait bien pouvoir
les prendre en chasse et les pousser devant lui.
Il sort du fourreau son épée d'acier,
et l'autre se lève d'un bond, tire la sienne,
toute flamboyante et bonne,
et ils viennent l'un contre l'autre au corps à corps.
Ils mettent en avant leurs écus,
où resplendit l'or, et ils s'en couvrent.
Les épées sont à l'ouvrage,
sans avoir de repos ni de cesse.
Ils n'ont pas peur de se donner des coups terribles.
La bataille en vient au point
qu'en est rempli de honte le cœur
du chevalier de la charrette.
C'est, se dit-il, mal s'acquitter de la dette
que l'entreprise exige en chemin de lui
que de mettre aussi longtemps
à conquérir un seul chevalier !
Hier encore, eût-il trouvé dans un vallon
cent hommes comme lui, il en est sûr et il le pense,
ils n'auraient pu lui résister.

[fo 30 va] S'an est molt dolanz et iriez*
Qant il est ja si anpiriez
Qu'il pert ses cos et le jor gaste.
Lors li cort sore et si le haste
Tant que cil li ganchist et fuit,
Le gué, mes que bien li enuit,
Et le passage li otroie,
Et cil le chace tote voie
Tant que il chiet a paumetons.
Lors li vient sus li charretons,
Si jure quanqu'il puet veoir
Que mar le fist el gué cheoir
Et son panser mar li toli.
La dameisele que o li
Li chevaliers amenee ot
Les menaces antant et ot,
S'a grant peor et se li prie
Que por li lest qu'il ne l'ocie,
Et il dit que si fera voir,
Ne puet por li merci avoir,
Que trop li a grant honte feite.
Lors li vient sus, l'espee treite,
Et cil dit, qui fu esmaiez :
« Por Deu et por moi l'en aiez
La merci que je vos demant ! »
Et cil respont : « Se Dex m'amant,
Onques nus tant ne me mesfist,
Se por Deu merci me requist,
Que por Deu, si com il est droiz,
Merci n'an eüsse une foiz.

---

*

888-889. qui o li / Le chevalier amené *(corr. Foerster d'après V* qui oi / Le c. amené *et AE* Le c. *Mais A est incohérent. T* La d. cuit o lui / Li ch'rs amené ot, *leçon visiblement refaite).*

Il est attristé et irrité
de se voir rabaissé au point
de gaspiller ses coups et perdre sa journée.
Se jetant alors sur lui, il se met à le harceler,
l'autre finit par lâcher pied et s'enfuit.
Bien à contre cœur, il doit lui céder
le gué et le passage.
Lui cependant le pourchasse,
si bien qu'il finit par tomber sur les mains.
Le « charretier » lui court dessus
et jure par le monde qu'il voit
que mal lui en prit de le jeter dans le gué :
malheur à lui de l'avoir arraché à son penser !
La demoiselle qui avec elle
avait amené le chevalier,
a bien entendu les menaces.
Très effrayée, elle le supplie
de renoncer pour elle à le tuer.
Il le tuera sans faute, répond-il,
il ne peut, pour elle, faire grâce
à qui lui infligea une si grande honte.
Il vient sur lui, l'épée à nu,
et l'autre, gagné par la peur, lui dit :
« Pour l'amour de Dieu et pour moi, accordez-lui
la grâce que moi aussi je vous demande !
— Dieu me pardonne, répond-il,
si grave que soit le tort qu'on m'ait pu faire,
jamais je n'ai refusé à qui me demandait grâce
pour l'amour de Dieu, de la lui accorder
pour Dieu, comme il se doit, la première fois.

Et ausi avrai ge de toi,*
Car refuser ne la te doi
Des que demandee la m'as,
Mes ençois me fianceras
A tenir, la ou ge voldrai,
Prison, quant je t'an semondrai. »
Cil li plevi, cui molt est grief,
La dameisele de rechief
Dit : « Chevaliers, par ta franchise,
Des que il t'a merci requise
Et tu otroiee li as,
Se onques prison deslias,
Deslie moi cestui prison,
Clainme moi quite sa prison

[fo 30 vb] Par covant que quant leus sera
Tel guerredon con toi pleira
T'an randrai selonc ma puissance. »
Et lors i ot cil conuissance
Por la parole qu'ele ot dite,
Si li rant le prison tot quite,
Et cele en a honte et angoisse,
Qu'ele cuida qu'il la conoisse,
Car ele ne le volsist pas.
Et cil s'an part en es le pas,
Et cil et cele le comandent
A Deu et congié li demandent.
Il lor done, puis si s'an va
Tant que de bas vespre trova
Une dameisele venant

---

*

Je te l'accorderai aussi,
car je ne dois pas te la refuser
après que tu me l'as demandée.
Mais d'abord promets-moi
de te rendre, quand je t'en sommerai,
prisonnier là où je voudrai. »
L'autre lui en fit serment, mais il lui en coûte.
De nouveau la demoiselle
dit : « Chevalier, dans ta génerosité,
puisque tu lui as accordé
la grâce qu'il t'a demandée,
si tu as jamais délivré quelqu'un de prison,
libère-le aussi pour moi,
proclame-le, pour moi, quitte de sa prison,
et je m'engage, le moment venu,
à t'en rendre, selon mes forces,
le don qu'il te plaira. »
Il sut alors qui elle était
aux propos qu'elle avait tenus,
et le prisonnier lui est rendu, libre.
Elle est remplie de honte et de gêne
à l'idée qu'il le sache.
Elle aurait voulu qu'il n'en fût rien.
Mais il est déjà sur le point de partir.
Les deux autres le recommandent
à Dieu et prennent congé de lui.
Il le leur donne, et il poursuit
jusque bien après l'heure des vêpres,
lorsqu'il rencontra, venant à lui,

Molt tres bele et molt avenant,*
Bien acesmee et bien vestue.
La dameisele le salue
Come sage et bien afeitiee,
Et cil respont : « Sainne et heitiee,
Dameisele, vos face Dex ! »
Puis li dit : « Sire, mes ostex
Vos est ci pres apareilliez
Se del prandre estes conseilliez,
Mes par itel herbergeroiz
Que avoec moi vos coucheroiz,
Einsi le vos ofre et presant. »
Plusor sont qui de ce presant
Li randissent .VC. merciz,
Et il an fu trestoz nerciz,
Si li a respondu tot el :
« Dameisele, de vostre ostel
Vos merci ge, si l'ai molt chier,
Mes, se vos pleisoit, del couchier
Me soferroie je molt bien.
— Je n'an feroie autremant rien,
Fet la pucele, par mes ialz ! »
Et cil, des que il ne puet mialz,
L'otroie si com ele vialt.
De l'otroier li cuers li dialt,
Quant itant seulemant le blesce,
Molt avra au couchier tristesce,
Molt i avra orguel et painne
La dameisele qui l'an mainne,

* **949.** Et.

960. *Leçon de CA. Var. TG* destrece. **961.** *Leçon commune à CAE (var. V* angoisse, *TG* travail et p.*), confirmée infra, v. 1239.*

une demoiselle gracieuse et belle
et très élégante dans sa tenue.
La demoiselle le salue
en femme honnête et bien apprise,
et il répond : « Que Dieu vous donne
santé et joie, mademoiselle ! »
Elle, à son tour : « Monseigneur, tout près d'ici
ma demeure est prête pour vous accueillir,
si vous avez décidé d'y venir,
mais je vous héberge à la condition
que vous vous couchiez avec moi.
Je vous en fais ainsi l'offre et le don. »
J'en connais plus d'un qui pour cette offre-là
lui auraient mille fois rendu grâces.
Mais il s'est rembruni
et sa réponse fut tout autre :
« Mademoiselle, pour votre hospitalité
je vous remercie, je l'apprécie grandement ;
mais, si vous vouliez, laissons le coucher,
je pourrais bien m'en dispenser.
— Vous n'auriez rien de moi autrement,
dit la jeune femme, y perdrais-je les yeux ! »
Et lui, faute de mieux,
s'accorde à tout ce qu'elle veut.
Mais d'accepter, son cœur se brise.
Quand cela suffit à le blesser,
que de tristesse en vue à l'heure du coucher !
Que d'orgueil, que de peine y trouvera
la demoiselle qui l'emmène !

[fo 30 vc] Espoir tant le puet ele amer*
Ne l'en voldra quite clamer.
Puis qu'il li ot acreanté
Son pleisir et sa volenté,
Si l'en mainne jusqu'an un baile,
N'avoit plus bel jusqu'an Thessaile,
Qu'il estoit clos a la reonde
De hauz murs et d'eve parfonde,
Et la dedanz home n'avoit
Fors celui qu'ele i amenoit.
Cele i ot fet por son repeire
Asez de beles chanbres feire
Et sale molt grant et pleniere.
Chevauchant lez une riviere
S'an vindrent jusqu'au herberjage,
Et an lor ot por le passage
Un pont torneïz avalé.
Par sor le pont sont anz alé,
S'ont trovee la sale overte,
Qui de tiules estoit coverte,
Par l'uis qu'il ont trové overt
Antrent anz et voient covert
Un dois d'un tablier grant et lé,
Et sus estoient aporté
Li mes et les chandoiles mises
Es chandeliers totes esprises
Et li henap d'argent doré
Et dui pot, l'uns plains de moré
Et li autres de fort vin blanc.
Delez le dois au chief d'un banc

* **966.** Son voloir. **972.** que ele atandoit.

985. *On lit dans A* tablier *comme dans C. Var. T.* doblier *(« nappe »).*

Mais peut-être l'aime-t-elle tant
qu'elle ne voudra pas l'en déclarer quitte.
Après qu'il l'eut assurée de faire
son bon plaisir entièrement,
elle l'emmène dans un enclos,
le plus beau qu'on pût voir jusqu'en Thessalie,
enserré tout autour
par de hauts murs et par une eau profonde.
Aucun homme à l'intérieur,
sinon celui qu'elle amenait.
Elle avait fait pour son séjour
bâtir bon nombre de belles chambres,
avec une grande salle très vaste.
En longeant une rivière,
ils ont chevauché jusqu'à l'habitation.
Pour leur livrer passage,
on avait abaissé un pont-levis.
Franchissant le pont, ils sont entrés,
ils ont trouvé grande ouverte la salle
que recouvrait un toit de tuiles.
Par la porte restée ouverte
ils pénètrent à l'intérieur et voient
une table recouverte d'une grande et large nappe.
Dessus on avait déjà apporté
les mets et disposé les chandelles
toutes allumées dans leurs chandeliers,
et les hanaps en argent doré
avec deux pots remplis, l'un de vin de mûre,
l'autre d'un capiteux vin blanc.
À côté de la table, au bout d'un banc,

Troverent .II. bacins toz plains*
D'eve chaude a laver lor mains,
Et de l'autre part ont trovee
Une toaille bien ovree
Bele et blanche, as mains essuier.
Vaslet ne sergent n'escuier
N'ont trové leanz ne veü.
De son col oste son escu
Li chevaliers et si le pant
A un croc et sa lance prant
Et met sor un hantier an haut.
Tantost de son cheval jus saut
Et la dameisele del suen.
Au chevalier fu bel et buen

[fo 31 ra] Quant ele tant nel vost atendre
Que il li eidast a descendre.
Tantost qu'ele fu descendue,
Sanz demore et sanz atandue
Tres qu'a une chanbre s'an cort,
un mantel d'escarlate cort
Li aporte, si l'en afuble,
La sale ne fu mie enuble,
Si luisoient ja les estoiles,
Mes tant avoit leanz chandoiles
Tortices, grosses et ardanz,
Que la clartez estoit molt granz.
Qant cele li ot au col mis
Le mantel, si li dit : « Amis,
Veez ci l'aigue et la toaille,

*

1020. dist.

ils trouvèrent deux bassins remplis
d'eau chaude pour se laver les mains,
et, à l'autre bout, ils ont trouvé
une serviette joliment ouvrée,
belle et blanche, pour les essuyer.
À l'intérieur, ils n'ont eu l'occasion de voir
ni jeunes gens, ni serviteurs, ni écuyers.
De son cou le chevalier
ôte son écu et le suspend
à un crochet ; il prend sa lance
et la pose en haut d'un support.
Il saute aussitôt à bas de son cheval
comme la demoiselle, du sien.
Le chevalier a apprécié
qu'elle n'ait pas voulu attendre
qu'il vienne l'aider à descendre.
À peine fut-elle descendue,
la voici qui, sans plus tarder,
court jusqu'à une chambre
et lui apporte, pour l'en revêtir,
un manteau court de fine écarlate.
La salle n'était point sombre,
au dehors pourtant brillaient déjà les étoiles,
mais il y avait là tant de chandelles
torses et épaisses, qui brûlaient,
que la clarté était bien grande.
Quand elle eut attaché à son cou
le manteau, elle lui a dit : « Mon ami,
voici l'eau et la serviette,

Nus ne la vos ofre ne baille,*
Car ceanz fors moi ne veez.
Lavez voz mains, si asseez
Quant vos pleira et boen vos iert,
L'ore et li mangiers le requiert
Si con vos le poez veoir.
Car lavez, s'alez asseoir.
— Molt volantiers. » Et cil s'asiet,
Et cele lez lui, cui molt siet,
Et mangierent ansanble et burent
Tant que del mangier lever durent.
Qant levé furent del mangier,
Dist la pucele au chevalier :
« Sire, alez vos la fors deduire,
Mes que il ne vos doie nuire,
Et seulemant tant i seroiz,
Se vos plest, que vos panseroiz
Que je porrai estre couchiee.
Ne vos enuit ne ne dessiee,
Que lors porroiz a tans venir,
Se covant me volez tenir. »
Et cil respont : « Je vos tendrai
Vostre covant, si revandrai
Quant je cuiderai qu'il soit ore. »
Lors s'an ist fors, et si demore
Une grant piece enmi la cort
Tant qu'il estuet qu'il s'an retort,
Car covant tenir li covient.
Arriere an la sale revient,

*

1028-1029. Cil lave si se va seoir / Molt v. et si li siet *(T)*. **1030.** Et c. lez lui se rassiet *(VE)*, dalés lui s'asist *(AG)*, Et la damoisele s'asiet *(T)*. *Foerster proposait donc* Et cele delez lui s'assiet.

Personne n'est là pour vous la donner,
car en ces lieux vous ne voyez que moi.
Lavez-vous les mains, puis asseyez-vous
sitôt qu'il vous plaira, à votre guise.
L'heure est venue et le repas attend,
comme vous pouvez le constater. »
Il lave ses mains et va s'asseoir
très volontiers, tout à son gré ;
elle-même s'asseoit à côté de lui.
Ils mangèrent et burent de compagnie,
jusqu'au moment de se lever de table.
Quand ils eurent quitté la table,
la jeune fille dit au chevalier :
« Monseigneur, allez dehors vous distraire,
si vous n'y voyez pas d'inconvénient,
et vous y resterez seulement, s'il vous plaît,
jusqu'au moment où vous penserez
que je pourrai m'être couchée.
N'en ayez pas de déplaisir,
car il sera encore temps de me rejoindre,
si vous voulez me tenir vos engagements. »
Et il répond : « Je vous tiendrai
mes engagements et je reviendrai
quand je croirai le moment venu. »
Il s'en va dehors et s'attarde
un long moment au milieu de la cour,
mais, pour finir, il lui faut revenir,
car il doit lui tenir promesse.
Retournant sur ses pas, il entre dans la salle,

[fo 31 rb] Mes cele qui se fet s'amie*
Ne trueve, qu'el n'i estoit mie.
Quant il ne la trueve ne voit,
Si dit : « An quel leu qu'ele soit,
Je la querrai tant que je l'aie. »
Del querre plus ne se delaie
Por le covant que il li ot.
En une chanbre antre, si ot
An haut crier une pucele,
Et ce estoit meïsmes cele
Avoec cui couchier se devoit.
A tant d'une autre chanbre voit
L'uis overt et vient cele part
Et voit tot enmi son esgart
C'uns chevaliers l'ot anversee,
Si la tenoit antraversee
Sor le lit tote descoverte.
Cele qui cuidoit estre certe
Que il li venist en aïe
Crioit an haut : « Aïe ! Aïe !
Chevaliers, tu qui es mes ostes,
Se de sor moi cestui ne m'ostes,
Il me honira veant toi.
Ja te doiz tu couchier o moi
Si con tu m'as acreanté.
Fera donc cist sa volanté
De moi, veant tes ialz, a force ?
Gentix chevaliers, car t'esforce,
Si me secor isnelemant ! »
Cil voit que molt vileinnemant

---

*

Après **1072** *om.* Ne troverai qui le m'en ost / Et se tu ne me secors tost. *A noter que G présente la même omission que C, contre AEV et T.*

mais celle qui veut être son amie
n'était plus là, il ne la trouve pas.
Quand elle a disparu et qu'il ne la voit pas
il dit alors : « Où qu'elle soit,
je la chercherai jusqu'à ce que je la tienne ! »
Il se met en quête sans plus tarder,
en raison des accords passés.
Entré dans une chambre, il entend
une jeune femme qui poussait de hauts cris :
c'était celle précisément
avec qui il devait se coucher.
Il aperçoit alors une autre chambre
dont la porte est ouverte, il s'avance par là
et, droit devant lui, il a le spectacle
de la demoiselle renversée par un chevalier
qui la tenait en travers du lit
amplement retroussée.
Elle qui, dans son esprit, ne doutait pas
qu'il viendrait à son secours,
criait à voix aigüe : « À l'aide ! À l'aide !
Chevalier, tu es mon hôte !
Si tu ne me débarrasses de cet homme sur moi,
[je ne trouverai personne pour le faire,
et si tu ne te portes vite à mon secours]
il me déshonorera sous tes yeux.
C'est bien toi seul qui dois te coucher avec moi,
comme tu m'en as donné l'assurance.
Celui-ci va-t-il donc faire sa volonté
de moi, sous tes yeux, et me forcer ?
Ah ! noble chevalier, ne faiblis pas,
viens au plus vite à mon secours ! »
Il voit de quelle façon ignominieuse

Tenoit la dameisele cil*
Descoverte jusqu'au nonbril,
S'en a grant honte et molt l'en poise
Quant nu a nu a li adoise,
Si n'en ert mie talentos
Ne tant ne quant n'an ert jalos.
Mes a l'entree avoit portiers
Trestoz armez, .II. chevaliers
Qui espees nues tenoient.
Aprés .IIII. sergent estoient,
Si tenoit chascuns une hache
Tel don l'en poïst une vache
Tranchier outre parmi l'eschine,
Tot autresi con la racine

[fo 31 rc] D'un genoivre ou d'une geneste.
Li chevaliers a l'uis s'areste
Et dit : « Dex, que porrai ge feire ?
Meüz sui por si grant afeire
Con por la reïne Guenievre,
Ne doi mie avoir cuer de lievre
Quant por li sui an ceste queste.
Se Malvestiez son cuer me preste
Et je son comandemant faz,
N'ateindrai pas ce que je chaz,
Honiz sui se je ci remaing.
Molt me vient or a grant desdaing
Quant j'ai parlé del remenoir
Molt en ai le cuer triste et noir,
Or en ai honte, or en ai duel

---

*

1085. *T offre un sens plus difficile, mais plus riche :* Si n'an iert il mie jalous / Ne ja de lui ne sera cous. *Ce dernier mot (« cocu »), plus brutal, nous remémore en effet le drame du roi Marc et l'adultère de la reine. Les vers manquent dans A, mais la leçon originale pourrait être reconstituée à l'aide de GEV. EG sont d'accord avec T pour le premier vers :* Si n'en ert il mie

l'autre tenait la demoiselle
dénudée jusqu'au nombril ;
il est rempli de honte et mal à l'aise
de les voir nus l'un contre l'autre.
Il ne ressentait nulle jalousie,
mais il y aurait de l'honneur à la secourir,
car l'entrée était gardée
par deux chevaliers tout en armes,
avec l'épée nue à la main.
Quatre serviteurs se tenaient derrière,
munis chacun d'une hache
capable de trancher en deux
une vache à travers l'échine
aussi aisément qu'une racine
de genévrier ou de genêt.
Le chevalier s'arrête au seuil
en se disant : « Que faire, mon Dieu ?
Je suis parti pour une noble cause,
celle qui touche à la reine Guenièvre.
Je ne dois pas avoir un cœur de lièvre
quand je suis, pour elle, en cette quête !
Si Lâcheté me prête son cœur
et que je sois à son commandement,
je n'atteindrai jamais mon but.
Honte à moi, si je renonce ici !
Mais je n'ai que mépris pour moi
d'avoir parlé de renoncer.
J'en ai au cœur la plus noire tristesse ;
oui, j'en ressens honte et chagrin,

---

jalous *(G, E* geloz*), tandis que EV donnent pour le second la meilleure rime :* Mais au rescorre en ert li los *(V, E* i ert illoz*). Cependant, V a refait le premier vers :* Mervelle a qu'il estoit si os, *et G présente une autre variante pour le second :* Mais de l'aidier fu colvoitous. *Au vers suivant, VE ont* car *au lieu de* mes, *et G* A cele entree a. p. *Le sens s'enchaîne mieux ainsi.*

Tel que je morroie mon vuel,*
Quant je ai tant demoré ci.
Ne ja Dex n'ait de moi merci
Se jel di mie por orguel
Et s'asez mialz morir ne vuel
A enor que a honte vivre !
Se la voie m'estoit delivre,
Quele enor i avroie gié,
Se cil me donoient congié
De passer oltre sanz chalonge ?
Donc i passeroit, sanz mançonge,
Ausi li pires hom qui vive.
Et je oi que ceste chestive
Me prie merci molt sovant
Et si m'apele de covant
Et molt vilmant le me reproche. »
Maintenant jusqu'a l'uis s'aproche
Et bote anz le col et la teste
Et esgarde amont vers le feste,
Si voit les espees venir,
Ariers se trest et retenir
Li chevalier lor cos ne porent.
De tel aïr meüz les orent
Qu'an terre les espees fierent
Si qu'anbedeus les peçoierent.
Quant cil voit qu'eles sont brisiees,
Moins en a les haches prisiees
Et moins les an crient et redote,
Puis saut entr'ax et fiert del cote

* **1128.** Et garde amont par la fenestre *(GV donnent la bonne leçon (G :* la feste*) ; T* Si regarde a. vers le feste *; A* Esgarde avant vers la fenestre*).* **1130.** Adonc se prist a retenir *: leçon commune ou voisine des manuscrits CAE, mais TGV offrent un sens plus satisfaisant (GV :* Lors se retrait et r.*).* **1132-1133.** Detenir qu'esmeüz les orent / An terre *(corr. d'après AVG).* **1135.** Quant eles furent peçoiees *(CT ; corr. d'après AG (VE)).*

1112. Et. **1113.** Si nel di mie. **1114.** Se assez m. **1129.** .II. e. *(TGV ; CA* les e.*).* **1138.** Entr'eus se lance *(AGT).*

au point de mourir, si je m'écoutais,
pour avoir ici tant tardé.
Puisse Dieu jamais n'avoir pitié de moi,
je le dis sans aucun orgueil,
si je n'aime bien mieux mourir
dans l'honneur que vivre dans la honte !
Si j'avais la voie toute libre,
où serait donc mon mérite,
quand je devrais à ces gens la permission
d'aller de l'avant sans qu'on s'y oppose ?
Alors, en vérité, y passerait
aussi bien le pire des hommes !
Et j'entends cette malheureuse
qui ne cesse de m'implorer,
qui me somme de tenir ma promesse,
en me faisant les plus honteux reproches. »
Il s'approche aussitôt de la porte,
risque à l'intérieur la tête et le cou,
en levant les yeux vers le faîte
et voit s'abattre deux épées.
Il se dérobe en arrière, sans qu'il soit possible
aux chevaliers de retenir leurs coups,
qu'ils ont si violemment portés
qu'en heurtant le sol des épées
ils les ont toutes deux mises en pièces.
Lui, les voyant ainsi brisées,
a moins de respect pour les haches,
et n'a plus la même crainte des autres :
il se jette au milieu, frappant du coude

[fo 31 va] Un sergent et un autre aprés.*
Les .II. que il trova plus pres
Hurte des codes et des braz
Si qu'andeus les abat toz plaz,
Et li tierz a a lui failli,
Et li quarz qui l'a asailli
Fiert si que lo mantel li tranche
Et la chemise, et la char blanche
Li ront anprés l'espaule tote
Si que li sans jus an degote.
Et cil qui rien ne se delaie
Ne se plaint mie de sa plaie,
Einz vet et fet ses pas plus emples
Tant qu'il aert parmi les temples
Celui qui esforçoit s'ostesse.
Randre li porra la promesse
Et son covant, einz qu'il s'an aut.
Volsist ou non, le dresce an haut,
Et cil qui a lui failli ot
Vient aprés lui plus tost qu'il pot
Et lieve son cop de rechief,
Sel cuide bien parmi le chief
Jusqu'as danz de la hache fandre,
Et cil qui bien s'an sot desfandre
Li tant le chevalier ancontre,
Et cil de la hache l'ancontre
La ou l'espaule au col se joint,
Si que l'un de l'autre desjoint.
Et li chevaliers prant la hache,
Des poinz isnelemant li sache

---

*

1147. ront *CVE*, rest *TAG. Foerster préfère à juste titre d'après le contexte le verbe* rere. **1149.** Mes cil de r. ne se d. **1154.** voldra sa p.

un serviteur, ensuite un autre.
Les deux qu'il a trouvés plus près,
jouant des coudes et des bras,
il les jette au sol tout à plat,
le troisième l'a raté,
mais le quatrième attaquant
assène un coup qui lui fend le manteau
et la chemise et, au plus près de l'épaule,
glisse au ras de la peau toute blanche,
faisant goutte à goutte couler le sang.
Mais sans le moindre temps d'arrêt,
sans se plaindre de sa blessure,
il poursuit à plus grandes enjambées,
pour agripper enfin, par les tempes,
celui qui cherchait à forcer son hôtesse.
Il a bien l'intention, avant de s'en aller,
de s'acquitter de sa promesse.
Bon gré, mal gré, il le remet debout.
Mais celui qui l'avait raté
est vite venu à ses trousses
et de nouveau lève son coup,
bien certain de lui fendre en deux
le crâne jusqu'aux dents.
Mais, habile à bien se défendre,
il lui tend au-devant le chevalier,
que l'autre atteint de sa hache
à la jointure de l'épaule et du cou,
qu'il a séparés l'un de l'autre.
Le chevalier se saisit de la hache
qu'il lui arrache vivement des mains,

Et leisse cel que il tenoit,*
Car desfandre le covenoit,
Que li chevalier sus li vienent
Et cil qui les .III. haches tienent,
Si l'asaillent molt cruelmant,
Et cil saut molt delivremant
Antre le lit et la paroi
Et dit : « Or ça, trestuit a moi !
Que s'or estïez .XX. et set,
Des que ge ai tant de recet,
Si avroiz vos bataille assez,
Ja n'en serai par vos lassez. »
Et la pucele qui l'esgarde
Dit : « Par mes ialz, vos n'avez garde

[fo 31 vb] D'or en avant la ou ge soie. »
Tot maintenant arriere anvoie
Les chevaliers et les sergenz,
Lors s'an vont tuit cil de laienz
Sanz arest et sanz contredit,
Et la dameisele redit :
« Sire, bien m'avez desresnice
Ancontre tote ma mesniee.
Or an venez, je vos an main. »
An la sale an vont main a main,
Et celui mie n'abeli,
Qu'il se soffrist molt bien de li.
Un lit ot fet enmi la sale
Don li drap n'erent mie sale
Mes blanc et lé et delïé,

---

*

1177. .XX. et set *CA,* .XXX. et set *TGV (G* Se vos e. .XXX. et set*).* **1186.** Et cil s'en vont fors de laiens *(AV; G* Lors s'en v. cil*).* **1193.** Et *(CA),* Mes *(TV),* A *(EG).*

en lâchant l'homme qu'il tenait,
car il lui fallait se défendre
quand accourent vers lui les chevaliers
avec les trois porteurs de haches
qui lui livrent un assaut féroce.
Mais avec souplesse, d'un bond,
il se place entre le lit et la paroi,
en s'écriant : « Allez-y, tous sur moi !
Seriez-vous trente-six,
quand je suis ainsi retranché,
vous aurez avec qui vous battre,
vous n'entamerez pas ma résistance ! »
La jeune femme, qui le regarde faire,
dit alors : « Sur mes yeux, vous n'avez rien à craindre
désormais, là où je serai ! »
Sur-le-champ elle a renvoyé
les chevaliers et les serviteurs,
et tous quittent alors les lieux
sans attendre ni discuter.
La demoiselle a ajouté :
« Monseigneur, vous avez bien assuré ma défense
face à tous ceux de ma maison.
Venez maintenant, je vous emmène. »
Ils s'en vont dans la salle, se tenant par la main,
mais il le faisait sans plaisir,
car il se serait fort bien passé d'elle.
Un lit était préparé au milieu de la salle :
rien n'en avait sali les draps,
ils étaient blancs, amples et fins ;

N'estoit pas de fuerre esmïé*
La couche ne de coutes aspres.
Un covertor de .II. dïaspres
Ot estandu desor la couche,
Et la dameisele s'i couche,
Mes n'oste mie sa chemise.
Et cil a molt grant poinne mise
Au deschaucier et desnuer,
D'angoisse le covint suer,
Totevoies parmi l'angoisse
Covanz le vaint et si le froisse.
Donc est ce force? Autant se vaut!
Par force covient que il s'aut
Couchier avoec la dameisele,
Covanz l'en semont et apele,
Et il se couche tot a tret,
Mes sa chemise pas ne tret
Ne plus qu'ele ot la soë feite.
De tochier a li molt se gueite,
Einz s'an esloingne et gist anvers
Ne ne dit mot ne c'uns convers
Cui li parlers est desfanduz,
Quant an son lit gist estanduz.
N'onques ne torne son esgart
Ne devers li ne d'autre part,
Bel sanblant feire ne li puet.
Por coi? Car del cuer ne li muet.
S'estoit ele molt bele et gente,
Mes ne li pleist ne n'atalante

* **1218.** convert. **1225.** Qu'aillors a mis del tot s'antante*: leçon isolée (contre l'accord de AEGTV), riche de sens pourtant, mais qui s'enchaîne mal avec les vers suivants et anticipe maladroitement les vers 1230-1231. Voir cependant infra le rajout de T après le v. 1242.* **1226.** Mes ne p. mie n'a.

la couche n'était pas garnie de menue paille,
les couvertures n'en étaient pas rugueuses.
On avait étendu sur la couche
un couvre-lit composé de deux brocarts.
La demoiselle vient s'y coucher,
mais sans ôter sa chemise.
Il a, quant à lui, entrepris non sans peine
de retirer ses chausses et de se mettre nu.
Il ne pouvait éviter une sueur d'angoisse,
mais cependant, dans son angoisse même,
la parole donnée brise sa résistance.
Mais le force-t-on à le faire ? C'est tout comme !
Force lui est en effet d'aller
se coucher avec la demoiselle :
la parole donnée l'en met en demeure.
Sans la moindre hâte, il se couche,
mais il ne retire pas plus sa chemise
qu'elle n'avait fait la sienne.
Il se garde avec soin de toucher à elle,
il préfère s'écarter d'elle, couché sur le dos,
sans dire mot, tel un frère convers
à qui la règle interdit la parole,
quand il est allongé dans son lit.
Il a le regard fixe,
sans tourner les yeux vers elle ni ailleurs.
Il est incapable de lui faire meilleur visage.
Pourquoi donc ? Le cœur n'y est pas !
Elle était belle pourtant, et pleine de charme,
mais ce qui est si charmant pour tout un chacun

[fo 31 vc] Quanqu'est bel et gent a chascun.*
Li chevaliers n'a cuer que un
Et cil n'est mie ancor a lui,
Einz est comandez a autrui
Si qu'il nel puet aillors prester.
Tot le fet an un leu ester
Amors qui toz les cuers justise.
Toz ? Nel fet, fors cez qu'ele prise,
Et cil s'an redoit plus prisier
Cui ele daigne justisier.
Amors le cuer celui prisoit
Si que sor toz le justisoit,
Et li donoit si grant orguel
Que de rien blasmer ne le vuel
S'il lait ce qu'Amors li desfant
Et la ou ele vialt antant.
La pucele voit bien et set
Que cil sa conpaignie het
Et volentiers s'an sosferroit
Ne ja plus ne li requerroit,
Qu'il ne quiert a li adeser,
Et dit : « S'il ne vos doit peser,
Sire, de ci me partirai,
En ma chanbre couchier m'irai
Et vos an seroiz plus a eise,
Ne cuit mie que molt vos pleise
Mes solaz ne ma conpaignie.
Nel tenez pas a vilenie,
Se je vos di ce que je cuit.
Or vos reposez mes enuit,

---

*

Après **1242**, *T rajoute :* En amor a mise s'entente / Que molt li plest et atalente.

est sans attrait ni plaisir pour lui,
car le chevalier n'a qu'un cœur,
et encore n'est-il pas à lui,
il l'a déjà confié à autrui ;
il ne peut donc le prêter ailleurs.
Le sien s'est tout entier fixé en un seul lieu,
comme le veut Amour qui gouverne tous les cœurs,
Tous ? Non, mais ceux qui ont son estime.
Il doit en être d'autant plus fier,
celui dont Amour daigne être le maître !
Amour avait en telle estime le cœur de celui-ci
qu'il régnait sur lui mieux que sur tout autre,
et il le rendait si fier
que je ne veux en rien le blâmer
s'il laisse à faire ce qu'Amour lui défend,
pour ne tendre que là où Amour veut.
La jeune femme comprend et voit
qu'il hait sa compagnie
et qu'il s'en passerait volontiers,
sans lui faire plus de requête,
car il ne cherche pas à toucher à elle.
Elle lui dit : « Ne vous fâchez pas,
monseigneur, si je m'en vais d'ici.
J'irai me coucher dans ma chambre
et vous vous en sentirez mieux.
Vous ne prenez pas, je crois, grand plaisir
à vous distraire en ma compagnie.
Ne trouvez pas discourtois
que je vous dise ma pensée.
Passez maintenant la nuit à vous reposer,

Que vos m'avez randu si bien*
Mon covant que nes une rien
Par droit ne vos puis demander.
Si vos voel a Deu comander,
Si m'an irai. » Lors si se lieve,
Au chevalier mie ne grieve,
Einz l'an leisse aler volentiers
Con cil qui est amis antiers
Autrui que li. Bien l'aparçoit
La dameisele et bien le voit,
Si est an sa chanbre venue
Et si se couche tote nue,
Et lors a dit a li meïsmes :
« Des lores que je conui primes

[fo 32ra] Chevalier, un seul n'an conui
Que je prisasse, fors cestui,
La tierce part d'un angevin,
Car si con ge pans et devin
Il vialt a si grant chose antendre
Qu'ainz chevaliers n'osa enprendre
Si perilleuse ne si grief,
Et Dex doint qu'il an veigne a chief ! »
A tant s'andormi et si jut
Tant que li jorz clers aparut.
Tot maintenant que l'aube crieve,
Cele s'esveille et si se lieve,
Et li chevaliers se resvoille,
Si s'atorne et si s'aparoille
Et s'arme, que nelui n'atant.

---

* **1282.** Isnelemant et tost se l. 1283. si r.

1272. envers c. *(AGV, T* avers*). La leçon de C ferait de l'hôtesse amoureuse par son mépris général une Orgueilleuse de Logres avant la lettre !*

car vous m'avez si bien tenu
l'engagement que vous avez pris
que je n'ai pas le droit de vous demander plus.
Laissez-moi vous recommander à Dieu,
et je m'en vais. » Elle se lève alors,
sans que le chevalier s'en afflige !
C'est bien volontiers qu'il la laisse aller,
comme quelqu'un qui est tout entier l'ami
d'autrui. Elle s'en aperçoit bien,
la demoiselle, qui le constate.
Arrivée dans sa chambre,
elle se couche, toute nue,
en se disant à elle-même :
« Depuis que, pour la première fois, j'ai connu
un chevalier, je n'en ai vu un seul
qui pût valoir par comparaison
à mes yeux le tiers d'un denier angevin.
Car je crois pouvoir deviner
qu'il entend viser à si grande chose
que jamais chevalier n'osa entreprendre
plus périlleuse ou plus pénible.
Que Dieu lui accorde d'en venir à bout ! »
Alors elle ferma les yeux et dormit
jusqu'aux premières lueurs du jour.

Sitôt que pointe l'aube,
elle s'éveille et se lève.
Le chevalier s'éveille lui aussi,
puis il s'habille et se prépare
et s'arme, sans attendre d'aide.

La dameisele vient a tant,*
Si voit qu'il est ja atornez:
« Boens jorz vos soit hui ajornez! »
Fet ele, quant ele le voit.
« Et vos, dameisele, si soit! »
Fet li chevaliers d'autre part.
Et cil dit que molt li est tart
Qu'an li ait son cheval fors tret.
La pucele amener li fet,
Et dit: « Sire, je m'an iroie
O vos grant piece an ceste voie,
Se vos mener m'an osïez
Et se vos me conduisïez
Par les us et par les costumes
Qui furent ainz que nos ne fumes
El rëaume de Logres mises. »
Les costumes et les franchises
Estoient tex a cel termine
Que dameisele ne meschine,
Se chevaliers la trovast sole,
Ne plus qu'il se tranchast la gole
Ne feïst se tote enor non,
S'estre volsist de boen renon,
Et, s'il l'esforçast, a toz jorz
An fust honiz an totes corz.
Mes se ele conduit eüst,
Uns autres, se tant li pleüst
Qu'a celui bataille an feïst
Et par armes la conqueïst,

---

* **1298.** Et conduire m'i devïez.

La demoiselle arrive alors
et le voit déjà équipé :
« Je vous souhaite le bonjour ! »
fait-elle, en le voyant.
« À vous aussi, mademoiselle ! »
dit à son tour le chevalier.
Il ajoute qu'il lui tarde
qu'on lui ait sorti son cheval.
La jeune femme le lui fait amener,
en disant : « Monseigneur, je m'en irais
avec vous un bon bout de chemin,
si vous étiez assez hardi pour m'emmener
et que vous m'escortiez
selon les us et coutumes
qui furent bien avant nous
établis au royaume de Logres. »
Les coutumes et les droits
voulaient en ce temps-là
que tout chevalier venant à rencontrer seule
une demoiselle ou une jeune fille
ne lui aurait pas plus manqué d'égards
qu'il ne se fût tranché la gorge,
s'il tenait à garder son renom :
s'il lui faisait violence, il aurait à jamais
été couvert d'opprobre dans toutes les cours.
Mais si elle était sous escorte,
quiconque aurait eu envie
de se battre avec le premier
et de la conquérir aux armes,

[fo 32rb] Sa volenté an poïst faire*
Sanz honte et sanz blasme retraire.
Por ce la pucele li dist
Que se il l'osast ne volsist
Par ceste costume conduire
Que autres ne li poïst nuire,
Qu'ele s'an alast avoec lui.
Et cil li dit : « Ja nus enui
Ne vos fera, ce vos otroi,
Que premiers ne le face moi.
— Dons i voel ge, fet ele, aler. »
Son palefroi fet anseler,
Tost fu ses comandemanz fez,
Li palefroiz li fu fors trez
Et li chevax au chevalier.
Andui montent sanz escuier,
Si s'an vont molt grant aleüre,
Cele l'aresne et il n'a cure
De quanque ele l'aparole,
Einçois refuse sa parole,
Pansers li plest, parlers li grieve.
Amors molt sovant li escrieve
La plaie que feite li a,
Onques anplastre n'i lia
Por garison ne por santé,
Qu'il n'a talant ne volanté
D'emplastre querre ne de mire,
Se sa plaie ne li anpire,
Mes celi quer[r]oit volantiers.
Tant tindrent voies et santiers

---

*

1334. Molt het son plet et sa parole *(TV).*

pouvait faire d'elle sa volonté,
sans encourir honte ni blâme.
Voilà pourquoi la jeune femme lui a dit
que s'il était assez hardi ou décidé
pour lui faire escorte selon la coutume
et empêcher tout autre de lui nuire,
elle irait de compagnie avec lui.
Il lui répond : « Jamais personne
ne vous fera de mal, je vous le garantis,
s'il ne s'en prend d'abord à moi !
— J'accepte donc, fait-elle, d'y aller. »
Elle fait seller son palefroi ;
son ordre fut aussitôt exécuté ;
on lui a sorti le palefroi,
avec le cheval pour le chevalier.
Ils montent tous deux, sans l'aide d'un écuyer,
et s'en vont à très vive allure.
Elle lui adresse la parole, mais il n'a cure
de quoi que ce soit qu'elle lui dise,
il a en horreur paroles et discours :
penser lui plaît, parler lui pèse.
Bien souvent Amour lui rouvre
la plaie qu'il lui a faite,
jamais il n'y a mis d'emplâtre
pour se soigner ou la guérir,
car il n'a ni l'envie ni la volonté
de chercher remède ni médecin,
à moins que sa plaie ne s'aggrave.
Que dis-je ? C'est elle qu'il irait plutôt chercher !
En suivant routes et sentiers,

Si con li droiz chemins les mainne*
Qu'il vienent pres d'une fontainne.
La fontainne est enmi uns prez
Et s'avoit un perron delez.
Sor le perron qui ert iqui
Avoit oblïé, ne sai qui,
Un peigne d'ivoire doré.
Onques des le tens Ysoré
Ne vit si bel sages ne fos.
Es danz del peigne ot des chevos
Celi qui s'an estoit paigniee
Remés bien demie poigniee.
Qant la dameisele parçoit
La fontainne et le perron voit,

[fo 32 rc] Se ne volt pas que cil la voie,
Einz se mist en une autre voie.
Et cil qui se delite et pest
De son panser qui molt li plest
Ne s'aparçoit mie si tost
Qu'ele fors sa voie l'ost,
Mes quant il s'est aparceüz,
Si crient qu'il ne soit deceüz,
Qu'il cuide que ele ganchisse
Et que fors de son chemin isse
Por eschiver aucun peril.
« Estez, dameisele ! fet il,
N'alez pas bien, venez deça !
Onques, ce cuit, ne s'adreça
Qui fors de cest chemin issi.

---

* **1346.** Que il voient une f. *(corr. d'après T; A* vinrent a, *E* vers*).* **1370.** Ostez *(leçon isolée de C; A, contrairement à l'indication de Foerster, donne bien:* Estés*).*

1347. estoit en un p. *(A, T* iert enmi*).* **1359.** Si ne veut *(TV).*

sans dévier de leur droit chemin,
ils finissent pas approcher d'une fontaine,
qui jaillissait au milieu d'une prairie.
Il y avait un perron à côté.
Sur la pierre qui se trouvait là
avait oublié je ne sais qui
un peigne en ivoire incrusté d'or.
Jamais depuis le temps du géant Isoré
nul, sage ni fou, n'en vit d'aussi beau.
Aux dents du peigne, des cheveux
de celle qui s'en était peignée
étaient restés, une bonne demi-poignée.
Quand la demoiselle aperçoit
la fontaine et voit le perron,
elle ne veut pas qu'il les voie :
elle préféra changer de route.
Comme il se repaît avec délice
des pensées qui le ravissent,
il ne s'aperçoit pas tout de suite
qu'elle l'écarte de son chemin.
Mais dès qu'il s'en est rendu compte,
il craint d'être abusé,
persuadé qu'elle fait un détour
et qu'elle sort de son chemin
pour éviter quelque péril.
« Arrêtez, mademoiselle ! dit-il,
vous n'allez pas du bon côté. Venez par ici !
Jamais personne, je crois, n'a pris
le bon chemin en quittant celui-ci.

— Sire, nos irons mialz par ci,*
Fet la pucele, bien le sai. »
Et cil li respont : « Je ne sai,
Dameisele, que vos pansez,
Mes ce poez veoir asez
Que c'est li droiz chemins batuz.
Des que ge m'i sui anbatuz,
Je ne tornerai autre san,
Mes, s'il vos plest, venez vos an,
Que g'irai ceste voie adés. »
Lors s'an vont tant qu'il vienent pres
Del perron et voient le peigne.
« Onques certes, don moi soveigne,
Fet li chevaliers, mes ne vi
Tant bel peigne con je voi ci.
— Donez le moi, fet la pucele.
— Volentiers, dit il, dameisele. »
Et lors s'abeisse et si le prant.
Quant il le tint, molt longuemant
L'esgarde et les chevox remire,
Et cele an comança a rire,
Et quant il la voit, se li prie
Por qu'ele a ris qu'ele li die.
Et cele dit : « Teisiez vos an !
Ne vos an dirai rien oan.
— Por coi ? fet il. — Car je n'ai cure. »
Et quant cil l'ot, si li conjure,
Come cil qui ne cuidoit mie
Qu'amie ami, n'amis amie

---

*

— Monseigneur, par ici la route sera meilleure,
fait la jeune femme, je le sais bien. »
Il lui répond : « Je ne sais pas,
mademoiselle, ce que vous avez en tête,
mais vous pouvez constater
quc nous suivons bien le sentier battu.
Puisque je m'y suis engagé,
je ne prendrai pas d'autre direction,
mais, s'il vous plaît, revenez,
car je continuerai sur cette route. »
Ils finissent ainsi par arriver près
du perron et ils voient le peigne.
« Jamais en vérité, dans mon souvenir,
dit le chevalier, je n'ai vu
un aussi beau peigne que celui que voici.
— Faites-m'en cadeau, dit la jeune femme.
— Volontiers, dit-il, mademoiselle. »
Se baissant alors, il le prend.
Il l'avait en main : un long moment
il le regarde et examine les cheveux.
Et la demoiselle de rire.
Ce que voyant, il la prie
de lui dire pourquoi elle a ri.
« N'insistez pas ! répond-elle.
À présent je ne vous en dirai rien.
— Pourquoi ? fait-il. — Parce que je n'y tiens pas. »
À ces mots, il la conjure,
sans douter le moins du monde
qu'entre un ami véritable et une véritable amie

[fo 32 va] Doient parjurer a nul fuer :*
« Se vos rien nule amez de cuer,
Dameisele, de par celi
Vos conjur et requier et pri
Que vos plus ne le me celez.
— Trop a certes m'an apelez,
Fet ele, si le vos dirai,
De rien nule n'an mantirai.
Cist peignes, se j'onques soi rien,
Fu la reïne, jel sai bien,
Et d'une chose me creez
Que les chevox que vos veez
Si biax, si clers et si luisanz,
Qui sont remés antre les danz,
Que del chief la reïne furent,
Onques en autre pré ne crurent. »
Et li chevaliers dit : « Par foi,
Assez sont reïnes et roi,
Mes de la quel volez vos dire ?
Et cele dit : « Par ma foi, sire,
De la fame le roi Artu. »
Quant cil l'ot, n'a tant de vertu
Que tot nel coveigne ploier,
Par force l'estut apoier
Devant a l'arçon de la sele.
Et quant ce vit la dameisele,
Si s'an mervoille et esbaïst,
Qu'ele cuida que il cheïst.
S'ele ot peor, ne l'en blasmez,
Qu'ele cuida qu'il fust pasmez.

---

*

1425. covenist *(TVA)*. **1428.** *Var. AT* voit *(V = C)*.

il soit impossible de manquer à la foi jurée :
« S'il existe un être aimé de votre cœur,
mademoiselle, en son nom
je vous conjure et vous prie instamment
de ne pas me garder plus longtemps le secret.
— Ah ! que de force a votre appel !
fait-elle, je vous dirai tout,
sans vous mentir d'un mot.
Ce peigne, si j'ai jamais été bien renseignée,
fut à la reine, je le sais.
Et soyez certain d'une chose :
ces cheveux qui, sous vos yeux,
ont tant de beauté, de clarté, de lumière,
et qui sont restés entre les dents,
c'étaient des cheveux de sa tête :
aucune autre prairie ne les vit croître. »
Et le chevalier dit : « Ma foi,
il y a bien des reines et des rois !
De laquelle voulez-vous donc parler ?
— Sur ma parole, monseigneur, répond-elle,
de la femme du roi Arthur. »
À ces mots, son corps se courba,
pris d'une soudaine faiblesse.
Il fut bien forcé de prendre appui
sur le pommeau de la selle.
La demoiselle, à ce spectacle,
stupéfaite, n'en croit pas ses yeux.
Elle crut qu'il allait tomber.
Si elle eut peur, ne l'en blâmez pas,
elle croyait qu'il s'était évanoui.

Si ert il, autant se valoit,*
Molt po de chose s'an failloit,
Qu'il avoit au cuer tel dolor
Que la parole et la color
Ot une grant piece perdue.
Et la pucele est descendue
Et si cort quanqu'ele pot corre
Por lui retenir et secorre,
Qu'ele ne le volsist veoir
Por rien nule a terre cheoir.
Quant il la vit, s'en ot vergoigne,
Si li a dit : « Por quel besoigne
Venistes vos ci devant moi ? »
Ne cuidiez pas que le porcoi

[fo 32 vb] La dameisele l'an conoisse,
Qu'il an eüst honte et angoisse,
Et si li grevast et neüst
S'ele le voir li coneüst.
Si s'est de voir dire gueitiee,
Einz dit come bien afeitiee :
« Sire, je ving cest peigne querre,
Por ce sui descendue a terre,
Que de l'avoir oi tel espans
Ja nel cuidai tenir a tans. »
Et cil qui vialt que le peigne ait
Li done et les chevox an trait
Si soef que nul n'an deront.
Ja mes oel d'ome ne verront
Nule chose tant enorer,

---

* **1450.** Se le voir l'en rec. *(haplologie probable).*

1455. *Var. V* apans *(TA* porpens*).*

C'était le cas, ou tout comme,
il s'en fallait de si peu !
Il éprouvait une telle douleur au fond de soi
qu'il en perdit un long moment
la parole et toute couleur.
La jeune femme a mis pied à terre,
elle accourt au plus vite
pour le soutenir et l'aider,
car elle ne voulait pour rien au monde
le voir tomber de cheval.
Quand il la vit venir, il eut honte
et il lui a dit : « Qu'avez-vous à faire,
pour venir ici devant moi ? »
N'allez pas croire que la demoiselle
lui en avoue la raison :
il aurait été honteux, angoissé,
le cœur bien lourd et mal à l'aise,
si elle lui avait avoué la vérité.
Elle s'est donc gardée de la lui dire,
pour répondre avec courtoisie :
« Monseigneur, je suis venue chercher ce peigne,
c'est pourquoi j'ai mis pied à terre,
il m'a fait tellement envie
que j'ai cru ne jamais le tenir assez tôt. »
Comme il s'accorde à ce qu'elle ait le peigne,
il le lui donne, mais il en retire les cheveux
délicatement, sans qu'un seul ne casse.
Jamais personne ne verra de ses yeux
accorder tant d'honneur à une chose,

Qu'il les comance a aorer,*
Et bien .C.M.. foiz les toche
Et a ses ialz et a sa boche
Et a son front et a sa face,
N'est joie nule qu'il n'an face,
Molt s'an fet liez, molt s'an fet riche,
An son saing pres del cuer les fiche
Entre sa chemise et sa char.
N'en preïst pas chargié un char
D'esmeraudes ne d'escharboncles,
Ne cuidoit mie que reoncles
Ne autres max ja mes le praigne,
Diamargareton desdaigne
Et pleüriche et tiriasque,
Neïs saint Martin et saint Jasque,
Car an ces chevox tant se fie
Qu'il n'a mestier de lor aïe.
Mes quel estoient li chevol ?
Et por mançongier et por fol
M'an tanra l'en, se voir an di :
Quant la foire iert plainne au Lendi
Et il i avra plus avoir,
Nel volsist mie tot avoir
Li chevaliers, c'est voirs provez,
Se n'eüst ces chevox trovez,
Et, se le voir m'an requerez,
Ors .C.M.. foiz esmerez
Et puis autantes foiz recuiz
Fust plus oscurs que n'est la nuiz
Contre le plus bel jor d'esté

---

* **1468.** soing *(cf. infra v. 1499).* **1486.** Si n'eüst *(corr. d'après AG).*

1474-1475. *Electuaires aromatiques pour traiter la tristesse, la mélancolie, les troubles de la digestion, de la mémoire, de la perception, etc. Cf. Conte du Graal, éd. Hilka, pp. 689-691.* **1482.** *Fête annuelle (*endit < indictum, *« date convenue«), en l'honneur des reliques de la Passion à Saint-Denis, accompagnée d'une foire, du deuxième mercredi de juin à la veille de la Saint-Jean.* **1486.** les c. **1491.** Envers *(AGT).*

car il leur voue une adoration.
Bien cent mille fois il les porte
et à ses yeux et à sa bouche
et à son front et à son visage !
Il en tire toutes les joies :
en eux son bonheur, en eux sa richesse !
Il les serre sur sa poitrine, près du cœur,
entre sa chemise et sa peau.
Il ne voudrait pas avoir à la place un char entier
d'émeraudes ou d'escarboucles.
Il se jugeait désormais à l'abri
de l'ulcère ou de tout autre mal.
Le voici qui méprise la poudre de perles,
l'archontique, la thériaque
et tout autant saint Martin et saint Jacques !
Il n'a plus besoin de leur aide,
tant il a foi en ces cheveux.
Avaient-ils donc, ces cheveux, une qualité spéciale ?
Si j'en dis la vérité, on me tiendra
pour un menteur et pour un fou.
Imaginez la foire du Lendit, quand elle bat son plein
à l'heure où il y a le plus de richesses ;
lui donnerait-on le tout, le chevalier
n'en voudrait pas, rien n'est plus certain,
s'il fallait pour cela qu'il n'eût trouvé ces cheveux !
Vous exigez de moi la vérité ?
Eh bien, l'or qu'on aurait cent mille fois affiné
et après chaque passe autant de fois recuit
serait plus obscur que n'est la nuit
auprès du plus beau jour d'été

[fo 32 vc] Qui ait an tot cest an esté,*
Qui l'or et les chevols veïst
Si que l'un lez l'autre meïst.
Et que feroie ge lonc conte?
La pucele molt tost remonte
Atot le peigne qu'ele an porte,
Et cil se delite et deporte
Es chevox qu'il a en son saing.
Une forest aprés le plaing
Truevent et vont par une adresce
Tant que la voie lor estresce,
S'estut l'un aprés l'autre aler,
Qu'an n'i poïst mie mener
.II. chevax por rien coste a coste.
La pucele devant son oste
S'an vet molt tost la voie droite.
La ou la voie ert plus estroite,
Voient un chevalier venant.
La dameisele maintenant
De si loing com ele le vit
L'a coneü et si a dit:
« Sire chevaliers, veez vos
Celui qui vient ancontre nos
Toz armez et prez de bataille?
Il m'an cuide mener sanz faille
Avoec lui sanz nule desfansse,
Ce sai ge bien que il le pansse,
Qu'il m'ainme et ne fet pas que sages.
Et par lui et par ses messages

---

* **1514.** vos *(faute commune à CA).*

1495. Mes por coi feroie l. c. *(AG).* **1501.** *Var. GA* par une bresce. **1503.** S'estuet *(TAGV).* **1516.** Il me c. orendroit s. f. *(AEGV, T* m'en*).* **1517.** Avoec lui mener s. d.

que nous ayons eu de toute cette année,
si on mettait côte à côte,
sous nos yeux, l'or et les cheveux.
Mais à quoi bon allonger mon récit ?
La jeune femme est prompte à se remettre en selle,
en emportant avec elle le peigne.
Et lui trouve son bonheur et sa joie
dans les cheveux qu'il serre sur son cœur.
Une forêt succède aux champs,
devant eux. Ils suivent une allée,
mais la voie finit par se rétrécir.
Il leur faut avancer l'un derrière l'autre,
car il serait absolument impossible
d'y conduire deux chevaux de front.
La jeune femme, devant son hôte,
chemine tout droit rapidement.
Comme la voie se resserrait encore,
ils voient venir un chevalier.
Aussitôt la demoiselle,
d'aussi loin qu'elle l'a vu,
l'a reconnu, et elle a dit :
« Monseigneur le chevalier, voyez-vous
cet homme qui vient à notre rencontre
tout en armes et prêt à la bataille ?
Il croit pouvoir sans faute m'emmener
sur l'heure avec lui, sans résistance aucune.
Je sais bien qu'il a cette pensée,
car il m'aime, et c'est folie de sa part.
En personne ou par des messagers,

M'a proiee molt a lonc tans,*
Mes m'amors li est an desfans,
Que por rien amer nel porroie.
Si m'aïst Dex, einz me morroie
Que je l'amasse an nul androit!
Je sai bien qu'il a or androit
Si grant joie et tant se delite
Con s'il m'avoit ja tote quite,
Mes or verrai que vos feroiz
Or i parra se preuz seroiz,
Or le verrai, or i parra
Se vostre conduiz me garra!
Se vos me poez garantir,
Donques dirai ge sanz mantir
Que preuz estes et molt valez. »

[fo 33 ra] Et il li dit: « Alez, alez! »
Et ceste parole autant vaut
Con se il deïst: « Po m'an chaut,
Que por neant vos esmaiez,
De chose que dite m'aiez. »
Que que il vont ensi parlant,
Ne vint mie cele part lant
Li chevaliers qui venoit seus,
Les granz galoz ancontre aus deus.
Et por ce li plest a haster
Qu'il ne cuide ses pas gaster,
Et por boens eürez se clainme
Quant la rien voit que il plus ainme.
Tot maintenant que il l'aproche,

---

* **1535.** *Vers répété au début de la colonne suivante.* **1546.** Qu'il ne cuide mie gaster *(leçon commune à CA; corr. d'après GE(V);* T Que ses p. ne c.*)*.

1524. *VE* en m., *G* i m. *(var. TA* a. m'ocirroie, *inférieure pour la rime).* **1536.** Et cil. **1538.** *Var. VE(G)* Com s'il deïst: Or ne vos chaut ... / De chose que veüe aiez. *Cette variante isole le groupe VEG (dans G, les deux couplets 1537 - 1538 et 1539 - 1540 sont intervertis). Légère var. de A par rapport à C et T:* Con s'il desist: Molt poi m'en c. **1544.** Le grant cors vint *(V, G* vient*)*.

voilà longtemps qu'il m'en fait prière,
mais mon amour lui est refusé :
pour rien au monde je ne pourrais l'aimer.
Dieu m'est témoin, je préférerais mourir
plutôt que d'aucune façon l'aimer !
Je sais bien qu'il est en ce moment
au plus fort du bonheur et de la joie,
comme s'il m'avait déjà tout entière à lui,
mais il est temps que je voie ce que vous allez faire,
il est temps qu'on puisse juger de votre vaillance,
il est temps de prouver devant moi
que vous saurez me protéger !
Soyez capable de me défendre,
et je dirai sans avoir à mentir
que vous êtes un brave et que grande est votre valeur.
— Allez toujours ! » lui répond-il,
et ces mots ont le même sens
que s'il avait dit : « Peu m'importe
tout ce que vous m'avez dit,
car toutes vos craintes sont vaines. »
Tandis qu'ils parlent ainsi,
vers eux se dirige sans lenteur
le chevalier qui venait seul.
Il se portait au grand galop à leur rencontre.
S'il trouve bon de se hâter,
c'est qu'il ne pense pas le faire en vain.
Quelle chance est la sienne, se dit-il,
de voir l'être le plus aimé au monde !
Aussitôt qu'il s'approche d'elle,

De cuer la salue et de boche*
Et dit : « La riens que je plus vuel,
Don moins ai joie et plus me duel,
Soit bien veignanz, don qu'ele veingne ! »
N'est mie droiz que cele teingne
Vers lui sa parole si chiere
Que ele ne li rande arriere
Au moins de boche son salu.
Molt a au chevalier valu
Quant la pucele le salue,
Qui sa boche pas n'en palue
Ne ne li a neant costé,
Et s'il eüst tres bien josté
Cele ore a un tornoiemant,
Ne s'an prisast il mie tant
Ne ne cuidast avoir conquis
Ne tant d'enor ne tant de pris.
Por ce que mialz s'an ainme et prise,
L'a par la resne del frain prise
Et dit : « Or vos an manrai gié,
Molt ai hui bien et droit nagié,
Qu'a molt boen port sui arivez.
Or sui ge toz descheitivez,
De peril sui venuz a port,
De grant enui a grant deport,
De grant dolor a grant santé,
Or ai tote ma volanté
Qant en tel meniere vos truis
Qu'avoec moi mener vos an puis

---

*

1562. tot fors j. *(A, V* hors, *G* et se il e. sorjousté*)*. **1563.** A cele o. un t. *(AEG, V* A cel jor*)*.

il la salue avec les mots du cœur,
en disant : « Que la beauté la plus désirée,
à qui je dois si peu de joie et tant de douleur,
soit la bienvenue, d'où qu'elle vienne ! »
Ce serait une faute si elle se montrait
envers lui avare de paroles
au point de ne pas lui rendre
au moins des lèvres son salut.
Mais le chevalier attache une valeur extrême
à ce salut de la jeune femme,
qui n'en a pas pour autant la bouche salie
et à qui il n'en a rien coûté !
Aurait-il en vainqueur refoulé du champ
à cette heure l'assemblée d'un tournoi,
il n'en aurait pas eu plus de fierté,
il n'en aurait pas conquis, à ses yeux,
autant d'honneur, autant de gloire.
Il s'en estime d'autant plus !
Aussi l'attrape-t-il par la rêne du frein :
« C'est à moi de vous emmener, dit-il !
J'ai fait une belle traversée, en droite ligne,
je suis aujourd'hui arrivé à bon port.
Voici le terme de mes infortunes !
Echappé au péril, j'aborde au rivage,
quittant le malheur pour la joie,
la souffrance pour la santé.
Me voici exaucé dans tous mes vœux,
quand je trouve une si belle occasion
de vous emmener avec moi,

[fo 33 rb] Or androit que n'i avrai honte ! »*
Et cele dit : « Rien ne vos monte,
Que cist chevaliers me conduit.
— Certes, ci a malvés conduit,
Fet il, qu'adés vos en maing gié.
Un mui de sel avroit mangié
Cist chevaliers, si con je croi,
Einçois qu'il vos desraist vers moi,
Ne cuit c'onques home veïsse
Vers cui je ne vos conqueïsse,
Et quant je vos truis [ci] an eise,
Mes que bien li poist et despleise,
Vos an manrai veant ses ialz,
Et s'an face trestot son mialz. »
Li autres de rien ne s'aïre
De tot l'orguel qu'il li ot dire,
Mes sanz ranpone et sanz vantance
A chalongier la li comance,
Et dist : « Sire, ne vos hastez
Ne voz paroles ne gastez,
Mes parlez un po par mesure.
Ja ne vos iert vostre droiture
Tolue, quant vos l'i avroiz.
Par mon conduit, bien le savroiz,
Est ci la pucele venue,
Lessiez la, trop l'avez tenue,
Qu'ancor n'a ele de vos garde. »
Et cil otroie que an l'arde,
S'il ne l'an mainne maugré suen.
Cil dit : « Ce ne seroit pas buen,

---

* **1589.** *Vers hypométrique (comme E ; corr. d'après TG ; V* en aaise *; A* Et puis que je*).*

1586. *Var. VG* Ainz qu'il vos desresnast *(E* desraigne*).* **1601-1602.** *C et T présentent une meilleure leçon que AEV :* avez / savez *(cf. G* arois / savois*).*

sur-le-champ, sans encourir de honte !
— C'est beaucoup de bruit pour rien, répond-elle,
je suis sous la protection de ce chevalier.
— Il vous protège mal, en vérité,
je vous emmène, séance tenante.
Il aurait avalé un muid de sel,
je le crois, ce chevalier,
avant d'oser vous disputer à moi.
Je ne pense pas connaître d'homme
sur qui je ne puisse vous conquérir.
Puisque je vous trouve ici sans autre contrainte,
même s'il lui en coûte et qu'il lui déplaise,
je vous emmènerai sous ses propres yeux.
À lui de faire de son mieux ! »
Mais le chevalier garde tout son calme,
en entendant ces paroles d'orgueil.
Sans se moquer, sans se vanter,
il se met à relever le défi :
« Un peu de patience, monseigneur ! dit-il.
Évitez de parler en l'air
et gardez plus de retenue dans vos propos.
Vous rentrerez dans vos droits,
dès que vous en aurez sur elle.
C'est sous ma protection, vous l'apprendrez,
que cette jeune femme est venue ici.
Lâchez-la, vous l'avez trop retenue,
elle n'a pour l'instant rien à craindre de vous. »
Plutôt être brûlé vif, admet l'autre,
que de renoncer à l'emmener !
Et lui : « Ce serait une lâcheté

Se mener la vos an lessoie,*
Sachiez einçois m'en conbatroie.
Mes se nos bien nos volïens
Conbatre, nos ne porrïens
An cest chemin por nule painne,
Mes alons des qu'a voie plainne
Ou jusqu'a pree ou jusqu'a lande. »
Cil dit que ja mialz ne demande
Et dit : « Certes, bien m'i acort,
De ce n'avez vos mie tort,
Que cist chemins est trop estroiz.
Ja iert mes chevax si destroiz,
Einçois que ge torner le puisse,
Que je crien qu'il se brit la cuisse. »

[fo 33 rc] Lors se torne a molt grant destresce,
Mes son cheval mie ne blesce
Ne de rien n'i est anpiriez,
Et dit : « Certes, molt sui iriez,
Quant antre ancontré ne nos somes
An place lee et devant homes,
Que bel me fust que l'en veïst
Li quex de nos mialz le feïst.
Mes or venez, se l'irons querre,
Nos troverons pres de ci terre
Tote delivre et grant et lee. »
Lors s'an vont jusqu'a une pree,
An cele pree avoit puceles
Et chevaliers et dameiseles
Qui jooient a plusors jeus,

*

1617. *Var. G* Certes, fait il, b. *(souci d'élégance de G ou leçon originale ? Cf. de même v. 1626).* **1620.** *Var. T* Ja est *(VG* Ja ert*), A* Et mes c. est. *Nous préférons le présent pour le sens.* **1626.** *Var. plus expressive de T et G :* Certes fet il (dist il), m.

si je vous laissais l'emmener.
Je préférerais me battre, sachez-le.
Mais si nous voulions comme il faut
combattre, nous ne le pourrions
dans ce chemin, même avec de la peine !
Gagnons plutôt une large voie,
une prairie ou bien une lande. »
L'autre répond qu'il ne demande pas mieux,
ajoutant : « Oui, je suis du même avis ;
sur ce point vous avez raison,
le chemin est par trop étroit.
Mon cheval y est déjà si serré
qu'avant qu'il puisse faire demi-tour,
je crains de lui briser la cuisse. »
À grand peine parvient-il à se retourner,
mais il le fait sans blesser son cheval
et lui-même n'a aucun mal à déplorer.
« Je suis vraiment très contrarié, dit-il,
à l'idée que notre rencontre n'ait pas eu lieu
sur une large place et devant des gens,
car j'aurais aimé qu'on pût voir
qui de nous deux fut le meilleur.
Mais venez donc, allons chercher l'endroit.
Non loin d'ici nous trouverons une région
bien dégagée et de vaste étendue. »
Ils s'en vont jusqu'à une prairie
où l'on voyait des jeunes filles,
des chevaliers et des demoiselles
en train de jouer à plusieurs sortes de jeux,

Por ce que biax estoit li leus.*
Ne jooient pas tuit a gas,
Mes as tables et as eschas,
Li un as dez, li autre au san,
A la mine i rejooit l'an,
A ces jeus li plusor jooient.
Li autre qui iluec estoient
Redemenoient lor anfances,
Baules et queroles et dances,
Et chantent et tunbent et saillent
Et au luitier se retravaillent.
Uns chevaliers auques d'ahé
Estoit de l'autre part del pré
Sor un cheval d'Espaigne sor,
S'avoit lorain et sele d'or,
Et s'estoit de chienes meslez.
Une main a l'un de ses lez
Avoit par contenance mise,
Por le bel tans ert an chemise,
S'esgardoit les geus et les baules,
Un mantel ot par ses espaules
D'escarlate et de veir antier.
De l'autre part, lez un santier,
En avoit jusqu'a .XXIII.
Armez sor boens chevax irois.
Tantost con li troi lor sorvienent,
Tuit de joie feire se tienent
Et crient tuit parmi les prez:
« Veez le chevalier, veez,

---

*

1641. *Sur l'expression* joer au san, *voir Ph. Ménard dans Romania 91, 1970, pp. 400-405: amener deux six avec une paire de dés.* **1659.** Veir antier *ne signifie pas, comme on traduit, « véritable (ou authentique) petit-gris », mais désigne la fourrure complète de l'écureuil: ventres de vair (à dominante blanche et fine bordure grise) et dos de gris. Cf. R. Delort, « Le commerce des fourrures en Occident à la fin du M.A. », Ecole française de Rome, 1978, t. I, p. 43.*

car la beauté du lieu les y invitait.
Ils ne jouaient pas tous à des jeux folâtres,
mais aux échecs et au trictrac,
certains aux dés, au double-six.
On jouait encore à la mine.
C'est à ces jeux qu'ils se livraient, pour la plupart.
Quant aux autres qui étaient là,
ils s'ébattaient dans l'insouciance,
avec leurs bals, leurs rondes et leurs danses.
Et de chanter, de culbuter, de gambader,
ou encore de s'affairer à la lutte !
Un chevalier déjà touché par l'âge
se tenait à l'autre bout du pré
sur un alezan doré d'Espagne,
dont le frein et la selle étaient garnis d'or.
Ses cheveux étaient grisonnants.
Une main posée sur le côté,
il avait un beau maintien.
À cause de la belle saison, il était en chemise.
Il suivait du regard les jeux et les danses.
Le manteau jeté sur ses épaules
était d'écarlate fourrée de vair et de gris.
De l'autre côté, près d'un sentier,
on comptait jusqu'à vingt-trois hommes
en armes, montés sur de bons chevaux irlandais.
À l'instant où les trois font irruption,
la joyeuse fête s'interrompt partout,
et tous s'écrient à travers champs :
« Regardez, regardez le chevalier

[fo 33 va] Qui fu menez sor la charrete !*
N'i ait mes nul qui s'antremete
De joer tant com il i ert,
Dahez ait qui joer i quiert
Et dahez ait qui daingnera
Joer tant com il i sera ! »
Et antre tant ez vos venu
Le fil au chevalier chenu
Celui qui la pucele amoit
Et por soë ja la clamoit,
Si dist : « Sire, molt ai grant joie,
Et qui le vialt oïr si l'oie,
Que Dex m'a la chose donee
Que j'ai toz jorz plus desirree,
N'il ne m'aüst pas tant doné
S'il m'eüst fet roi coroné,
Ne si boen gré ne l'en seüsse
Ne tant gahaignié n'i eüsse,
Car cist gaainz est biax et buens.
— Ne sai encor se il est tuens, »
Fet li chevaliers a son fil.
Tot maintenant li respont cil :
« Nel savez ? Nel veez vos donques ?
Por Deu, sire, n'an dotez onques,
Quant vos veez que je la tieng.
An cele forest don je vieng
L'ancontrai ore ou el venoit.
Je cuit que Dex la m'amenoit,
Si l'ai prise come la moie.
— Ne sai ancor se cil l'otroie

* **1676.** ja la tenoit *(T* chalenjoit*; corr. d'après VE et A).*

1674. Devant le c. *(la leçon de C est isolée et Chrétien, d'ordinaire, ne se hâte pas de lever l'incertitude).* **1693.** or qu'ele v. *(V).*

qui fut mené dans la charrette !
Que personne désormais ne s'occupe
à des jeux, tant qu'il sera là !
Maudit soit celui qui voudrait jouer,
maudit soit-il, s'il consent
à jouer, tant qu'il sera là ! »
Cependant, voici qu'est venu
devant le chevalier aux cheveux blancs
celui qui aimait la jeune femme
et la revendiquait déjà comme à lui.
Il lui a dit : « Monseigneur, je suis rempli de joie.
Si on veut savoir pourquoi, qu'on écoute !
Dieu m'a donné la personne
que j'ai, de tout temps, le plus désirée,
et Il ne m'aurait pas donné autant
s'Il avait fait de moi un roi portant couronne,
je n'aurais eu pour Lui autant de gratitude
et mon gain n'aurait pas été plus grand,
car cette prise est belle et bonne.
— Je ne sais pas encore si elle est à toi »,
dit le chevalier à son fils.
L'autre lui réplique aussitôt :
« Vous ne le savez pas ? Ne le voyez-vous donc ?
Au nom du ciel, monseigneur, n'en doutez point,
vous voyez bien que je la tiens.
Dans cette forêt d'où je viens,
je l'ai rencontrée qui cheminait.
Je crois que Dieu me l'avait amenée :
je l'ai prise comme mon bien.
— Je ne sais toujours pas s'il y consent,

Que je voi venir aprés toi,*
Chalongier la te vient, ce croi. »
Antre ces diz et ces paroles
Furent remeses les quaroles
Por le chevalier que il virent,
Ne jeu ne joie plus ne firent
Por mal de lui et por despit.
Et li chevaliers sanz respit
Vint molt tost aprés la pucele :
« Lessiez, fet il, la dameisele,
Chevaliers, que n'i avez droit.
Se vos osez, tot or androit
La desfandrai vers vostre cors. »
Et li chevaliers vialz dist lors :

[fo 33 vb] « Don ne le savoie je bien ?
Biax filz, ja plus ne la retien,
La pucele, mes leisse li. »
A celui mie n'abeli,
Qu'il jure qu'il n'en randra point,
Et dit : « Ja Dex puis ne me doint
Joie que je la li randrai !
Je la tieng et si la tendrai
Come la moie chose lige.
Einz iert de mon escu la guige
Ronpue et totes les enarmes,
Ne an mon cors ne an mes armes
N'avrai je puis nule fiance,
Ne an m'espee n'en ma lance,
Quant je li lesserai m'amie. »

---

* **1700.** queroles.

1698. *Var. VAE* te veut *(T comme C :* vient*)*. **1708.** *Var. V* Et s'il vos plest *(AE* Se vos volez*)*, *T = C.* **1709.** *Var. VA* Le monstrerai, *T = C.* **1710.** Et li v. c. **1723.** puis point de f. *(T et VA)*.

celui qui arrive derrière toi.
Il vient, je crois, pour te la réclamer. »
Tandis qu'ils échangeaient ces mots,
les rondes s'étaient arrêtées
à la vue du chevalier,
les jeux et la joie avaient cessé
en signe de mépris et d'hostilité.
Le chevalier sans perdre de temps
suivait de près la jeune femme :
« Laissez la demoiselle ! dit-il.
Chevalier, vous n'avez aucun droit sur elle.
Si vous êtes hardi, sur-le-champ
je soutiendrai contre vous sa défense. »
Le vieux chevalier dit alors :
« N'avais-je donc pas vu juste ?
Ah ! mon fils, ne la retiens pas davantage,
cette jeune femme, laisse-la-lui ! »
Celui-ci ne goûta guère ces paroles.
Il jure, la concernant, de ne rien rendre :
« Que plus jamais Dieu ne me donne
de joie, si je la lui rends !
Elle est et restera liée
à moi par acte d'allégeance.
Il faudra que soient rompues d'abord
la guiche et les poignées de mon écu,
et qu'en moi-même ou en mes armes,
en mon épée ou en ma lance
j'aie, moi, perdu toute confiance
avant que je ne lui laisse mon amie ! »

Et cil dit : « Ne te leirai mie*
Conbatre por rien que tu dies,
An ta proesce trop te fies,
Mes fai ce que je te comant. »
Cil par orguel respont : « Comant ?
Sui j'anfes a espoanter ?
De ce me puis je bien vanter
Qu'il n'a tant con la mers aceint
Chevalier, ou il en a meint,
Nul si boen cui je la leissasse
Et cui ge feire n'an cuidasse
An molt po d'ore recreant. »
Li peres dit : « Je te creant,
Biax filz, ensi le cuides tu,
Tant te fies an ta vertu,
Mes ne voel ne ne voldrai hui
Que tu t'essaies a cestui. »
Et cil respont : « Honte feroie,
Se je vostre consoil creoie.
Maudahez ait qui le cresra
Et qui por vos se recresra,
Que fieremant ne me conbate !
Voirs est que privez mal achate,
Mialz poïsse aillors barguignier,
Que vos me volez anguignier.
Bien sai qu'an un estrange leu
Poïsse mialz feire mon preu,
Ja nus qui ne me coneüst
De mon voloir ne me neüst,

---

* **1730.** r. itant. **1738.** Je t'acreant *(corr. d'après AEV)*. **1754.** meüst *(CA, corr. d'après TV)*.

1743. Honiz seroie *(T et VA)*. **1747.** *Var. V* Que hardiemant ne c. *(TE* hardiemant ne me, = + *1)*. *A* = *C*.

Et son père : « Dis ce que tu veux,
je ne permettrai pas que tu combattes.
Tu as trop confiance en ta prouesse.
Allons, obéis à mon ordre ! »
L'autre répond avec orgueil : « Comment ?
Suis-je un enfant à qui on fait peur ?
Je ne crains pas de m'en vanter,
il n'existe, de par le monde qu'embrasse la mer,
un seul chevalier, parmi tous ceux qui y vivent,
qui soit assez vaillant pour que je la lui laisse
et que je ne sois persuadé
de réduire à merci en un rien de temps ! »
Son père lui dit : « J'en conviens,
mon cher fils, voilà ce que tu crois,
tellement tu te fies en ta force !
Mais aujourd'hui je ne veux ni ne voudrai
que tu te mesures avec celui-ci. »
L'autre lui répond : « Quelle honte pour moi
si j'écoutais votre conseil !
Au diable qui vous en croira,
au point de renoncer lâchement à cause de vous,
sans livrer un combat acharné !
Mais on est sûr, avec ses proches, d'acheter au prix fort :
ailleurs, j'obtiendrais tout meilleur marché,
car vous cherchez à me tromper.
À l'étranger, j'en suis certain,
je trouverais mieux mon compte.
Quiconque ne me connaîtrait
ne ferait obstacle à ma volonté,

[fo 33 vc] Et vos m'an grevez et nuisiez.*
Tant an sui je plus angoissiez
Por ce que blasmé m'an avez,
Car qui blasme, bien le savez,
Son voloir a home n'a fame
Plus en art et plus en anflame.
Mes se je rien por vos an les,
Ja Dex joie ne me doint mes,
Einz me conbatrai maugré vostre.
— Foi que doi saint Pere l'apostre,
Fet li peres, or voi ge bien
Que proiere n'i valdroit rien.
Tot pert quanque je te chasti,
Mes je t'avrai molt tost basti
Tel plet que maleoit gré tuen
T'estovra feire tot mon buen,
Car tu an seras au desoz. »
Tot maintenant apele toz
Les chevaliers que a lui viegnent,
Si lor comande qu'il li tiegnent
Son fil qu'il ne puet chastier,
Et dit : « Jel feroie lier,
Einz que conbatre le lessasse.
Vos estes tuit mi home a masse,
Si me devez amor et foi.
Sor quanque vos tenez de moi
Le vos comant et pri ansanble.
Grant folie fet, ce me sanble,
Et molt li vient de grant orguel,
Quant il desdit ce que je vuel. »

---

*

1757. b. le m'avez *(A et T)*. **1776.** je le ferai *(VA , T te f.)*.

tandis que vous me faites du tort et du mal.
Mais j'en suis d'autant plus tenaillé
que vous m'en avez blâmé :
qui blâme, vous le savez bien,
de son désir un homme ou une femme,
l'attise et l'enflamme plus encore.
Mais si vous me faites en rien céder,
que Dieu me prive à jamais de toute joie !
Non, je me battrai plutôt, malgré vous.
— Par saint Pierre l'apôtre, en qui je crois,
fait le père, je vois bien maintenant
que toute prière serait vaine.
Je perds mon temps à te reprendre.
Mais je vais sans tarder trouver
un bon moyen de te contraindre
à m'obéir, malgré que tu en aies,
car tu n'auras pas le dessus. »
Il fait aussitôt venir
tous les chevaliers à lui
et leur enjoint de se saisir
de son fils qu'il ne peut corriger,
en disant : « Je le ferai attacher
plutôt que de le laisser combattre.
Vous êtes mes hommes, tous, tant que vous êtes ;
vous me devez amour et fidélité.
Au nom de tout ce que vous tenez de moi,
je vous en donne l'ordre et je vous le demande.
Il perd la raison, me semble-t-il,
et se laisse emporter par l'orgueil,
quand il contredit ma volonté. »

Et cil dient qu'il le panront*
Ne ja puis que il le tanront
De conbatre ne li prendra
Talanz et si li covendra
Maugré suen la pucele randre.
Lors le vont tuit seisir et prandre
Et par les braz et par le col :
« Dons ne te tiens tu or por fol ?
Fet li peres, or conuis voir,
Or n'as tu force ne pooir
De conbatre ne de joster,
Que que il te doie coster,
Que qu'il t'enuit ne qu'il te griet.
Ce qu'il me plest et qui me siet

[fo 34 ra] Otroie, si feras que sages.
Et sez tu quiex est mes corages ?
Por ce que mandres soit tes diax,
Siudrons moi et toi, se tu viax,
Le chevalier hui et demain,
Et par le bois et par le plain,
Chascuns sor son cheval anblant.
De tel estre et de tel sanblant
Le porrïens nos tost trover
Que je t'i leiroie esprover
Et conbatre a ta volanté. »
Lors li a cil acreanté
Maugré suen, quant feire l'estuet.
Con cil qui amander nel puet
Dist qu'il s'an sosferroit por lui,

---

* **1812.** Et cil *(corr. d'après A et T; V* Et quant*).*

1790. t. a masse p.

Ils se disent prêts à le saisir :
une fois qu'ils le tiendront bien,
il aura perdu l'envie
de se battre et il lui faudra,
malgré lui, rendre la jeune femme.
Tous ensemble ils s'emparent de lui
en le prenant aux bras et au cou :
« Eh bien ! Ne vois-tu pas maintenant ta folie ?
dit le père. Reconnais la vérité :
tu n'as plus les moyens ni la force
d'engager le combat ni la joute,
même s'il doit t'en coûter,
même si cela t'irrite et te pèse.
Accepte donc, tu feras bien,
ce que je veux, comme je l'entends.
Et sais-tu quelle est mon intention ?
Afin d'adoucir ton chagrin,
nous suivrons, si tu veux, toi et moi,
le chevalier, aujourd'hui et demain,
à travers les bois et les champs,
en allant chacun l'amble à cheval.
Nous pourrions bien, sous peu, le trouver
tel, dans son caractère et son attitude,
que je te laisserais te mesurer à lui
et le combattre à ton gré. »
L'autre alors a accepté,
mais à contrecœur, contraint et forcé.
Ainsi faute d'obtenir mieux,
il lui a dit qu'il prendrait patience,

Mes qu'il le siudront amedui.*
Et quant ceste avanture voient
Les genz qui par le pré estoient,
Si dient tuit : « Avez veü ?
Cil qui sor la charrete fu
A hui conquise tel enor
Que l'amie au fil mon seignor
En mainne, sel siudra mes sire.
Por verité poomes dire
Que aucun bien cuide qu'il ait
An lui, quant il mener li lait.
Et cent dahez ait qui meshui
Lessera a joer por lui !
Ralons joer. » Lors recomancent
Lor jeus, si querolent et dancent.
Tantost li chevaliers s'an torne,
En la pree plus ne sejorne,
Mes aprés lui pas ne remaint
La pucele qu'il ne l'en maint,
Andui s'an vont a grant besoing.
Li filz et li peres de loing
Les sivent par un pré fauchié,
S'ont jusqu'a none chevalchié
Et truevent en un leu molt bel
un mostier et lez le chancel
Un cemetire de murs clos.
Ne fist que vilains ne que fos
Li chevaliers qui el mostier
Entra a pié por Deu proier,

---

*

1821. Et sel suefre m. *(VA, T* Et le s.*).* **1835.** par le p. *(VAT).*

pourvu qu'ils se mettent tous deux à le suivre.
Quand ils virent cette aventure,
un peu partout dans la prairie les gens
se sont tous mis à dire : « Vous avez vu ?
Celui qui était sur la charrette
a gagné aujourd'hui l'honneur
d'emmener avec lui, sans que notre maître s'y oppose,
l'amie du fils de notre seigneur.
Il faut bien, en vérité, disons-le,
qu'il pense qu'il y a du bon
en lui, pour la laisser partir ainsi.
Mille fois au diable qui, pour le reste du jour,
laissera le jeu à cause de lui !
Retournons à nos jeux ! » Ils reprennent alors
leurs jeux, leurs rondes et leurs danses.
Le chevalier part aussitôt,
sans demeurer dans la prairie,
mais la jeune femme ne reste pas
derrière lui, sans qu'il l'emmène.
Tous deux s'en vont, en gens pressés.
Le fils et son père de loin les suivent
à travers le pré qu'on avait fauché.
Ils ont chevauché jusqu'à l'heure de none
et découvrent dans un lieu vraiment très beau
une église avec, à côté du chœur,
un cimetière enclos de murs.
Ce n'était pas agir en ignorant ou en insensé
que d'entrer, comme il le fit, dans l'église,
à pied, afin de prier Dieu.

[fo 34 rb] Et la dameisele li tint*
Son cheval tant que il revint.
Quant il ot feite sa proiere
Et il s'an revenoit arriere,
Si li vient uns moinnes molt vialz
A l'encontre, devant ses ialz.
Quant il l'encontre, se li prie
Molt dolcemant que il li die
Que ce estoit qu'il ne savoit.
Et cil respont qu'il i avoit
un cemetire, et cil li dist :
« Menez m'i, se Dex vos aïst.
— Volentiers, sire. » Lors l'en mainne.
El cemetire aprés le mainne
Antre et voit les plus beles tonbes
Qu'an poïst trover jusqu'a Donbes
Ne dela jusqu'a Panpelune,
Et s'avoit letres sor chascune
Qui les nons de ces devisoient
Qui dedanz les tonbes girroient.
Et il meïsmes tot a tire
Comança lors les nons a lire,
Et trova : Ci girra Gauvains,
Ci Looys et ci Yvains.
Aprés ces .III. i a mainz liz
Des nons as chevaliers esliz,
Des plus prisiez et des meillors
Et de cele terre et d'aillors.
Antre les autre[s] une an trueve
De marbre, si sanble estre nueve

---

* **1850.** Que par dedanz ces murs avoit *(rime du même au même ; corr. d'après TAEV).* **1857.** Antre les tres p. b. *(corr. d'après AE ; T* Li chevaliers a. le m. / Entre et v.*).* **1872-1873.** De m. et s. e. de l'uevre / Sor t. les a. plus b. *(corr. d'après VA. Dans C, le* e *final est suscrit. Il faut donc lire* uevre, *et non* ueve *(Roques)).*

La demoiselle eut soin de bien tenir
son cheval, en attendant son retour.
Comme il avait fini sa prière
et qu'il revenait sur ses pas,
survient à sa rencontre,
juste en face de lui, un très vieux moine.
En l'abordant, il lui demande
avec humilité de lui dire
ce qu'il y avait là, car il ne le savait.
L'autre répond qu'il y avait
un cimetière. Il lui a dit :
« Menez-moi jusque-là, et que Dieu vous protège !
— Volontiers, monseigneur. » Et il l'emmène.
Dans le cimetière derrière le moine
il entre et y voit les plus belles tombes
qu'on pourrait trouver d'ici jusqu'à la Dombes
et de là jusqu'à Pampelune,
et sur chacune étaient gravées des lettres
qui disaient les noms de ceux
qui reposeraient dans ces tombes.
Lui-même se mit alors
à lire d'affilée ces noms,
et il trouva : « Ici reposera Gauvain,
ici Louis, ici Yvain. »
Après ces trois noms, il en a lu bien d'autres,
qui étaient tous de chevaliers d'élite,
parmi les meilleurs et les plus glorieux
et de ce pays et d'ailleurs.
Entre les autres tombes, il en trouve une,
en marbre, qui semble récente,

1862. *Var. TAEV* gisoient *(meilleur pour la rime, mais non pour le sens, cf. v. 1865). C, quoiqu'isolé, a peut-être conservé la leçon originale, à moins de supposer que Chrétien ait recherché l'ambiguïté.* **1866.** *Var. A* Leones *(T* Ci a Loens, *V (E)* Ci a Maugis*).*

Sor totes autres riche et bele.*
Li chevaliers le moinne apele
Et dit : « Ces tonbes qui ci sont,
De coi servent ? » Et cil respont :
« Vos avez les letres veües.
Se vos les avez antendues,
Don savez vos bien qu'eles dient
Et que les tonbes senefient.
— Et de cele plus grant me dites
De qu'ele sert. » Et li hermites
Respont : « Jel vos dirai assez,
C'est uns veissiax qui a passez
Toz ces qui onques furent fet,
Si riche ne si bien portret

[fo 34 rc] Ne vit onques ne ge ne nus,
Biax est defors et dedanz plus.
Mes ce metez en nonchaloir,
Que rien ne vos porroit valoir,
Que ja ne la verroiz dedanz,
Car .VII. homes molt forz et granz
I covandroit au descovrir,
Qui la tonbe voldroit ovrir,
Qu'ele est d'une lame coverte,
Et sachiez que c'est chose certe
Qu'au lever covandroit .VII. homes
Plus forz que moi et vos ne somes,
Et letres escrites i a
Qui dient : Cil qui levera
Cele lanme seus par son cors

---

* **1888.** B. e. dedanz et defors p.

1896. *Var. V* c. aperte.

les surpassant toutes en richesse et en beauté.
Le chevalier appelle à lui le moine :
« Les tombes que voici, demande-t-il,
à quoi servent-elles ? » L'autre lui répond :
« Vous avez vu les inscriptions.
Si vous les avez comprises,
vous savez bien ce qu'elles disent
et ce que les tombes signifient.
— Et de la plus grande qui est là, dites-moi
à quoi elle sert. » Et l'ermite
lui répond : « Je vais bien vous le dire.
C'est un sépulcre qui a surpassé
tous ceux qui furent jamais faits.
D'une telle richesse, ni d'une œuvre aussi parfaite,
jamais il ne fut donné d'en voir ni à moi ni à personne.
Il est beau au-dehors, et dedans plus encore.
Mais ne vous mettez pas là-dessus en souci,
cela ne vous servirait à rien,
car vous n'en verrez jamais l'intérieur.
Il faudrait sept hommes très grands
et très forts pour qu'on le découvre,
si on voulait ouvrir la tombe,
car elle est recouverte d'une dalle,
qui, sachez-le comme une chose sûre,
pour être levée exigerait sept hommes
plus forts que vous et moi ne le sommes.
Sur elle sont inscrites des lettres,
disant : Celui qui lèvera
cette dalle par lui seul

Gitera ces et celes fors*
Qui sont an la terre an prison
Don n'ist ne sers ne gentix hom
Qui ne soit de la entor nez,
N'ancor n'en est nus retornez.
Les estranges prisons retienent
Et cil del païs vont et vienent
Et anz et fors a lor pleisir.
Tantost vet la lame seisir
Li chevaliers, et si la lieve,
Si que de neant ne s'i grieve,
Mialz que .X. home ne feïssent
Se tot lor pooir i meïssent.
Et li moinnes s'an esbahi
Si qu'a bien pres qu'il ne chaï,
Quant veü ot ceste mervoille,
Car il ne cuidoit la paroille
Veoir an trestote sa vie,
Si dit : « Sire, or ai grant envie
Que je seüsse vostre non.
Direiez le me vos ? — Je non,
Fet li chevaliers, par ma foi.
— Certes, fet il, ce poise moi,
Mes se vos le me diseiez,
Grant corteisie fereiez,
Si porreiez avoir grant preu.
Dom estes vos et de quel leu ?
— Uns chevaliers sui, ce veez,
Del rëaume de Logres nez.

* **1904.** ne clers ne g. h. **1905.** Des l'ore qu'il i est antrez *(corr. d'après A).*

1928. Qui e. v. *(VE, contre CTA).*

délivrera tous ceux et celles
qui sont en prison au pays
dont nul ne sort, ni serf ni noble,
à moins d'y avoir été né.
Personne n'en est jamais revenu.
Les étrangers y sont retenus prisonniers,
mais les gens du pays vont et viennent
à leur guise, pour entrer ou sortir. »
Aussitôt le chevalier empoigne
la dalle et il la soulève,
sans trace de la moindre peine,
mieux que dix hommes n'auraient fait
en y mettant toute leur force.
Le moine fut frappé de stupeur
au point de manquer de tomber,
quand il fut témoin de cette merveille,
car il ne pensait pas de sa vie entière
qu'il en verrait une pareille.
Il lui dit : « Monseigneur, me voici très désireux
de connaître votre nom.
Voudriez-vous me le dire ? — Moi, non,
sur ma parole ! fait le chevalier.
— Je le regrette, vraiment, fait-il,
mais si vous me le disiez,
ce serait un geste de courtoisie
et vous en auriez peut-être grand profit.
Qui êtes-vous et de quel pays ?
— Je suis un chevalier, vous le voyez,
et je suis né au royaume de Logres.

[fo 34 va] A tant an voldroie estre quites,*
Et vos, s'il vos plest, me redites
An cele tonbe qui girra.
— Sire, cil qui delivrera
Toz ces qui sont pris a la trape
El rëaume don nus n'eschape. »
Et quant il li ot tot conté,
Li chevaliers l'a comandé
A Deu et a trestoz ses sainz.
Et lors est, c'onques ne pot ainz,
A la dameisele venuz,
Et li vialz moinnes li chenuz
Fors de l'eglise le convoie.
A tant vienent enmi la voie,
Et que que la pucele monte,
Li moinnes trestot li reconte
Quanque cil leanz fet avoit,
Et son non, s'ele le savoit,
Li pria qu'ele li deïst,
Tant que cele li regeïst
Qu'ele nel set, mes une chose
Seüremant dire li ose
Qu'il n'a tel chevalier vivant
Tant con vantent li .IIII. vant.
Tantost la pucele le leisse,
Aprés le chevalier s'esleisse.
Maintenant cil qui les sivoient
Vienent et si truevent et voient
Le moinne seul devant l'eglise.
Li vialz chevaliers an chemise

---

*

1944. Et cil se metent a la v. *(TV, A* Cil se m. tost a la v.*), mais c'est une expression toute faite. La leçon de C convient mieux au contexte.*

Je voudrais en être quitte pour autant.
Mais vous, s'il vous plaît, redites-moi
qui doit reposer dans cette tombe.
— Monseigneur, celui qui délivrera
tous ceux qui sont pris dans la trappe,
au royaume dont nul n'échappe. »
Maintenant il lui avait tout dit,
et le chevalier l'a recommandé
à Dieu et à tous ses saints,
puis, le plus vite possible
il a rejoint la demoiselle,
tandis que le vieil homme aux cheveux blancs
l'accompagne hors de l'église.
Ils regagnent alors la route.
Comme la jeune femme se met en selle,
le moine lui raconte par le menu
ce qui s'était passé à l'intérieur,
et, si elle savait son nom,
il la priait de le lui dire,
mais elle a dû lui avouer
qu'elle l'ignore ; il y a cependant une chose
qu'elle ose lui dire en toute certitude,
c'est qu'il n'y a en vie de chevalier pareil à lui
nulle part où soufflent les quatre vents.
Sur ce, la jeune femme le laisse
et s'élance au galop derrière le chevalier.
À cet instant, ceux qui les suivaient
surviennent et ils avisent
le moine, qu'ils trouvent seul devant l'église.
Le vieux chevalier, resté en chemise,

Li dist : « Sire, veïstes vos*
un chevalier, dites le nos,
Qui une dameisele mainne ? »
Et cil respont : « Ja ne m'iert painne
Que tot le voir ne vos an cont,
Car or androit de ci s'an vont,
Et li chevaliers fu leanz,
Si a fet mervoilles si granz
Que toz seus la lame leva,
C'onques de rien ne s'i greva,
Desor la grant tonbe marbrine.
Il vet secorre la reïne,
Et il la secorra sanz dote,
Et avoec li l'autre gent tote.

[fo 34 vb] Vos meïsmes bien le savez,
Qui sovant leües avez
Les letres qui sont sor la lame.
Onques voir d'ome ne de fame
Ne nasquié n'en sele ne sist
Chevaliers qui cestui vausist. »
Et lors dit li pere a son fil :
« Filz, que te sanble ? Don n'est il
Molt preuz qui a fet tel esforz ?
Or sez tu bien cui fu li torz,
Bien sez se il fu tuens ou miens.
Je ne voldroie por Amiens
Qu'a lui te fusses conbatuz,
Si t'an iés tu molt debatuz
Einçois qu'an t'an poïst torner.

---

*

---

lui a dit : « Monseigneur, avez-vous vu
un chevalier, dites-le nous,
qui conduit une demoiselle ? »
L'autre répond : « Je n'aurai pas de peine
à vous dire sur eux toute la vérité,
car ils viennent de quitter les lieux.
Le chevalier était à l'intérieur
et par un exploit merveilleux
il a soulevé à lui tout seul,
sans trahir la moindre peine,
la dalle qui couvrait la grande tombe en marbre.
Il va au secours de la reine,
il ne fait pas de doute qu'il la sauvera
et, avec elle, tout le reste du peuple.
Vous le savez bien vous aussi,
pour avoir très souvent lu
les lettres gravées sur la pierre.
Jamais en vérité ne vint au monde
et ne se mit en selle
un chevalier d'une aussi haute valeur. »
Le père dit alors à son fils :
« Que t'en semble, mon fils ? N'est-il donc pas
de grande vaillance l'auteur d'un tel exploit ?
Tu sais bien maintenant lequel avait tort,
tu sais si c'était toi ou moi.
Je ne voudrais pas, pour la ville d'Amiens,
que tu aies eu à le combattre.
Tu t'es pourtant bien débattu
avant qu'on puisse t'en détourner !

Or nos an poons retorner,*
Car grant folie ferïens
S'avant de ci les suïens. »
Et cil respont : « Je l'otroi bien,
Li siudres ne nos valdroit rien.
Des qu'il vos plest, ralons nos an. »
Del retorner a fet grant san.
Et la pucele tote voie
Le chevalier de pres costoie,
Si le vialt feire a li antendre
Et son non vialt de lui aprendre.
Ele li requiert qu'il li die,
Une foiz et autre li prie,
Tant que il li dit par enui :
« Ne vos ai ge dit que je sui
Del rëaume le roi Artu ?
Foi que doi Deu et sa vertu,
De mon non ne savroiz vos point. »
Lors li dit cele qu'il li doint
Congié, si s'an ira arriere,
Et il li done a bele chiere.
A tant la pucele s'an part,
Et cil tant que il fu molt tart
A chevalchié sanz conpaignie.
Aprés vespres, androit conplie,
Si com il son chemin tenoit,
Vit un chevalier qui venoit
Del bois ou il avoit chacié,
Cil venoit le hiaume lacié

---

*

Nous n'avons plus qu'à revenir,
car ce serait une pure folie
que de les suivre plus avant. »
Il lui répond : « C'est avec mon accord,
les suivre, en effet, ne nous servirait à rien.
Puisque vous le voulez, faisons demi-tour. »
C'est la sagesse même que de retourner.
Pendant ce temps la jeune femme
marche tout à côté du chevalier,
cherchant à capter son attention
pour apprendre de lui son nom.
Elle insiste pour l'obtenir,
plusieurs fois elle lui en fait la prière,
à la fin, excédé, il lui répond :
« Ne vous ai-je pas dit que je suis
du royaume du roi Arthur ?
Par Dieu le tout-puissant en qui je crois,
de mon nom vous ne saurez rien ! »
Elle demande alors congé
de le quitter : elle repartira.
Il le lui donne de bon cœur
et la jeune femme le quitte.
Jusqu'à une heure très tardive
il a chevauché sans compagnie.
Après vêpres, à l'heure des complies,
comme il continuait sa route,
il vit un chevalier qui revenait
du bois où il avait chassé.
Il approchait, heaume lacé,

[fo 34vc] Et a sa venison trossee,*
Tel con Dex li avoit donee,
Sor un grant chaceor ferrant.
Li vavasors molt tost errant
Vient ancontre le chevalier,
Si le prie de herbergier :
« Sire, fet il, nuiz iert par tans,
De herbergier est huimés tans,
Sel devez feire par reison,
Et j'ai une moie meison
Ci pres ou ge vos manrai ja.
Einz nus mialz ne vos herberja
Lonc mon pooir que je ferai,
S'il vos plest et liez an serai.
— Et g'en resui molt liez », fet cil.
Avant en anvoie son fil
Li vavasors tot maintenant
Por feire l'ostel avenant
Et por la cuisine haster.
Et li vaslez sanz arester
Fist tantost son comandemant
Molt volantiers et lieemant,
Si s'an vet molt grant aleüre.
Et cil qui del haster n'ont cure
Ont aprés lor chemin tenu,
Tant qu'il sont a l'ostel venu.
Li vavasors avoit a fame
Une bien afeitiee dame
Et .V. filz qu'il avoit molt chiers,
.III. vaslez et .II. chevaliers,

---

* **2040.** leaumant *(corr. d'après TVA).*

2032. molt liez an s. *(TVA).*

sur un grand cheval de chasse gris clair,
avec sa venaison chargée,
ainsi que Dieu l'en avait gratifié.
L'arrière-vassal rapidement
se porte à la rencontre du chevalier,
et lui offre l'hospitalité :
« Monseigneur, dit-il, il fera bientôt nuit,
il est temps désormais de trouver un gîte,
il serait raisonnable de le faire.
Je possède une demeure
près d'ici et je vous y conduirai.
Jamais personne ne vous reçut mieux
que je vais m'efforcer de le faire.
Si vous acceptez, j'en serai très heureux.
— J'en suis moi-même très heureux », répond-il.
L'arrière-vassal aussitôt
envoie son fils en avant
pour rendre la maison accueillante
et hâter les préparatifs du repas.
Le jeune homme sans prendre de répit
exécute à l'instant son ordre
avec plaisir et dans la joie.
Il s'en va à toute allure.
Les autres, qui ne se sentent pas pressés,
ont continué, derrière, leur chemin,
jusqu'à ce qu'ils soient arrivés au logis.
L'arrière-vassal avait pour femme
une dame aux belles manières,
et il avait cinq fils qu'il chérissait,
trois étaient des jeunes gens encore, les deux autres, chevaliers,

Et .II. filles gentes et beles,*
Qui ancor estoient puceles.
N'estoient pas né de la terre
Mes il estoient la an serre
Et prison tenu i avoient
Molt longuemant, et si estoient
Del rëaume de Logres né.
Li vavasors a amené
Le chevalier dedanz sa cort,
Et la dame a l'encontre cort,
Et si fil et ses filles saillent,
Por lui servir trestuit se baillent,
Si le saluent et descendent.
A lor seignor gaires n'antendent

[fo 35 ra] Ne les serors ne li .V. frere,
Car bien savoient que lor pere
Voloit que ensi le feïssent.
Molt l'enorent et conjoïssent,
Et quant il l'orent desarmé,
Son mantel li a afublé
L'une des .II. filles son oste,
Au col li met et del suen l'oste.
S'il fu bien serviz au soper
De ce ne quier je ja parler,
Mes quant ce vint aprés mangier,
Onques n'i ot puis fet dangier
De parler d'afeires plusors.
Premieremant li vavasors
Comança son oste a enquerre

---

* **2051-2052.** pas del païs né / Mes il e. anserré *(corr. d'après V; A* il i e. en s.*; T* de la terre né / ... anserré). **2074.** dongier.

et deux filles aussi, gracieuses et belles,
qui étaient d'âge nubile.
Ils n'étaient pas nés dans ce pays,
mais ils y étaient enfermés
et ils y vivaient en captivité
depuis bien longtemps. Ils étaient
nés dans le royaume de Logres.
L'arrière-vassal a amené
le chevalier chez lui, dans la cour.
La dame accourt à leur rencontre,
ses fils et ses filles ont bondi
et s'offrent tous à le servir.
Ils le saluent, ils l'aident à descendre.
Ce n'est pas leur seigneur qui retient beaucoup l'attention
des sœurs ni des cinq frères :
tous savaient bien que leur père
voulait les voir agir ainsi.
Ils entourent leur hôte d'égards et lui font fête.
Quand ils l'eurent désarmé,
l'une des deux filles de son hôte
l'a revêtu de son propre manteau,
qu'elle attache à son cou, après l'avoir ôté du sien.
S'il fut bien traité au souper,
ai-je besoin de le dire ?
Mais quand le repas eut pris fin,
sachez qu'on n'hésita plus
à aborder bon nombre de sujets.
En tout premier, l'arrière-vassal
chercha à savoir de son hôte

Qui il estoit et de quel terre,*
Mes son non ne li anquist pas,
Et il respont en es le pas :
« Del rëaume de Logres sui,
Einz mes an cest païs ne fui. »
Et quant li vavasors l'entant,
Si s'an mervoille duremant,
Et sa fame et si anfant tuit,
N'i a un seul cui molt n'enuit,
Si li ancomançent a dire :
« Tant mar i fustes, biax dolz sire,
Tant est granz domages de vos !
C'or seroiz ausi come nos
Et an servage et an essil.
— Et dom estes vos donc ? fet il.
— Sire, de vostre terre somes.
An cest païs a mainz prodomes
De vostre terre an servitume.
Maleoite soit tex costume
Et cil avoec qui la maintienent !
Que nul estrange ça ne vienent
Qu'a remenoir ne lor covaingne
Et que la terre nes detaigne,
Car qui se vialt antrer i puet,
Mes a remenoir li estuet.
De vos meïsmes est or pes,
Vos n'en istroiz, ce cuit, ja mes.
— Si ferai, fet il, se je puis. »
Li vavasors li redit puis :

---

*

2091. *Var. VA(ET)* En servitude.

qui il était et de quel pays,
mais sans lui demander son nom.
Il répond tout de suite :
« Je suis du royaume de Logres,
jamais encore je n'avais été dans ce pays. »
Quand l'arrière-vassal l'entend,
il est saisi d'une étrange inquiétude,
ainsi que sa femme et tous ses enfants.
Chacun en ressent le plus grand trouble,
et ils se mettent à lui dire :
« Quel malheur, cher et doux seigneur, que vous soyez venu !
Quelle grande perte à déplorer, à votre propos !
Vous aussi maintenant, vous serez comme nous
dans l'asservissement et dans l'exil.
— Et d'où êtes-vous donc ? fait-il.
— Du même pays que vous, monseigneur.
Nombreux sont en ce pays les hommes valeureux
venus de votre terre, qui y sont en servitude.
Maudite en soit la coutume,
et maudits ceux qui la maintiennent !
Il n'est pas d'étranger qui, venant par ici,
ne soit contraint d'y rester
et que la terre ne retienne,
car on est libre d'y entrer,
mais contraint d'y rester.
Comment même encore parler de vous ?
Vous n'en sortirez, je crois, jamais plus.
— Si, je le ferai ! dit-il, si je le puis. »
L'arrière-vassal reprend alors :

[fo 35 rb] « Comant ? Cuidiez an vos issir ?*
— Oïl, se Deu vient a pleisir,
Et g'en ferai mon pooir tot.
— Donc an istroient sanz redot
Trestuit li autre quitemant,
Car puis que li uns lëaumant
Istra fors de ceste prison,
Tuit li autre sanz mesprison
An porront issir sanz desfanse. »
A tant li vavasors s'apanse
Qu'an li avoit dit et conté
C'uns chevaliers de grant bonté
El païs a force venoit
Por la reïne que tenoit
Meleaganz, li filz le roi,
Et dit : « Certes, je pans et croi
Que ce soit il, dirai li donques. »
Lors li dist : « Ne me celez onques,
Sire, rien de vostre besoigne,
Par un covant que je vos doigne
Consoil au mialz que je savrai.
Je meïsmes preu i avrai,
Se vos bien feire le poez.
La verité m'an desnoez
Por vostre preu et por le mien.
An cest païs, ce cuit je bien,
Estes venuz por la reïne
Antre ceste gent sarradine,
Qui peior que Sarrazin sont. »
Et li chevaliers li respont :

---

*

2112. *Var. V* solement *(par souci de la rime ?, mais la leçon commune aux autres manuscrits a plus d'intérêt pour le sens. J. Frappier traduit en effet : « dans un combat loyal »).*

« Comment ? Croyez-vous pouvoir sortir ?
— Oui, si c'est la volonté de Dieu.
J'y mettrai, quant à moi, toutes mes forces.
— Alors sortiraient aussi bien, sans peur aucune
et librement, tous les autres,
car il suffit qu'il y en ait un
qui sorte, tête haute, de cette prison,
pour que tous les autres puissent à coup sûr
en sortir, sans qu'on y mette défense. »
C'est alors que l'arrière-vassal s'avisa
qu'on lui avait bien raconté
qu'un chevalier de haute valeur
était de vive force entré dans le pays
pour la reine que détenait
Méléagant, le fils du roi.
Il se dit: « Certainement, à mon avis,
ce doit être lui, il faut que je lui en parle. »
Il lui dit alors : « Ne me cachez rien,
monseigneur, de l'affaire qui vous occupe,
je vous promets, en retour, de vous donner
conseil du mieux que je pourrai.
J'en tirerai moi-même avantage,
si vous réussissez dans ce que vous faites.
Découvrez-moi toute la vérité
pour notre profit à tous deux.
Dans ce pays, j'en ai le sentiment,
c'est pour la reine que vous êtes venu,
au milieu de gens déloyaux
qui sont pires que les Sarrasins. »
Et le chevalier de répondre :

« Onques n'i ving por autre chose.*
Ne sai ou ma dame est anclose,
Mes a li rescorre tesoil
Et s'ai grant mestier de consoil.
Conseilliez moi, se vos savez. »
Et cil dit : « Sire, vos avez
Anprise voie molt grevainne.
La voie ou vos estes vos mainne
Au Pont de l'Espee tot droit.
Consoil croire vos covendroit.
Se vos croire me volïez,
Au Pont de l'Espee irïez
Par une plus seüre voie,
Et je mener vos i feroie. »

[fo 35 rc] Et cil qui la menor covoite
Li demande : « Est ele ausi droite
Come ceste voie deça ?
— Nenil, fet il, einçois i a
Plus longue voie et plus seüre. »
Et cil dit : « De ce n'ai ge cure,
Mes an cesti me conseilliez,
Car je i sui apareilliez.
— Sire, voir, ja n'i avroiz preu,
Se vos alez par autre leu.
Demain venroiz a un passage
Ou tost porroiz avoir domage,
S'a non li Passages des Pierres.
Volez que je vos die gierres
Del passage com il est max ?

---

*

2158-2160. *Var. VE* G'en sui, fet il, aparelliez / Mes ja, ce cuit, n'i a. p. / Se vos n'alez *(TA* Se vos alez*). Nous préférons la leçon de C, quoiqu'isolée (*apareillié *a le sens plein d'« être prêt et équipé pour l'action », plutôt que d'« être disposé à donner conseil »), mais nous gardons la ponctuation de Foerster pour les vv. 2159-2160.*

« Je n'y suis pas venu pour une autre raison.
Je ne sais pas où ma dame est enclose,
mais tous mes efforts tendent à la secourir
et j'ai grand besoin de conseil.
Conseillez-moi, si vous savez. »
L'autre lui dit : « Monseigneur vous vous êtes
engagé sur une voie douloureuse.
La voie que vous suivez vous mène
tout droit au Pont de l'Épée.
Vous devriez écouter mon conseil.
Si vous vouliez m'en croire,
vous iriez au Pont de l'Épée
par une voie plus sûre,
et je vous y ferais conduire. »
Mais lui dont le désir est d'aller au plus court,
demande : « Est-elle aussi directe
que la voie où nous sommes ?
— Non, fait-il, c'est au contraire
une voie plus longue, mais plus sûre.
— Alors je n'en veux pas, répond-il.
C'est pour celle qui est ici que j'attends vos conseils :
me voici prêt et équipé.
— En vérité, monseigneur, vous ne gagnerez rien
à vouloir emprunter cet autre chemin.
Demain vous parviendrez à un passage
où vous aurez vite fait de subir un dommage,
il s'appelle le Passage des Pierres.
Voulez-vous donc que je vous dise
combien ce passage est mauvais ?

N'i puet passer c'uns seus chevax,*
Lez a lez n'i iroient pas
Dui home, et si est li trespas
Bien gardez et bien desfanduz.
Ne vos sera mie randuz
Maintenant que vos i vandroiz,
D'espee et de lance i prandroiz
Maint cop et s'an randroiz assez
Einz que soiez outre passez. »
Et quant il li ot tot retret,
Uns chevaliers avant se tret,
Qui estoit filz au vavasor,
Et dit : « Sire, avoec cest seignor
M'an irai, se il ne vos grieve. »
A tant uns des vaslez se lieve
Et dit : « Ausins i irai gié. »
Et li pere an done congié
Molt volentiers a enbedeus.
Or ne s'an ira mie seus
Li chevaliers, ses an mercie,
Qui molt amoit la conpaignie.
A tant les paroles remainnent,
Le chevalier couchier an mainnent,
Si dormi, se talant en ot.
Tantost con le jor veoir pot,
Se lieve sus et cil le voient,
Qui avoec lui aler devoient,
Si sont tot maintenant levé.
Li chevalier se sont armé,

---

*

2186. Que molt aime lor c. *(T; VAE* car*).* **2189.** *Var. T* Endormiz s'est talent en ot, *VE* Et dormir se t. *(A = C).*

Il ne peut y passer qu'un seul cheval,
deux hommes ne pourraient y aller
de front. Le passage à franchir
est bien gardé et bien défendu.
Il ne suffira pas d'y venir
pour qu'on vous l'abandonne,
il faudra prendre maints coups
d'épée et de lance et en donner autant,
avant de passer au-delà. »
Quand il lui eut tout retracé,
l'un de ses fils s'avance,
c'était l'un des chevaliers.
Il lui dit : « Avec ce seigneur je m'en irai,
si vous n'y voyez, monseigneur, d'inconvénient. »
Alors se lève un des jeunes gens,
qui dit : « Et moi aussi, j'irai. »
Et leur père bien volontiers
le leur permet à tous les deux.
Ainsi ne s'en ira pas seul
le chevalier. Il les en remercie,
car il aime leur compagnie.
Là-dessus la conversation prend fin,
on emmène le chevalier se coucher.
Il put dormir, s'il en eut l'envie.

Dès qu'il a pu voir le jour,
le voici debout, sous les yeux de ceux
qui devaient partir avec lui.
Ils se sont aussitôt levés.
Les chevaliers se sont armés

[fo 35 va] Si s'an vont et ont congié pris,*
Et li vaslez s'est devant mis,
Et tant lor voie ansanble tienent
Qu'au Passage des Pierres vienent
A ore de prime tot droit.
Une bretesche enmi avoit
Ou il avoit un home adés.
Einçois que il venissent pres,
Cil qui sor la bretesche fu
Les voit et crie a grant vertu :
« Cist vient por mal ! Cist vient por mal ! »
A tant ez vos sor un cheval
Un chevalier soz la bretesche,
Armé d'une armeüre fresche,
Et de chascune part sergenz
Qui tenoient haches tranchanz.
Et quant il au passage aproche,
Cil qui le garde li reproche
La charrete molt laidemant,
Et dit : « Vasax, grant hardemant
As fet et molt es fos naïs,
Quant antrez iés en cest païs.
Ja hom ça venir ne deüst,
Qui sor charrete esté eüst,
Et ja Dex joïr ne t'an doint ! »
A tant li uns vers l'autre point
Quanque cheval porent aler,
Et cil qui doit le pas garder
Peçoie sa lance a estros
Et lesse andeus cheoir les tros,

* **2207.** sor la b. *(CA ; corr. d'après T ; V* de la b.*).* **2212.** qui l'esgarde.

et ils s'en vont, après avoir pris congé,
le jeune homme s'étant porté en tête.
Ils poursuivent ensemble leur chemin
jusqu'à ce qu'ils viennent au Passage des Pierres,
à l'heure de prime exactement.
Il y avait, au milieu, une bretèche
où se tenait un homme en tout temps.
Avant qu'ils aient pu s'approcher,
le guetteur sur la bretèche,
en les voyant, crie à pleins poumons :
« Un ennemi qui vient ! Un ennemi qui vient ! »
Surgit alors, à cheval,
au pied de la bretèche, un chevalier
revêtu d'une armure neuve,
avec de chaque côté des soldats
qui portaient des haches affilées.
À celui qui approche du passage,
le chevalier qui le garde reproche
la charrette en des termes injurieux :
« Vassal, lui dit-il, quelle hardiesse
est la tienne, et quelle grande sottise,
d'être ainsi entré dans ce pays !
Jamais n'aurait dû venir ici
un homme qui serait monté en charrette !
Que Dieu ne t'en laisse plus jamais de joie ! »
Alors, de tout l'élan de leurs chevaux
ils piquent au grand galop l'un vers l'autre.
Celui qui devait garder le passage
brise violemment sa lance en deux
et en laisse tomber les tronçons,

Et cil an la gorge l'asanne*
Trestot droit par desor la panne
De l'escu, si le giete anvers
Desus les pierres an travers,
Et li sergent as haches saillent,
Mes a escïant a lui faillent,
Qu'il n'ont talant de feire mal
Ne a lui ne a son cheval.
Et li chevaliers parçoit bien
Qu'il nel voelent grever de rien
Ne n'ont talant de lui mal feire,
Si n'a soing de s'espee treire,
Einz s'en passe oltre sanz tançon
Et aprés lui si conpaignon,

[fo 35 vb] Et li uns d'ax a l'autre dit
C'onques tel chevalier ne vit
Ne nus a lui ne s'aparoille :
« Dont n'a il feite grant mervoille,
Qui par ci est passez a force ?
— Biax frere, por Deu, car t'esforce,
Fet li chevaliers a son frere,
Tant que tu vaignes a mon pere,
Si li conte ceste avanture. »
Et li vaslez afiche et jure
Que ja dire ne li ira
Ne ja mes ne s'an partira
De ce chevalier tant qu'il l'ait
Adobé et chevalier fait,
Mes il aut feire le message,

---

* **2226.** desoz *(CV), mais T:* desus *(cf. H.K. Stone, Romania 63, 1937, p. 401), et A:* devers. *Le sens impose* desor.

2240. *Var. TA* Nus si boen c. *(mais V* Onc si bon c.*)*.

tandis que le second, d'un coup dirigé en pleine gorge,
juste au-dessus du bord supérieur
de l'écu, le jette à la renverse
tout en travers des pierres.
Les soldats bondissent avec leurs haches,
mais ils le manquent volontairement,
car ils n'ont aucune envie de faire du mal
à son cheval ou à lui-même.
Le chevalier s'aperçoit bien
qu'ils ne cherchent pas à lui nuire
ni à lui causer le moindre mal,
aussi néglige-t-il de tirer son épée
et il passe outre, sans autre forme de procès,
avec ses compagnons derrière lui.
L'un des deux dit à l'autre
que jamais il n'a vu pareil chevalier
ni personne qui lui soit comparable :
« N'est-il pas vrai qu'il a fait merveille
en forçant ici le passage ?
— Mon frère, au nom du ciel, cours
au plus vite rejoindre mon père,
dit le chevalier à son frère,
et raconte lui toute l'aventure. »
Mais le jeune homme déclare et jure
qu'il n'ira certes pas le lui dire
et qu'il entend ne jamais quitter
le chevalier avant que celui-ci
ne l'ait adoubé et fait chevalier.
Qu'il aille donc lui-même faire le message,

Se il en a si grant corage.*
A tant s'an vont tuit .III. a masse
Tant qu'il pot estre none basse.
Vers none un home trové ont
Qui lor demande qui il sont,
Et il dient : « Chevalier somes,
Qui an noz afeires alomes. »
Et li hom dit au chevalier :
« Sire, or voldroie herbergier
Vos et voz conpaignons ansanble. »
A celui le dit qui li sanble
Que des autres soit sire et mestre,
Et il li dit : « Ne porroit estre
Que je herberjasse a ceste ore,
Car malvés est qui se demore
Ne qui a eise se repose
Puis qu'il a enprise tel chose,
Et je ai tel afeire anpris
Qu'a piece n'iert mes ostex pris. »
Et li hom li redit aprés :
« Mes ostex n'est mie ci pres,
Einz est grant piece ça avant.
Venir i poez par covant
Que a droite ore ostel prendroiz,
Que tart iert quant vos i vendroiz.
— Et je, fet il, i irai donques. »
A la voie se met adonques
Li hom devant qui les an mainne,
Et cil aprés la voie plainne.

---

*

2270. grant c.

s'il en a tellement envie !
Ils poursuivent donc tous les trois, en groupe,
jusqu'après l'heure de none, à en juger.
Vers cette heure-là, ils ont trouvé un homme
qui leur demande qui ils sont,
ils lui répondent : « Nous sommes des chevaliers,
et nous allons où nous avons à faire. »
Et l'homme dit au chevalier :
« Monseigneur, je souhaiterais à présent vous héberger,
vous et vos compagnons ensemble. »
Il s'adresse à celui qui lui paraît
être le seigneur et le maître des autres.
Mais lui : « Il est hors de question
de prendre à cette heure-ci un gîte pour la nuit !
C'est une lâcheté que de traîner en route
ou de chercher le repos et le confort
quand l'entreprise est grande,
et ce que j'ai entrepris de faire est tel
que je n'en suis pas encore, loin de là, à faire étape ! »
De nouveau, l'homme insiste :
« Ma demeure n'est pas tout près d'ici,
nous en avons pour un bon moment jusqu'à elle.
Vous pouvez y venir avec l'assurance
de ne pas être hébergé avant l'heure voulue,
car il sera tard quand vous y parviendrez.
— Dans ce cas, dit-il, j'accepte d'y aller. »
L'homme se met donc en route
à leur tête, et il les emmène
après lui sur le grand chemin.

[fo 35 vc] Et quant il ont grant piece alé,*
S'ont un escuier ancontré
Qui venoit trestot le chemin
Les granz galoz sor un roncin
Gras et reont com une pome.
Et li escuiers dit a l'ome :
« Sire, sire, venez plus tost,
Car cil de Logres sont a ost
Venu sor ces de ceste terre,
S'ont ja comanciee la guerre
Et la tançon et la meslee,
Et dient qu'an ceste contree
S'est uns chevaliers anbatuz
Qui an mainz leus s'est conbatuz,
N'en ne li puet contretenir
Passage ou il vuelle venir
Que il n'i past, cui qu'il enuit.
Ce dient an cest païs tuit
Que il les deliverra toz
Et metra les noz au desoz.
Or si vos hastez, par mon los ! »
Lors se met li hom es galos,
Et cil an sont molt esjoï
Qui autresi l'orent oï,
Car il voldront eidier as lor,
Et dit li filz au vavasor :
« Sire, oez que dit cist sergenz.
Alons, si eidons a noz genz
Qui sont meslé a ces dela. »
Et li hom tot adés s'an va,

---

*

Au bout d'une longue chevauchée,
ils ont rencontré un écuyer
qui arrivait le long du chemin
au grand galop, sur un roussin
bien gras, aussi rond qu'une pomme.
L'écuyer dit à l'homme :
« Seigneur, seigneur, dépêchez-vous,
car les gens de Logres ont levé une armée
pour attaquer les gens de ce pays,
ils ont déjà commencé la guerre,
provoqué la discorde, entrepris la bataille,
ils disent que sur notre pays
s'est abattu un chevalier
qui a combattu en maints endroits.
Personne ne peut lui défendre
un passage où il entend venir :
il le franchit, en dépit de tous.
Ils disent tous, en ce pays,
qu'il les délivrera sans exception,
et qu'il soumettra les nôtres.
Hâtez-vous donc, c'est mon conseil ! »
L'homme prend alors le galop,
tandis que les autres sont mis en joie,
car ils avaient entendu eux aussi :
ils voudront aider les leurs.
Le fils de l'arrière-vassal dit alors :
« Monseigneur, écoutez ce que dit ce soldat.
Allons au secours de nos gens
qui déjà se battent contre ceux de l'autre côté. »
Mais l'homme s'en va toujours,

Qu'il nes atant, ençois s'adrece*
Molt tost vers une forterece
Qui sor un tertre estoit fermee,
Et cort tant qu'il vient a l'entree,
Et cil aprés a esperon.
Li bailes estoit anviron
Clos de haut mur et de fossé.
Tantost qu'il furent anz antré,
Si lor lessa l'en avaler,
Qu'il ne s'an poïssent raler,
Une porte aprés les talons.
Et cil dient : « Alons, alons !
Que ci n'aresterons nos pas. »
Aprés l'ome plus que le pas

[fo 36 ra] Vont tant qu'il vienent a l'issue
Qui ne lor fu pas desfandue,
Mes maintenant que cil fu fors,
Li lessa en aprés le cors
Cheoir une porte colant,
Et cil an furent molt dolant
Quant dedanz anfermé se voient,
Car il cuident qu'anchanté soient.
Mes cil don plus dire vos doi
Avoit un anel an son doi
Don la pierre tel force avoit
Qu'anchantemanz ne le pooit
Tenir, puis qu'il l'avoit veüe.
L'anel met devant sa veüe,
S'esgarde la pierre, et si dit :

---

* **2321.** Si lor lessierent a. *(corr. d'après VA ; TG* lesse*).* **2327.** Tant que il v. *(corr. d'après AT, G* vinrent). **2329.** qu'il furent f. *(G* Maintenant qu'il furent deffors *; corr. d'après TA).* **2330.** Lor lessierent a. les c. *(T* Li lesserent a. le c., *G* Lor laissa on a. les c. *; corr. d'après V ; A* le dos*).*

sans les attendre et au plus vite,
en direction d'une forteresse
qui s'élevait sur un tertre.
Sa course l'a mené jusqu'à l'entrée,
suivi des autres qui éperonnent.
L'enceinte était fermée, tout autour,
par un haut mur et un fossé.
À peine eurent-ils pénétré dans la place
qu'on laissa retomber sur eux,
juste à leurs talons, une porte
pour les empêcher de repartir.
« Allons, disent-ils, allons de l'avant !
C'est ailleurs que nos pas doivent nous porter ! »
À la suite de l'homme, sans ralentir,
ils s'en viennent jusqu'à la sortie,
sans qu'elle leur fût défendue,
mais sitôt que l'homme fut au dehors,
on laissa juste derrière lui
retomber une porte à coulisse.
Ils en étaient à se lamenter,
en se voyant ainsi enfermés à l'intérieur.
Ils se croient le jouet de quelque enchantement.
Mais celui dont j'ai plus à vous dire
possédait à son doigt un anneau
dont la pierre avait la vertu
de défaire l'enchantement
qui le liait, dès qu'il l'avait regardée.
Il met l'anneau devant ses yeux,
il regarde la pierre et dit :

« Dame, dame, se Dex m'aït,*
Or avroie je grant mestier
Que vos me poïssiez eidier. »
Cele dame une fee estoit
Qui l'anel doné li avoit,
Et si le norri an s'anfance,
S'avoit an li molt grant fiance
Que ele an quel leu que il fust
Secorre et eidier li deüst,
Mes il voit bien a son apel
Et a la pierre de l'anel
Qu'il n'i a point d'anchantemant,
Et set trestot certainnemant
Qu'il sont anclos et anserré.
Lors vienent a un huis barré
D'une posterne estroite et basse,
Les espees traient a masse,
Si fiert tant chascuns de s'espee
Qu'il orent la barre colpee.
Quant il furent defors la tor,
Et comancié voient l'estor
Aval les prez molt grant et fier,
Et furent bien mil chevalier
Que d'une part que d'autre au mains,
Estre la jaude des vilains.
Quant il vindrent aval les prez,
Come sages et atremprez
Li filz au vavasor parla :
« Sire, einz que nos vaigniemes la,

---

*

2344. *Var. TVG* venissiez *(A* vausissiés*).* **2356.** *Var. VG* ferré, *meilleur pour la rime, mais contre l'accord TC et A (où manque le mot* huis*) et surtout, cf. infra v.* **2360**, la barre. **2362.** *Var. G* Si *(A* Ja*), mais accord CT et V.*

« Ma dame, ma dame, Dieu sait
combien j'aurais maintenant besoin
que vous veniez à mon secours ! »
Cette dame était une fée
qui lui avait donné l'anneau
et qui l'avait élevé durant son enfance ;
il avait en elle une foi entière,
sûr qu'il était d'être par elle,
toujours secouru, où qu'il fût.
Mais il voit bien, quand il l'invoque
et qu'il regarde la pierre de l'anneau,
qu'il n'y a là aucun enchantement.
Il reconnaît, en toute certitude,
qu'ils sont bel et bien enfermés.
Ils viennent alors jusqu'à une poterne
étroite et basse, que fermait une barre.
Ensemble, ils tirent leurs épées,
et chacun frappe de la sienne
tant et si bien qu'ils ont cassé la barre.
Une fois au dehors de la tour,
ils voient le combat qui a commencé,
d'un bout à l'autre des prés, dense et acharné :
ils étaient bien mille chevaliers
au moins, tant d'un côté que de l'autre,
sans compter toute la piétaille.
Quand ils furent descendus jusqu'aux prés,
le fils du vavasseur parla
avec bon sens et mesure :
« Monseigneur, avant que nous venions là-bas,

[fo 36 rb] Ferïemes, ce cuit, savoir,*
Qui iroit anquerre et savoir
De quel part les noz genz se tienent.
Je ne sai de quel part il vienent,
Mes g'i irai, se vos volez.
— Jel voel, fet il, tost i alez,
Et tost revenir vos covient. »
Il i va tost et tost revient,
Et dit : « Molt nos est bien cheü,
Que j'ai certainnemant veü
Que ce sont li nostre deça. »
Et li chevaliers s'adreça
Vers la meslee maintenant,
S'ancontre un chevalier venant
Et joste a lui, sel fiert si fort
Parmi l'uel que il l'abat mort.
Et li vaslez a pié descent,
Le cheval au chevalier prent
Et les armes que il avoit,
Si s'an arme bel et adroit.
Quant armez fu, sanz demorance
Monte et prant l'escu et la lance
Qui estoit granz et roide et peinte,
Au costé ot l'espee ceinte,
Tranchant et flanbeant et clere.
An l'estor est aprés son frere
Et aprés son seignor venuz,
Qui molt bien s'i est maintenuz
An la meslee une grant piece,
Qu'il ront et fant et si depiece

---

*

2378. Cil *(mais T = C)*. **2394.** *Var. AT* S'ot une e. au costé c. *(G* Une e. ot*)*. **2398.** *Var. T* contenuz, *G* Qui m. s'estoit bien c. *(V* bel*), A* tant s'i ert.

nous serions bien avisés, je crois,
d'y envoyer l'un de nous pour apprendre
de quel côté se tiennent les nôtres.
Je ne sais d'où ils viennent,
mais j'irai voir, si vous voulez.
— Soit ! fait-il, allez-y vite !
Il faut aussi que vous reveniez vite. »
Il a tôt fait d'y aller et tôt fait de revenir.
« La chance est avec nous, dit-il,
car j'ai pu constater, sans erreur,
que ce sont les nôtres, du côté où nous sommes. »
Le chevalier se lança aussitôt
en direction de la mêlée.
Il rencontre un chevalier qui vient sur lui,
il engage la joute et l'atteint dans l'œil
d'un coup si violent qu'il l'abat mort.
Le jeune fils met pied à terre,
il s'empare du cheval
et de l'armure du chevalier,
dont il s'arme : il a belle et fière allure.
Après quoi, sans hésiter,
il se met en selle, il saisit l'écu et la lance :
elle était grande, dure, le bois en était peint.
Il avait ceint au côté l'épée,
une épée tranchante et claire, qui flamboyait.
Il s'est jeté après son frère
dans la bataille, et après son seigneur,
lequel s'est en pleine mêlée
illustré un long moment,
brisant, fendant, dépeçant

Escuz et hiaumes et haubers.*
Nes garantist ne fuz ne fers
Cui il ataint, qu'il ne l'afolt
Ou morz jus del cheval ne volt.
Il seus si tres bien le feisoit
Que trestoz les desconfisoit,
Et cil molt bien le refeisoient
Qui avoec lui venu estoient.
Mes cil de Logres s'en mervoillent,
Qu'il nel conuissent, et consoillent
De lui au fil au vavasor,
Tant an demandent li plusor
Qu'an lor dist : « Seignor, ce est cil
Qui nos gitera toz d'essil

[fo 36 rc] Et de la grant maleürté
Ou nos avons lonc tans esté.
Se li devons grant enor feire,
Qant por nos fors de prison treire
A tant perilleus leus passez
Et passera ancor assez,
Molt a a feire et molt a fait. »
N'i a celui joie n'en ait.
Quant la novele est tant alee
Que ele fu a toz contee,
Tuit l'oïrent et tuit le sorent,
De la joie que il en orent
Lor croist force et s'an esvertuent
Tant que mainz des autres an tuent,
Et plus les mainnent leidemant

---

* **2401.** *E.* et lances.

2403. *Var. VAT* Cui il fiert bien. **2404.** *T = C. Var. VG* Mors u vis *(A* vis u m.*).* **2411.** fil *(CAEG), mais T* au fiuz, *V* au filz, *d'où Foerster a cru devoir corriger par* as fiz. *Après* **2422** *om.* Quant ceste novele ont oïe / Molt s'en est lor gent esjoïe *(T, G* en est*). Bourdon probable sur* novele, *mais G rajoute*

écus, heaumes et hauberts.
Ni bois ni fer ne préservent
celui qu'il atteint d'être blessé
ou de voler, mort, à bas de son cheval.
Ses faits d'armes étaient tels qu'à lui seul
il les mettait tous en déroute,
et ses deux compagnons aussi
savaient bien se comporter.
Mais les gens de Logres regardent avec surprise,
car ils ne le connaissent pas ; à mi-voix,
ils parlent de lui au fils de l'arrière-vassal.
Tous ou presque posent tant de questions
qu'on leur a dit : « Seigneurs, c'est lui
qui nous sortira tous d'exil,
nous arrachant au grand malheur
où nous avons longtemps vécu.
Nous devons l'honorer de notre mieux
quand, pour nous tirer de prison,
il a passé et devra encore passer
par tant de lieux si dangereux.
Beaucoup lui reste à faire et il a fait beaucoup. »
Ils en sont remplis de joie,
[et, après avoir appris la nouvelle,
tous les leurs s'en sont réjouis].
Quand la nouvelle a si bien circulé
qu'elle a été racontée à tous,
elle est désormais bien connue de chacun ;
la joie qu'il en ont ressentie
accroît leur force, et plus grande en est leur ardeur
à tuer quantité d'ennemis,
et s'ils leur font subir un sort honteux,

---

deux vers : Et dient que or seront il / Jeté hors de paine et d'essil, *tandis que V omet les deux vers suivants (2423-2424).* **2423.** *Var. AE* montee *(meilleure rime, mais TG = C).* **2425.** *Var. V T.* le loent et t. l'onorent *(la répétition l'a-t-elle gêné ?).*

Por le bien feire seulemant*
D'un seul chevalier, ce me sanble,
Que por toz les autres ansanble.
Et s'il ne fust si pres de nuit,
Desconfit s'an alassent tuit,
Mes la nuiz si oscure vint
Que departir les an covint.
Au departir tuit li cheitif,
Autresi come par estrif,
Environ le chevalier vindrent
De totes parz, au frain le prindrent,
Si li ancomancent a dire :
« Bien veignanz soiez vos, biax sire ! »
Et dit chascuns : « Sire, par foi,
Vos vos herbergeroiz o moi ! »
« Sire, por Deu et por son non,
Ne herbergiez se o moi non ! »
Tuit dient ce que dient li uns,
Que herbergier le vialt chascuns,
Ausi li juenes con li vialz,
Et dit chascuns : « Vos seroiz mialz
El mien ostel que an l'autrui. »
Ce dit chascuns androit de lui,
Et li uns a l'autre le tost,
Si con chascuns avoir le vost,
Et par po qu'il ne s'an conbatent.
Et il lor dit qu'il se debatent
De grant oiseuse et de folie :
« Lessiez, fet il, ceste anreidie,

* **2440.** pristrent *(corr. d'après le v. 4129, mais voir 4443).*

2432. que de t. *(AEG ; T = C).* **2458.** *Var. TA* estoutie.

on le doit plus, me semble-t-il,
aux exploits d'un seul chevalier
qu'aux efforts conjugués de tous les autres.
Si la nuit n'avait été si proche,
la déroute eût été complète,
mais la nuit tomba, si obscure,
qu'il leur fallut se séparer.
Au moment du départ, tous les captifs,
se bousculant, pour ainsi dire,
entourèrent le chevalier
de tous côtés, en saisissant les rênes,
et ils commencent à lui dire :
« Soyez le bienvenu, très cher seigneur ! »
Et chacun d'ajouter : « Sur ma parole, monseigneur,
c'est moi qui vous hébergerai ! »
« Au nom du ciel, monseigneur,
ne faites pas halte ailleurs que chez moi ! »
Chacun répète ce que dit l'autre,
car, les jeunes comme les vieux,
ils veulent tous l'héberger.
Chacun dit : « Vous serez mieux
dans ma maison qu'ailleurs ! »
Ainsi parle chacun pour soi
et l'arrache à son voisin
dans son désir de l'avoir pour soi.
Peu s'en faut qu'ils n'en viennent aux mains !
Il leur dit que leur dispute
n'est que temps perdu et que folie :
« Ne soyez pas aussi obstinés ! fait-il.

[fo 36 va] Qu'il n'a mestier n'a moi n'a vos.*
Noise n'est pas boene antre nos,
Einz devroit li uns l'autre eidier.
Ne vos covient mie pleidier
De moi herbergier par tançon,
Einz devez estre an cusançon
De moi herbergier an tel leu,
Por ce que tuit i aiez preu,
Que je soie an ma droite voie. »
Ancor dit chascuns tote voie :
« C'est a mon ostel ! — Mes au mien ! »
« Ne dites mie ancore bien,
Fet li chevaliers, a mon los
Li plus sages de vos est fos
De ce don ge vos oi tancier.
Vos me devriez avancier,
Et vos me volez feire tordre.
Se vos m'aviez tuit en ordre
Li uns aprés l'autre a devise
Fet tant d'enor et de servise
Com an porroit feire a un home,
Par toz les sainz qu'an prie a Rome,
Ja plus boen gré ne l'en savroie,
Quant la bonté prise en avroie,
Que je faz de la volanté.
Se Dex me doint joie et santé,
La volantez autant me haite
Cọn se chascuns m'avoit ja faite
Molt grant enor et grant bonté,
Si soit an leu de fet conté. »

---

*

Ce n'est rendre service ni à moi ni à vous.
La querelle est mauvaise entre nous,
nous devrions plutôt nous entraider.
Il ne convient pas que le droit de m'héberger
fasse entre vous l'objet d'un litige,
vous devez au contraire vous montrer désireux,
dans l'intérêt qui est le vôtre,
de m'héberger en un lieu
où je sois sur le chemin direct. »
Chacun d'eux n'en répète pas moins :
« C'est dans ma maison ! — Non, dans la mienne ! »
« Parler ainsi est mal encore !
fait le chevalier. À mon avis,
le plus sage d'entre vous n'est qu'un fou,
quand il entre dans la querelle que j'entends.
Vous devriez accroître mon avance
et vous voulez m'imposer des détours !
Si vous m'aviez tous, l'un après l'autre,
rendu dans les règles, tout à souhait,
autant d'honneur et de service
que pourrait en recevoir un homme,
par tous les saints qu'on prie à Rome,
je n'en saurais à aucun meilleur gré
de l'acte dont j'aurais profité
que je ne fais de la seule bonne intention.
Que Dieu me donne joie et santé,
mais l'intention me fait tout autant plaisir
que si j'avais reçu de chacun
grand honneur et grand bienfait.
Qu'elle soit prise en compte, à la place de l'acte ! »

Ensi les vaint toz et apeise.*
Chiés un chevalier molt a eise
El chemin a ostel l'en mainnent,
Et de lui servir tuit se painnent.
Trestuit molt grant joie li firent,
Molt l'enorerent et servirent
Tote la nuit jusqu'au couchier,
Car il l'avoient tuit molt chier.
Le main quant vint au dessevrer,
Vost chascuns avoec lui aler,
Chascuns se porosfre et presante,
Mes lui ne plest ne n'atalante
Que nus hom s'an voist avoec lui,
Fors que tant solemant li dui

[fo 36 vb] Que il avoit la amenez,
Ces sanz plus en a ramenez.
Cel jor ont des la matinee
Chevalchié tresqu'a la vespree,
Qu'il ne troverent aventure.
Chevalchant molt grant aleüre,
D'une forest molt tart issirent.
A l'issir une meison virent
A un chevalier, et sa fame,
Qui sanbloit estre boene dame,
Virent a la porte seoir.
Tantost qu'ele les pot veoir
S'est contre aus an estant dreciee,
A chiere molt joiant et liee
Les salue, et dit : « Bien vaingniez !

---

* **2493-2494.** Trestuit l'enorent et servirent / Et molt tres g. j. *(corr. d'après TV : le copiste de C a probablement sauté au second* molt *et interverti les vers).* **2503.** en avoit menez *(corr. d'après VA ; var. T* Icels ... en ra menez*).*

Ainsi parvient-il à les convaincre et à les apaiser.
On le conduit, sur sa route,
chez un chevalier aisé, pour qu'il l'héberge.
Tous mettent leurs efforts à le servir.
Tous lui ont témoigné la plus grande joie
et l'ont servi avec les plus grands égards,
de la nuit tombée jusqu'à l'heure du coucher,
car ils le chérissaient dans leur cœur.
Le matin, au moment de se séparer,
chacun voulut partir avec lui,
lui offrant sa personne et son service,
mais il n'entend pas, ni ne souhaite,
que d'autres l'accompagnent
à la seule exception des deux
qu'il avait amenés là ;
ce sont eux sans plus qu'il emmène de nouveau.

Ce jour-là, ils ont du matin
jusqu'au soir chevauché,
sans trouver d'aventure.
Tout en allant à vive allure,
ils ne sortirent que très tard d'une forêt.
En débouchant, ils aperçurent la maison
d'un chevalier, ainsi que sa femme,
une dame qui avait l'air bonne,
assise devant la porte.
Aussitôt qu'elle a pu les voir,
elle s'est levée à leur rencontre
et d'un visage heureux et souriant
elle les salue, en disant : « Soyez les bienvenus !

Mon ostel voel que vos praigniez,*
Herbergiez estes, descendez !
— Dame, quant vos le comandez,
Vostre merci, nos descendrons,
Vostre ostel enuit mes prendrons. »
Il descendent, et au descendre
La dame fet les chevax prendre,
Qu'ele avoit mesniee molt bele.
Ses filz et ses filles apele,
Et il vindrent tot maintenant,
Vaslet cortois et avenant
Et chevalier et filles belles.
As uns comande oster les seles
Des chevax et bien conreer.
N'i a celui qui l'ost veher,
Einz le firent molt volentiers.
Desarmer fet les chevaliers,
Au desarmer les filles saillent,
Desarmé sont, puis si lor baillent
A afubler .III. corz mantiax.
A l'ostel qui molt estoit biax
Les an mainnent en es le pas,
Mes li sires n'i estoit pas,
Einz ert en bois et avoec lui
Estoient de ses filz li dui,
Mes il vint lués, et sa mesniee
Qui molt estoit bien anresniee
Saut contre lui defors la porte.
La veneison que il aporte

---

* **2537.** .II. *(CTA, corr. d'après VE). A moins d'une simple erreur de copie, l'hésitation tient peut-être au fait que deux seulement des trois nouveaux venus sont chevaliers. Cf. infra v. 2550 (mais T, après avoir indiqué* deus mantiaus, *mentionne alors* trois ch'rs, *de même A, d'où notre correction).*

Je veux vous accueillir chez moi,
vous voici logés, descendez !
— Madame, puisque vous l'ordonnez,
soyez-en remerciée, nous descendrons
et nous serons pour cette nuit vos hôtes. »
Ils mettent pied à terre et, sur-le-champ,
la dame fait prendre leurs chevaux,
car elle avait une belle maisonnée :
elle appelle ses fils et ses filles,
qui arrivèrent tout aussitôt,
des jeunes gens courtois et agréables à voir,
des chevaliers et de belles jeunes filles.
Aux uns elle donne l'ordre d'ôter les selles
et de bien panser les chevaux.
Aucun n'oserait refuser,
ils eurent, au contraire, plaisir à le faire.
Elle demande aussi qu'on désarme les chevaliers,
ses filles se précipitent pour le faire.
Leurs armes enlevées, elles leur donnent
à revêtir trois manteaux courts.
Elles ont vite fait de les amener
dans la maison qui était belle,
mais leur seigneur ne s'y trouvait pas.
Il était dans les bois et avec lui
il avait deux de ses fils.
Mais il arriva tout de suite, et sa famille
qui était bien éduquée
est prompte à sortir au-devant de lui.
La venaison qu'il apporte

[fo 36 vc] Destrossent molt tost et deslient,*
Et si li recontent et dient :
« Sire, sire, vos ne savez,
.III. ostes chevaliers avez.
— Dex an soit aorez ! » fet il.
Li chevaliers et si dui fil
Font de lor ostes molt grant joie,
Et la mesniee n'est pas coie,
Que toz li mendres s'aprestoit
De feire ce qu'a feire estoit.
Cil corent le mangier haster,
Cil les chandoiles gaster,
Si les alument et espranent,
La toaille et les bacins pranent,
Si donent l'eve as mains laver,
De ce ne sont il mie aver.
Tuit levent, si vont asseoir.
Riens qu'an poïst leanz veoir
N'estoit charjable ne pesanz.
Au premier mes vint uns presanz
D'un chevalier a l'uis defors
Plus orguelleus que n'est uns tors,
Que c'est molt orguilleuse beste.
Cil des les piez jusqu'a la teste
Sist toz armez sor son destrier.
De l'une janbe an son estrier
Fu afichiez, et l'autre ot mise
Par contenance et par cointise
Sor le col del destrier crenu.
Estes le vos ensi venu

---

* **2550.** .II. *(leçon isolée, cf. supra v. 2537).* **2553.** oste *(CA, corr. d'après TVE).* **2555.** li miaudres *(leçon de CAE ; corr. d'après TV).* **2558.** les c. alumer *(corr. d'après TV).*

est très vite déchargée et détachée,
on se met à lui raconter :
« Seigneur, seigneur, le savez-vous ?
Vous avez pour hôtes trois chevaliers.
— Dieu soit loué ! » fait-il.
Le chevalier et ses deux fils
montrent à leurs hôtes la plus grande joie.
Et la maisonnée ne s'endort pas !
Chacun jusqu'au plus jeune était prêt
à faire tout ce qu'il fallait.
Ceux-ci courent presser le repas,
et ceux-là dépensent au plus vite les chandelles
qu'ils allument et qu'ils font brûler.
On prend la serviette et les bassins,
on donne l'eau pour se laver les mains,
et on le fait généreusement !
Les mains lavées, tous vont s'asseoir.
Rien de fâcheux ni de pénible
ne se laissait voir en ces lieux.
Au service du premier mets, se présenta chez eux
dehors, à la porte, un chevalier
plus orgueilleux que ne l'est un taureau,
animal connu pour sa superbe.
Il se tenait armé de pied en cap
en selle sur son grand cheval ;
arc-bouté d'un pied sur son étrier,
il avait replié l'autre jambe
sur l'encolure du cheval à long crins
pour avoir belle allure et faire l'élégant.
Le voici venu, dans cette attitude,

2566. *Tous les manuscrits sauf A (*.I. sergans*) donnent cette leçon que J. Frappier traduit « quelqu'un leur fit une surprise ». Nous suggérons de corriger par l'expression bien attestée* en present, *au sens de « se présente en personne » (cf. Tobler-Lommatzsch, fasc. 68, col. 1792-1793 : « Que vous veignez en present », et voir la variante « Ci ou nos somes em present » au v. 3487 du Conte du Graal, éd. Hilka).*

C'onques nus garde ne s'an prist,*
Tant qu'il vint devant aus et dist :
« Li quex est ce, savoir le vuel,
Qui tant a folie et orguel
Et de cervel la teste vuide
Qu'an cest païs vient et si cuide
Au Pont de l'Espee passer ?
Por neant s'est venuz lasser,
Por neant a ses pas perduz. »
Et cil qui ne fu esperduz
Molt seüremant li respont :
— Je sui qui vuel passer au Pont.
— Tu ? Tu ? Comant l'osas panser ?
Einz te deüsses apanser

[fo 37 ra] Que tu anpreïsses tel chose
A quel fin et a quel parclose
Tu an porroies parvenir,
Si te deüst resovenir
De la charrete ou tu montas.
Ce ne sai ge se tu honte as
De ce que tu i fus menez,
Mes ja nus qui fust bien senez
N'eüst si grant afaire anpris,
S'il de cest blasme fust repris. »
A ce que cil dire li ot
Ne li daigne respondre un mot,
Mes li sires de la meison
Et tuit li autre par reison
S'an mervoillent a desmesure :

---

* **2597.** montez *(corr. d'après TVA).*

sans que personne ait pris garde à lui
avant qu'il fût devant eux et leur dît :
« Qui d'entre vous, je veux le savoir,
est assez fou et orgueilleux,
et tout autant écervelé
pour venir dans ce pays et s'imaginer
qu'il passera au Pont de l'Épée ?
Tous ses efforts ne valent rien,
tout son chemin s'est fait en pure perte. »
Mais lui, sans le moindre trouble,
lui répond avec assurance :
« C'est moi qui veux passer au Pont.
— Toi ? Toi ? Comment as-tu osé en avoir l'idée ?
Tu aurais dû réfléchir,
avant une pareille entreprise,
à la façon dont elle pourrait
finir et se conclure pour toi,
tu aurais dû te souvenir aussi
de la charrette où tu es monté.
Je ne sais si tu gardes la honte
d'avoir été mené dedans
mais jamais personne de sensé
ne se serait chargé d'une si haute entreprise
après avoir encouru un tel blâme. »
À ce qu'il entend l'autre lui dire
il ne daigne répondre un seul mot,
mais le maître de la maison
ainsi que tous les autres ont des raisons
de s'en étonner à l'extrême :

« Ha, Dex ! Con grant mesavanture !*
Fet chascuns d'ax a lui meïsmes,
L'ore que charrete fu primes
Pansee et feite soit maudite,
Car molt est vix chose et despite.
Ha, Dex ! De coi fu il retez,
Et por coi fu il charretez,
Por quel pechié, por quel forfet ?
Ce li ert mes toz jorz retret.
S'il fust de cest reproche mondes,
An tant con dure toz li mondes
Ne fust uns chevaliers trovez,
Tant soit de proesce esprovez,
Qui cest chevalier resanblast,
Et qui trestoz les assanblast
Si bel ne si gent n'i veïst,
Por ce que le voir an deïst. »
Ce disoient comunemant.
Et cil molt orguilleusemant
Sa parole recomança,
Et dist : « Chevaliers, antant ça,
Qui au Pont de l'Espee an vas,
Se tu viax, l'eve passeras
Molt legieremant et soef,
Je te ferai an une nef
Molt tost oltre l'eve nagier.
Mes se je te vuel paagier,
Quant de l'autre part te tandrai,
Se je vuel, la teste an prandrai,

---

*

2619. Qui cestui valoir r. *(AT)*. **2632.** *Leçon commune à CT ; VAG* Mes ge te ferai p.

« Ah ! Dieu ! Quelle sinistre aventure !
se dit chacun à lui-même.
Maudite soit l'heure où pour la première fois
fut conçue et faite une charrette !
Car c'est chose vile et méprisable.
Ah ! Dieu ! De quoi l'accusa-t-on ?
Pourquoi l'a-t-on traîné en charrette,
pour quel péché, pour quel crime ?
On le lui reprochera à tout jamais.
S'il n'était souillé de cet opprobre,
aussi loin que s'étend le monde
on ne trouverait un chevalier,
si éprouvée que fût sa vaillance,
dont la valeur égalât la sienne,
et si on les rassemblait tous,
on ne verrait, à dire vrai,
plus beau ni plus noble que lui. »
Ils étaient tous du même avis.
Mais l'autre, en son immense orgueil,
a repris son discours :
« Chevalier, dit-il, écoute-moi bien,
toi qui vas au Pont de l'Épée !
Tu passeras l'eau, si tu veux,
facilement, sans la moindre peine,
je te mettrai dans une barque
qui te fera vite traverser l'eau.
Mais tu me devras le péage,
quand je te tiendrai sur l'autre rive :
si je veux, je prendrai ta tête,

[fo 37 rb] Ou se non, an ma merci iert. »*
Et cil respont que il ne quiert
Avoir mie desavanture,
Ja sa teste an ceste avanture
N'iert mise por nes un meschief,
Et cil li respont de rechief :
« Des que tu ce feire ne viax,
Cui soit la honte ne li diax,
Venir te covendra ça fors
A moi conbatre cors a cors. »
Et cil dit por lui amuser :
« Se jel pooie refuser,
Molt volantiers m'an sofferroie,
Mes ainçois voir me conbatroie
Que noauz feire m'esteüst. »
Einçois que il se remeüst
De la table ou il se seoient,
Dist as vaslez qui le servoient
Que sa sele tost li meïssent
Sor son cheval et si preïssent
Ses armes, ses li aportassent.
Et cil del tost feire se lassent,
Li un de lui armer se painnent,
Li autre son cheval amainnent,
Et sachiez ne resanbloit pas,
Si com il s'an aloit le pas
Armez de trestotes ses armes
Et tint l'escu par les enarmes
Et fu sor son cheval montez,
Qu'il deüst estre mescontez

---

* **2635.** Ou ce non.

2642. *Var. GVA* Cui qu'en soit la h. u li d. **2643.** la *(la leçon de C,* ça, « *ici dehors, où je suis », laisse l'Orgueilleux au seuil de la porte. Selon les autres manuscrits, il s'est avancé à cheval dans la grande salle).* **2656.** *Var. A* s'eslaissent *(V* s'eslessent, *G* s'ellassent*). Seuls T et C ont bien compris.*

ou sinon, ton sort restera à ma merci. »
Et lui répond qu'il ne recherche
nullement son propre malheur :
jamais il n'aventurera sa tête
de la sorte, même s'il doit lui en coûter.
L'autre lui dit dc nouveau :
« Puisque tu refuses d'agir ainsi,
que l'un ou l'autre en ait honte ou tristesse,
il te faudra venir ici dehors
pour te battre avec moi corps à corps. »
Pour se jouer de lui, il répond :
« Si je pouvais dire non,
je m'en passerais bien volontiers,
mais je préfère avoir à me battre
plutôt que de connaître pis ! »
Avant de quitter la table
où ils étaient assis,
il a dit aux jeunes gens qui le servaient
de seller au plus vite
son cheval, d'aller prendre
ses armes et de les lui apporter.
Ils font si vite qu'ils en sont essoufflés,
les uns tout à l'effort de l'armer,
les autres de lui amener son cheval.
Sachez-le, on ne doutait pas, à le voir,
tandis qu'il s'avançait au pas
armé de toutes ses armes,
l'écu fermement au bras,
après être monté à cheval,
qu'il fallût le mettre au nombre

N'antre les biax n'antre les buens.*
Bien sanble qu'il doie estre suens
Li chevax, tant li avenoit,
Et li escuz que il tenoit
Par les enarmes anbracié.
Si ot un hiaume el chief lacié,
Qui tant i estoit bien assis
Que il ne vos fust mie avis
Qu'anprunté n'acreü l'eüst,
Einz deïssiez, tant vos pleüst,
Qu'il fu ensi nez et creüz,
De ce voldroie estre creüz.
Fors de la porte an une lande
Est cil qui la joste demande,

[fo 37 rc] Ou la bataille estre devoit.
Tantost con li uns l'autre voit
Point li uns vers l'autre a bandon,
Si s'antrevienent de randon,
Et des lances tex cos se donent
Qu'eles ploient et arçonent
Et anbedeus an pieces volent,
As espees les escuz dolent
Et les hiaumes et les haubers,
Tranchent les fuz, ronpent les fers,
Si que an plusors leus se plaient,
Par ire tex cos s'antrepaient
Con s'il fussent fet a covant,
Mes les espees molt sovant
Jusqu'as cropes des chevax colent,

* **2682.** a bandon.

2677. *Var. G* Defors le pree ot une lande / Ki l'assamblee molt amande *(V* Desoz le pré*). AT* Fors de la porte en .I. lande / Qui l'asanblee m. a. *(T* l'asemblement tot a.*). D'où la correction de Foerster :* Fors de la porte ot une l. / Qui l'a. m. a. *(autrement dit : dans ce cadre, « la bataille n'en sera que plus belle »).*

des plus beaux comme des meilleurs.
À l'évidence doivent être à lui
ce cheval, en si parfait accord,
et cet écu qu'il tenait ferme
à son bras par les poignées.
Il avait sur sa tête lacé un heaume,
qui s'y trouvait si bien ajusté
qu'il ne vous serait pas venu à l'idée
qu'il l'eût emprunté ou pris à crédit,
mais vous auriez dit, tant il vous aurait plu,
qu'il était né et qu'il avait grandi avec !
Je voudrais, là-dessus, qu'on me crût.
Passé la porte, au dehors, dans une lande
où le combat devait avoir lieu
se tient celui qui réclame la joute.
Aussitôt qu'ils se voient tous deux,
ils piquent à bride abattue l'un vers l'autre,
et ils s'attaquent avec impétuosité
en se portant avec leurs lances de tels coups
qu'elles se sont pliées en arc
et qu'elles volent toutes deux en éclats.
À coups d'épée ils dégrossissent leurs écus,
leurs heaumes, leurs hauberts,
ils fendent les bois, brisent les fers,
s'infligeant de multiples blessures ;
dans leur rage, les coups dont ils se payent
semblent obéir aux termes d'un contrat !
Mais très souvent les épées,
en glissant, atteignent la croupe des chevaux,

Del sanc s'aboivrent et saolent,*
Que jusque[s] es flans les anbatent,
Si que andeus morz les abatent.
Et quant il sont cheü a terre,
Li uns vet l'autre a pié requerre,
Et s'il de mort s'antrehaïssent,
Ja por voir ne s'antranvaïssent
As espees plus cruelmant.
Plus se fierent menuemant
Que cil qui met deniers an mine,
Qui de joer onques ne fine
A totes failles deus et deus,
Mes molt estoit autres cist jeus
Que il n'i avoit nule faille,
Mes cos et molt fiere bataille,
Molt felenesse et molt cruel.
Tuit furent issu de l'ostel,
Sires, dame, filles et fil,
Qu'il n'i remest cele ne cil,
Ne li privé ne li estrange,
Ainçois estoient tuit an range
Venu por veoir la meslee
An la lande, qui molt fu lee.
Li chevaliers a la charrete
De malvestié se blasme et rete
Quant son oste voit qui l'esgarde,
Et des autres se reprant garde
Qui l'esgardoient tuit ansanble.
D'ire trestoz li cors li tranble,

---

*

2699. *Var. VG* ne se haïssent. **2703.** mine *: petit bassin ou plateau métallique où l'on jetait les dés. Le mot désigne soit le récipient, soit le jeu lui-même (A. Henry, Le Jeu de saint Nicolas, Bruxelles, 1965, p. 230). Notre interprétation se sépare ici de celles de Foerster, p. 383, et de J. Frappier.* **2708.** *Var. G* c. de molt ruiste b., *V* Mes granz c. et fiere b. *T = C.* **2717.** c. de la c. *(TVA, mais G = C).*

où elles s'abreuvent et se gorgent de sang,
car ils les enfoncent jusque dans les flancs,
les abattant tous deux morts.
Après leur chute sur le sol,
ils vont s'attaquer à pied l'un l'autre,
et ils se haïraient à mort
qu'en vérité ils ne se livreraient pas d'assauts
plus sauvages à coups d'épée.
Et les coups tombent plus vite encore
que ceux du joueur qui mise au jeu de mine
et ne cesse de jeter les dés
deux par deux à chaque coup perdant !
Mais le jeu était ici tout autre,
il n'y avait pas de « coups ratés »,
mais de vrais coups, et un combat farouche,
impitoyablement cruel !
Tout le monde était sorti de la maison,
le seigneur et la dame, leurs filles et leurs fils,
il n'y eut personne à rester, ni celle-ci, ni celui-là
qu'il fût ou non de la famille,
mais ils étaient tous venus,
sur un rang, pour voir la bataille
au milieu de cette vaste lande.
Le chevalier de la charrette
s'accuse de lâcheté et se blâme
quand il voit que son hôte le regarde,
et il prend garde aussi à tous les autres
qui avaient les yeux sur lui.
Ils se met tout entier à trembler de colère,

[fo 37 va] Qu'il deüst, ce li est avis,*
Avoir molt grant pieç'a conquis
Celui qui a lui se conbat.
Lors le fiert si qu'il li anbat
L'espee molt pres de la teste,
Si l'anvaïst come tanpeste,
Car il l'anchauce, si l'argüe
Tant que place li a tolue,
Se li tost terre et si le mainne
Tant que bien pres li faut l'alainne,
S'a an lui molt po de desfanse.
Et lors li chevaliers s'apanse
Que il li avoit molt vilmant
La charrete mise devant,
Si li passe et tel le conroie
Qu'il n'i remaint laz ne corroie
Qu'il ne ronpe antor le coler,
Si li fet le hiaume voler
Del chief et cheoir la vantaille.
Tant le painne et tant le travaille
Qu'a merci venir l'estuet,
Come l'aloë qui ne puet
Devant l'esmerillon durer
Ne ne s'a ou aseürer
Puis que il la passe et sormonte.
Ausi cil atote sa honte
Li vet requerre et demander
Merci, qu'il nel puet amander,
Et quant il ot que cil requiert
Merci, si nel toche ne fiert,

---

*

2725. a cui il se c. *(manuscrits).* **2729.** *Var. G* Si l'encauce et si l'a., *T* Car si l'e. et a., *A (*et si l'a.*)* = *C.* **2731.** tout. **2735.** Qu'il li ot molt vilainemant *(GT).* **2741.** ***La ventaille est la partie du capuchon de maille qui se relève devant la face et recouvre le menton. D'où notre traduction : il la lui rabat.***

car il devrait, a-t-il pensé,
avoir depuis longtemps vaincu
celui contre qui il se bat.
Il lui porte alors un tel coup qu'il lui enfonce
l'épée jusqu'à toucher sa tête,
il fond sur lui comme l'orage,
car il le poursuit, en le pressant
si vivement qu'il le force à reculer,
il gagne du terrain et le mène
jusqu'au point où il est près de perdre haleine,
n'opposant plus guère de résistance.
Le chevalier soudain se rappelle
qu'il lui avait ignominieusement
remontré la charrette ;
il fait alors une passe et il le met en tel état
qu'il n'y a plus d'entier autour du collet
le moindre lacet ni la moindre attache,
il lui fait voler le heaume
de la tête et retomber la ventaille,
il l'épuise et le fait tant souffrir
qu'il lui faut demander grâce,
comme une alouette incapable
devant l'émerillon de fuir davantage
ou de trouver refuge,
dès lors qu'il la dépasse et la domine de son vol.
Lui aussi, traînant sa honte,
se met en devoir d'implorer
grâce, car il n'a mieux à faire.
Quand le chevalier l'entend crier
grâce, il arrête tout à fait de frapper,

Einz dit : « Viax tu merci avoir ?*
— Molt avez or dit grant savoir,
Fet cil, ce devroit dire fos,
Onques rien nule tant ne vos
Con je faz merci or androit. »
Et cil dit : « Il te covandroit
Sor une charrete monter.
A neant porroies conter
Quanque tu dire me savroies,
S'an la charrete ne montoies,
Por ce que tant fole boche as
Que vilmant la me reprochas. »
Et li chevaliers li respont :
« Ja Deu ne place que g'i mont !

[fo 37 vb] — Non ? fet cil, et vos i morroiz.
— Sire, bien feire le porroiz,
Mes por Deu vos quier et demant
Merci, fors que tant seulemant
An charrete monter ne doive.
Nus plez n'est que je n'an reçoive
Fors cestui, tant soit griés ne forz.
Mialz voldroie estre, je cuit, morz
Que fet eüsse cest meschief.
Ja nule autre chose si grief
Ne me diroiz que je ne face
Por merci et por vostre grace. »
Que que cil merci li demande,
A tant ez vos parmi la lande
Une pucele l'anbleüre

---

* **2771.** Qu'an c.

2755. d. .I. fols *(VG).* **2763.** *Leçon isolée de G :* fole langue. **2769.** *Var. VGA* vos pri et. **2774.** *Var. G* Certes m. v. estre m.

et il lui dit : « Veux-tu être épargné ?
— Quelle parole sensée ! fait-il.
Même un fou en serait capable !
Je n'ai jamais rien souhaité autant
que d'être épargné maintenant.
— Alors, répond-il, il te faudrait
monter dans une charrette.
Pour rien ne compterait
tout ce que tu saurais me dire,
si tu ne montais dans la charrette,
toi qui as eu la langue assez folle
pour m'en faire le vil reproche. »
L'autre chevalier lui répond :
« À Dieu ne plaise que j'y monte jamais !
— Non ? fait-il. Eh bien, c'est l'heure de mourir !
— Monseigneur, c'est entre vos mains,
mais, au nom du ciel, je vous demande instamment
grâce, pourvu seulement
que je ne doive monter en charrette.
J'accepte d'avance toute sentence,
aussi dure soit-elle, hormis celle-là.
J'aimerais mieux, je crois, être mort
que d'avoir agi aussi malencontreusement.
Tout ce que vous me direz d'autre,
si dur que cela soit, je le ferai
pour gagner enfin votre pardon. »
Tandis qu'il lui demande grâce,
voici venir à travers la lande
montée sur une mule fauve

Venir sor une fauve mure,*
Desafublee et desliee,
Et si tenoit une corgiee
Don la mule feroit grant cos,
Et nus chevax les granz galos
Por verité si tost n'alast
Que la mule plus tost n'anblast.
Au chevalier de la charrete
Dist la pucele : « Dex te mete,
Chevaliers, joie el cuer parfite
De la rien qui plus te delite ! »
Cil qui volantiers l'ot oïe
Li respont : « Dex vos beneïe,
Pucele, et doint joie et santé ! »
Lors dist cele sa volanté :
« Chevaliers, fet ele, de loing
Sui ça venue a grant besoig
A toi por demander un don,
En merite et an guerredon
Si grant con ge te porrai feire,
Et tu avras encor afeire
De m'aïde, si con je croi. »
Et cil li respont : « Dites moi
Que vos volez, et se je l'ai,
Avoir le porroiz sanz delai,
Mes que ne soit chose trop griés. »
Et cele dit : « Ce est li chiés
De cest chevalier que tu as
Conquis, et, voir, einz ne tuas

---

* **2810.** trovas *(corr. d'après VGEA ; T* tuas*)*.

2782. *Var. G* Venant *(V* Venoit*), A* Devant, *T* Seant.

qui allait l'amble, une jeune fille,
sans son manteau ni sa guimpe,
avec un fouet à la main,
dont elle cinglait à grands coups la mule.
Jamais cheval au grand galop
n'aurait, à vrai dire, couru si vite
que la mule ne fût, à l'amble, allée plus vite encore !
Au chevalier de la charrette
la jeune fille a dit : « Puisse Dieu, chevalier,
te mettre au cœur la joie parfaite
qui vient de celle en qui sont toutes tes délices ! »
Et lui, qui a eu plaisir à l'entendre,
répond : « Dieu vous bénisse,
mademoiselle ! Qu'Il vous donne joie et santé ! »
Elle a dit alors son désir :
« Chevalier, fait-elle, je suis venue de loin,
dans l'urgence, jusqu'ici
vers toi, pour demander un don,
en retour duquel te viendra un aussi grand bienfait
qu'il sera en mon pouvoir d'accomplir ;
un jour viendra où tu auras besoin
de mon aide, comme je pense. »
Il lui répond : « Dites-moi
ce que vous désirez, et si je l'ai,
vous pourrez l'obtenir sans tarder,
s'il n'en coûte pas trop. »
Elle lui dit : « C'est la tête
de ce chevalier que tu as
vaincu, et, vraiment, tu n'as jamais tué

[fo 37 vc] Si felon ne si desleal.*
Ja ne feras pechié ne mal,
Einçois feras aumosne et bien,
Que c'est la plus desleax rien
Qui onques fust ne ja mes soit. »
Et quant cil qui vaincuz estoit
Ot qu'ele vialt que il l'ocie,
Si li dist : « Ne la creez mie,
Qu'ele me het, mes je vos pri
Que vos aiez de moi merci
Por ce Deu qui est filz et pere
Et qui de celi fist sa mere
Qui estoit sa fille et s'ancele.
— Ha ! Chevaliers, fet la pucele,
Ne croire pas ce traïtor !
Que Dex te doint joie et enor
Si grant con tu puez covoitier,
Et si te doint bien esploitier
De ce que tu as entrepris ! »
Or est li chevaliers si pris
Qu'el panser demore et areste,
Savoir s'il an donra la teste
Celi qui la rueve tranchier
Ou s'il avra celui tant chier
Qu'il li praigne pitiez de lui.
Et a cesti et a celui
Viaut feire ce qu'il li demandent,
Largece et Pitiez li comandent
Que lor boen face a enbedeus,
Qu'il estoit larges et piteus,

---

*

2821. Por cel D. *(VGA).* **2837.** *Leçon de CA. Var. TGV* quanqu'il.

quelqu'un d'aussi profondément déloyal.
Va, tu ne commettras pas le moindre péché,
ce sera au contraire un acte de parfaite charité,
car c'est l'être le plus déloyal
qui ait été ou qui soit jamais. »
Quand celui qui était vaincu
entend qu'elle lui demande de le tuer,
il lui a dit : « Ne la croyez pas,
car elle me hait, mais je vous supplie
d'avoir pitié de moi,
au nom de ce Dieu, Fils et Père à la fois,
qui s'est donné pour mère celle
qui était sa fille et sa servante.
— Ah ! chevalier, fait la jeune fille,
ne va pas croire ce traître !
Puisse Dieu te donner autant d'honneur et de joie
que tu peux en désirer,
et t'accorder la grâce de réussir pleinement
dans la tâche que tu as entreprise ! »
Le chevalier est si embarrassé
qu'immobile, il reste à réfléchir,
savoir s'il fera don de la tête
à celle qui l'invite à la trancher
ou si l'autre touchera assez son cœur
pour qu'il ait pitié de lui.
À celle-ci comme à celui-là
il veut accorder sa demande.
Largesse et Pitié commandent chacune
que leur volonté soit faite,
car il savait être large autant que miséricordieux.

Mes se cele la teste an porte,*
Donc iert Pitiez vaincue et morte,
Et s'ele ne l'an porte quite,
Donc iert Largece desconfite.
An tel prison, an tel destrece
Le tienent Pitiez et Largece,
Que chascune l'angoisse et point.
La teste vialt que il li doint
La pucele, qui li demande,
Et d'autre part li recomande
Sor pitié et sor sa franchise.
Et des que il li a requise
Merci, et ne l'avra il donques ?
Oïl ! ce ne li avint onques

[fo 38 ra] Que nus, tant fust ses anemis,
Des que il l'ot au desoz mis
Et merci crier li covint,
Onques ancor ne li avint
C'une foiz merci li veast,
Mes au sorplus ja ne baast.
Donc ne la vehera il mie
Cestui qui li requiert et prie,
Des que ensi feire le sialt.
Et cele qui la teste vialt
Avra la ele ? Oïl, s'il puet.
« Chevaliers, fet il, il t'estuet
Conbatre de rechief a moi,
Et tel merci avrai de toi,
Se tu viax ta teste desfandre,

---

* **2853.** donc ne *(corr. d'après T(E) ; G* si ne, *V* Merci ne *(= -1), A* Merci ne l'a. il adonques*).* **2863.** feire le vialt *(faute commune à CT, ou simple inadvertance propre à chacun).*

2842. est. **2844.** est. **2849.** *Var. G* La(r)gece a celi kel demande. *V manque, mais A (E) semblent avoir préservé la bonne leçon au vers suivant :* D'autre part cil li redemande. *Dans la version de C,* sor *(2851) a le sens de « à l'encontre de » mais dans celle de A, de « au nom de ». T offre également un*

Que la jeune fille emporte la tête,
et Pitié, vaincue, sera morte ;
qu'elle n'en ait pas le libre usage,
et Largesse sera anéantie !
Ainsi est-il prisonnier de Pitié et de Largesse,
qui le tiennent en pareille détresse,
et chacune le tourmente et lui perce le cœur.
La jeune fille, qui le lui demande,
veut qu'il lui donne la tête,
mais l'autre, de son côté, l'implore
au nom de la pitié et de sa bonté naturelle.
Puisque ce dernier lui a demandé
grâce, ne l'obtiendra-t-il donc ?
Si ! Car il n'en fut jamais autrement :
quand celui qu'il avait vaincu,
s'agît-il de son propre ennemi,
en était réduit à crier grâce,
jamais encore il ne lui était arrivé
de lui refuser sa pitié, la première fois,
mais, au delà, qu'il n'y songeât pas !
Il ne la refusera donc pas
à celui qui le supplie avec insistance,
puisqu'il en a ainsi la coutume.
Et celle qui réclame la tête,
l'aura-t-elle ? Oui, s'il peut.
« Chevalier, fait-il, il te faut
encore une fois combattre contre moi.
Voici la grâce que je t'accorde,
si tu es décidé à défendre ta tête :

---

sens satisfaisant : Et d'autre part li recomande / Pitiez ensemble et Franchise. *Nous adoptons le texte de A, car le sujet du v. 2852 requiert ici* le cil. *On évite ainsi de supposer une lacune (Foerster, Uitti), ou d'admettre une construction forcée (Roques).* **2861.** *On notera que seul C offre la bonne leçon (*vehera*). Le v. 2853 a peut-être influencé T (*Et donques ne l'avra il mie*) et V (*Et cil d. ne l'a. mie / La merci qu'il r.*). Autre reformulation dans G qui a, comme V, changé le sujet du verbe (*Et lors ne la trovera il mie / Puis que il le r. et p.*), mais la variante de A confirme la construction de C (*Dont ne le retaura il mie*). Cf. aussi T qu'il faut traduire : « N'aura-t-il donc pas pitié de celui », etc.*

Que je te lesserai reprendre*
Ton hiaume et armer de rechief
A leisir ton cors et ton chief
A tot le mialz que tu porras,
Mes saches que tu i morras
Se je autre foiz te conquier. »
Et cil respont : « Ja mialz ne quier,
N'autre merci ne te demant.
— Et ancor assez t'i amant,
Fet cil, que je me conbatrai
A toi, que ja ne me movrai
D'ensi con ge sui ci elués. »
Cil s'atorne, et revienent lués
A la bataille com angrés,
Mes plus le reconquist aprés
Li chevaliers delivremant
Qu'il n'avoit fet premieremant,
Et la pucele en es le pas
Crie : « Ne l'espargnier tu pas,
Chevaliers, por rien qu'il te die !
Certes qu'il ne t'espargnast mie,
S'il t'eüst conquis une foiz.
Bien saches tu se tu le croiz,
Il t'angignera de rechief.
Tranche au plus desleal le chief
De l'empire et de la corone,
Frans chevaliers, si le me done.
Por ce le me doiz bien doner
Que jel te cuit guerredoner

---

*

---

je te laisserai reprendre
ton heaume et t'armer de nouveau,
tout à loisir, de pied en cap,
du mieux que tu pourras.
Mais sache que tu n'échapperas pas à la mort,
si j'ai une nouvelle fois la victoire. »
L'autre répond : « Je ne demande pas mieux,
et je n'invoque pas d'autre grâce.
— Je te laisse en outre un bel avantage,
fait-il, celui de me battre
avec toi sans jamais bouger
d'ici même où je suis. »
L'autre s'équipe et ils se ruent
au combat qui reprend avec fureur,
mais le chevalier eut, la fois d'après,
plus de facilité à le vaincre
qu'il n'en avait eu premièrement.
La jeune fille vivement
lui crie : « Ne l'épargne surtout pas,
chevalier, quoi qu'il puisse te dire !
Lui, c'est certain, ne t'aurait pas épargné,
s'il avait déjà eu l'occasion de te vaincre.
Tu peux être sûr, si tu le crois,
qu'il te tendra un nouveau piège.
Tranche la tête au plus déloyal
qu'ait connu l'empire ou le royaume,
et donne-la moi, noble chevalier.
Et tu as une bonne raison de le faire,
car le jour viendra, je crois,

[fo 38 rb] Molt bien, ancor tex jorz sera.*
S'il puet, il te rangignera
De sa parole autre foiee. »
Cil qui voit sa mort aprochiee
Li crie merci molt an haut,
Mes ses criers rien ne li vaut,
Ne chose que dire li sache,
Que cil par le hiaume le sache
Si que trestoz les laz an tranche,
La vantaille et la coiffe blanche
Li abat de la teste jus,
Et cil se haste ne puet plus :
« Merci, por Deu ! Merci, vassax ! »
Cil respont : « Se je soie sax,
Ja mes de toi n'avrai pitié,
Puis c'une foiz t'ai respitié.
— Ha ! fet il, pechié ferïez,
Se m'anemie creïez,
De moi an tel meniere ocirre. »
Et cele qui sa mort desirre
De l'autre part li amoneste
Qu'isnelemant li trant la teste,
Ne plus ne croie sa parole.
Cil fiert et la teste li vole
Enmi la lande et li cors chiet,
A la pucele plaist et siet.
Li chevaliers la teste prant
Par les chevox et si la tant
A celi qui grant joie an fait
Et dit : « Tes cuers si grant joie ait

*

2910. Et cil recrie plus et plus *(V, G* s'escrie, *T* r. et plus et plus, *AE* li crie). **2922.** *Leçon de CT ; V* Et cil f. et la t. v. *(G* en vole*), A* Cil le f. et la t. v. *La leçon de A nous paraît la meilleure.* **2926.** Par la trece *(VGE, A),* puis si la rent *(TVG, AE* et puis*). La rime est plus riche, mais T a* cheveus *comme C, contre AVGE, et peut-être aussi* tent *et non pas* rent *comme nous le lisons avec Foerster*, T *et* r *se distinguant ici très mal.*

où je saurai bien t'en récompenser.
Mais lui, s'il peut, il te trompera
une autre fois par ses discours. »
L'autre qui voit sa mort approcher
à hauts cris lui demande grâce,
mais ses cris ne lui servent à rien,
ni aucune chose qu'il puisse lui dire,
car il le tire à lui par le heaume,
dont il rompt tous les lacets,
et fait tomber de sa tête
la ventaille et la coiffe qui brillait.
L'autre redouble ses cris :
« Pitié, pour Dieu ! Pitié, vassal ! »
Mais il répond : « Dieu ait mon âme !
Jamais je n'aurai pitié de toi,
après t'avoir déjà donné un premier répit !
— Ah ! dit-il, vous feriez un péché,
si vous écoutiez mon ennemie,
en me tuant de la sorte. »
Mais celle qui désire sa mort
de son côté l'exhorte
à lui couper la tête sur-le-champ
et à ne plus lui faire confiance.
Il frappe et la tête vole
au milieu de la lande, le corps s'écroule,
la jeune fille en est très satisfaite.
Le chevalier saisit la tête
par la tresse et la rend
à celle qui en est remplie de joie
et qui dit : « Que ton cœur reçoive autant de joie

De la rien que il plus voldroit,*
Con li miens cuers a or androit
De la rien que je plus haoie!
De nule rien ne me doloie
Fors de ce que il vivoit tant.
Uns guerredons de moi t'atant,
Qui molt te vanra an boen leu,
An cest servise avras grant preu
Que tu m'as fet, ce t'acreant.
Or m'an irai, si te comant
A Deu, qui d'anconbrier te gart. »
Tantost la pucele s'an part,
Et li uns l'autre a Deu comande.
Mes a toz ces qui an la lande
[fo 38 rc] Orent la bataille veüe
An est molt grant joie creüe,
Si desarment tot maintenant
Le chevalier, joie menant,
Si l'enorent de quanqu'il sevent.
Tot maintenant lor mains relevent,
Qu'al mangier asseoir voloient,
Or sont plus lié qu'il ne soloient,
Si manjüent molt lieemant.
Quant mangié orent longuemant,
Li vavasors dist a son oste,
Qui delez lui seoit ancoste:
« Sire, nos venimes pieç'a
Del rëaume de Logres ça,
Né an somes, si voudrïens

---

*

2949-2950. vuelent / ... suelent.

de celle qu'il voudrait le plus au monde
que j'en éprouve au fond du mien
face à l'objet de toute ma haine !
Aucune chose ne m'affligeait autant
que de le voir depuis si longtemps en vie,
une récompense de ma part t'attend,
qui te viendra au bon moment ;
tu retireras un grand profit du service
que tu m'as rendu, je te le garantis.
À présent je m'en vais et je prie Dieu
qu'Il te garde de tout encombre. »
Aussitôt la jeune fille le quitte,
ils se recommandent l'un l'autre à Dieu.
Mais chez tous ceux qui dans la lande
avaient assisté à la bataille,
la joie n'a cessé de grandir.
Ils désarment à l'instant même
le chevalier, en exprimant leur joie,
et mettent à l'honorer tout leur savoir-faire.
Tout de suite ils se relavent les mains,
car ils souhaitent se remettre à table.
Les voici bien plus gais qu'à l'ordinaire,
et le repas se poursuit très joyeusement.
Quand ils eurent pris tout leur temps pour manger,
l'arrière-vassal a dit à son hôte,
qui était assis tout à côté de lui :
« Monseigneur, voilà longtemps que nous sommes venus
ici du royaume de Logres
où nous sommes nés. Nous voudrions

Q'annors vos venist et granz biens*
Et joie an cest païs, que nos
I avrïens preu avoec vos,
Et a maint autre preuz seroit
S'enors et biens vos avenoit
An cest païs, an ceste voie. »
Et cil respont : « Bien le savoie. »

Quant li vavasors ot lessiee
Sa parole et l'ot abessiee,
Si l'a uns de ses filz reprise,
Et dist : « Sire, an vostre servise
Devrïens toz noz pooirs metre
Et doner einçois que prometre.
Boen mestier avrïez del prendre,
Nos ne devrïens mie atendre
Tant que vos demandé l'aiez.
Sire, ja ne vos esmaiez
De vostre cheval, s'il est morz,
Car ceanz a chevax bien forz :
Tant voel que vos aiez del nostre,
Tot le meillor an leu del vostre
En manroiz, bien vos est mestiers. »
Et cil respont : « Molt volantiers. »
A tant font les liz atorner,
Si se couchent. A l'anjorner
Lievent matin et si s'atornent.
Atorné sont, puis si s'an tornent.
Au departir rien ne mesprant,
A la dame et au seignor prant,

* **2961.** au moins autrui *(corr. d'après VTA ; G(E)* mains autres*)*. **2964.** Dex vos en oie *(leçon isolée de C contre celle de ATVGE, « lectio difficilior », de sens et de rime plus riches)*. **2973.** le demandesiez.

qu'il vous revînt honneur, bienfait
et joie en ce pays, car nous aussi
nous en tirerions profit avec vous,
et maint autre en bénéficierait,
si vous trouviez votre bien et votre honneur
dans l'accomplissement de cette œuvre. »
Et il répond : « Oui, je savais. »
Quand l'arrière-vassal a laissé
son discours et que sa voix s'est tue,
l'un de ses fils l'a repris
et il a dit : « Monseigneur, pour vous servir
nous devrions mettre toutes nos forces
et plutôt donner que promettre.
Notre aide vous serait d'un grand secours
et nous ne devrions pas attendre
que vous nous l'ayez demandée.
Monseigneur, n'ayez pas d'inquiétude
pour votre cheval, s'il est mort,
car il ne manque pas ici de chevaux vigoureux.
Je veux que de nos biens vous n'ayez pas moins :
c'est le meilleur que vous emmènerez
à la place du vôtre, vous en avez grand besoin. »
Et il répond : « J'accepte bien volontiers. »
On fait alors préparer les lits
et ils se couchent. Au point du jour,
les voici tôt levés et ils se préparent.
Une fois prêts, il ne reste qu'à partir.
À cet instant, ils ne manquent pas à l'usage :
de la dame et du seigneur ils prennent

2958. Vos avenist et biens *(G, V* vos en v., *A* te v.*).* **2963.** En ceste oevre et *(TG),* En ceste terre, en c. v. *(VA). Le v. 2959 a dû influencer Guiot. La leçon originale devait être* terre *ou* oevre. *Foerster a choisi le premier mais il ne disposait pas de G, qui appuie T et résonne plus profondément.* **2966.** et sa voiz bessiee *(manuscrits).* **2970.** Et einçois d. que p. *(GVA).* **2971.** Se mestier avïez *(GT, A* vos estoit, *V* en avez*).* **2985-2986.** mesprenent / ... prenent *(AT, mais V = C).*

[fo 38 va] Et a toz les autres, congié.*
Mes une chose vos cont gié
Por ce que rien ne vos trespas,
Que li chevaliers ne volt pas
Monter sor le cheval presté
Qu'an li ot a l'uis aparesté,
Einz i fist, ce vos voel conter,
Un des .II. chevaliers monter
Qui venu erent avoec lui,
Et il sor le cheval celui
Monte, qu'ainsi li plot et sist.
Quant chascuns sor son cheval sist,
Si s'acheminerent tuit troi
Par le congié et par l'otroi
Lor oste, qui serviz les ot
Et enorez de quanqu'il pot.
Le droit chemin vont cheminant
Tant que li jorz vet declinant,
Et vienent au Pont de l'Espee
Aprés none, vers la vespree.
Au pié del pont, qui molt est max,
Sont descendu de lor chevax,
Et voient l'eve felenesse,
Noire et bruiant, roide et espesse,
Tant leide et tant espoantable
Con se fust li fluns au deable,
Et tant perilleuse et parfonde
Qu'il n'est riens nule an tot le monde,
S'ele i cheoit, ne fust alee
Ausi com an la mer salee.

---

* **2992.** presanté. **3016.** mer betee.

3003. Lor d. c. *(manuscrits).* **3010.** Rade et b., noire et e. *(T, VA* Roide*).* **3011.** Si l. et si e. *(manuscrits).* **3016.** *C:* la mer betee, *c'est-à-dire la mer gelée, polaire.*

congé, ainsi que de tous les autres.
Mais j'ai encore une chose à vous dire,
car je ne vous passe aucun détail,
c'est que le chevalier n'a pas voulu
monter sur le cheval offert
qui l'attendait, tout prêt, à la porte,
il préféra, je tiens à vous le raconter,
y faire monter l'un des deux chevaliers
qui l'avaient accompagné,
dont lui-même prend le cheval,
ainsi en avait-il décidé.
Une fois chacun bien en selle,
tous trois se mirent en route
avec le plein consentement
de leur hôte, qui les avait servis
et honorés de tout son pouvoir.

Ils suivent ainsi leur droit chemin
jusqu'à l'heure où décline le jour
et parviennent au Pont de l'Épée
bien après none, à l'approche des vêpres.
Au pied du pont, si menaçant,
ils sont descendus de cheval,
et ils voient l'eau traîtresse,
un rapide qui grondait, aux flots noirs et boueux,
d'une laideur si effroyable
qu'on eût dit le fleuve infernal,
si périlleux et si profond
que toute créature en ce monde,
en y tombant, s'y fût perdue
comme dans la mer aux eaux salées.

Et li ponz qui est an travers*
Estoit de toz autres divers,
Qu'ainz tex ne fu ne ja mes n'iert.
Einz ne fu, qui voir m'an requiert,
Si max ponz ne si male planche.
D'une espee forbie et blanche
Estoit li ponz sor l'eve froide,
Mes l'espee estoit forz et roide
Et avoit .II. lances de lonc.
De chasque part ot un grant tronc,
Ou l'espee estoit closfichiee.
Ja nus ne dot que il i chiee
Por ce que ele brist ne ploit,
Que tant i avoit il d'esploit

[fo 38 vb] Qu'ele pooit grant fes porter.
Ce feisoit molt desconforter
Les .II. chevaliers qui estoient
Avoec le tierz, que il cuidoient
Que dui lyon ou dui liepart
Au chief del pont de l'autre part
Fussent lïé a un perron.
L'eve et li ponz et li lyon
Les metent an itel freor
Que il tranblent tuit de peor,
Et dient : « Sire, car creez
Consoil de ce que vos veez,
Qu'il vos est mestiers et besoinz.
Malveisemant est fez et joinz
Cist ponz, et mal fu charpantez.

---

* **3030.** Si ne sanble il pas qui la voit *(corr. d'après V, A* Sol t., *T* Seviaus t. i a. d'e.*).* **3031.** puisse *(corr. d'après AT ; V* Que ele pot).

3032. *Var.* Mes ce fet m. *(ATV).* **3040.** Qu'il t. andui de p. *(T ; V* Q'ambedui t. *; A* Que andoi t.*).* **3041.** Biaus sire creez *(TVA).*

Et le pont jeté en travers
ne ressemblait à aucun autre,
on n'en vit, on n'en verra jamais de tel.
Il n'y eut jamais, si vous voulez la vérité,
de si funeste pont, de si funeste planche.
Une épée fourbie, brillante de blancheur,
servait de pont au-dessus de l'eau froide.
Mais l'épée était solide et rigide,
et elle avait la longueur de deux lances.
Il y avait de part et d'autre un grand billot
où elle était soigneusement fixée.
N'allez pas craindre une chute
parce qu'elle romprait ou fléchirait,
on l'avait si bien travaillée
qu'elle était capable de supporter un grand poids.
Mais ce qui désespérait
les deux compagnons du chevalier,
c'était qu'ils croyaient voir
de l'autre côté, au bout du pont
deux lions ou bien deux léopards
enchaînés à un bloc de pierre.
L'eau, le pont, les lions
les mettent dans une telle frayeur
qu'ils sont tous deux tremblants de peur
et qu'ils disent : « Monseigneur, écoutez donc
un conseil sur ce que vous voyez,
car vous en avez le plus grand besoin.
Sinistre est la façon et l'art
de ce pont, et sinistre l'ouvrage de charpente.

Se a tans ne vos repantez,*
Au repantir vanroiz a tart.
Il covient feire par esgart
De tex choses i a assez.
Or soit c'outre soiez passez,
Ne por rien ne puet avenir
Ne que les vanz poez tenir
Ne desfandre qu'il ne vantassent
Et as oisiax qu'il ne chantassent
Ne qu'il n'osassent mes chanter,
Ne que li hom porroit antrer
El vantre sa mere et renestre,
Mes ce seroit qui ne puet estre,
Ne qu'an porroit la mer voidier,
Poez vos savoir et cuidier
Que cil dui lyon forsené,
Qui dela sont anchaené,
Que il ne vos tuent et sucent
Le sanc des voinnes et manjucent
La char et puis rungent les os?
Molt sui hardiz quant je les os
Veoir et quant je les esgart.
Se de vos ne prenez regart,
Il vos ocirront, ce sachiez.
Molt tost ronpuz et arachiez
Les manbres del cors vos avront,
Que merci avoir n'an savront.
Mes or aiez pitié de vos,
Si remenez ansanble nos!

* **3046.** S'a tant ne vos an retornez *(corr. d'après V:* Se a tenz*; TE* Se a tant*; A* Se tempres*).*

Si vous ne vous repentez à temps,
il sera ensuite trop tard pour le faire.
Dans bien des cas semblables,
il faut d'abord bien réfléchir.
Admettons que vous soyez passé,
ce qui n'a aucune chance d'arriver,
pas plus qu'on ne pourrait retenir les vents
et leur interdire de souffler
ou arrêter les oiseaux de chanter
et leur en faire désormais défense,
pas plus qu'on ne pourrait retourner
dans le ventre de sa mère et renaître,
chose tout à fait impossible,
pas plus qu'on ne pourrait vider la mer,
eh bien, comment alors imaginer
que les deux lions furieux
qui sont enchaînés là-bas
ne vous tuent, ne sucent
le sang de vos veines, ne mangent
votre chair et enfin ne rongent vos os ?
Quelle audace est la mienne,
rien que d'oser les regarder !
Si vous ne prenez garde à vous-même,
ils vous tueront, sachez-le !
Ils auront tôt fait de vous briser
et de vous arracher tous les membres,
incapables, comme ils sont, de pitié !
Ayez donc plutôt pitié de vous-même,
et restez avec nous !

3051. Que por r. *(VA ; T* Por rien ne porroit a.*)*. **3052.** Ne qu'en porroit les v. t. *(T ; A* Ne c'on, *V* Nes c'on*)*. **3055.** *Var. TA* Si qu'il n'o. *(V* Et qu'il*)*. **3056.** Noient plus qu'en p. rentrer *(V ; A* Et nient plus c'on p. entrer, *T* Et plus que l'en p. r.*)*. **3060.** *Var. TE* penser ne *(V* bien croire et *; A* savoir ne*)*. **3063.** vos ocient et s. *(TVA)*. **3070.** *On notera la rime riche propre à V.*, desachiez, *tandis que A = C :* erraciés *(T :* despeciez*)*. **3074.** ensamble o nos *(V)*. *Var. T(A)* avecques nos.

[fo 38 vc] De vos meïsmes avroiz tort,*
S'an si certain peril de mort
Vos meteiez a escïant. »
Et cil lor respont an riant :
« Seignor, fet il, granz grez aiez
Quant por moi si vos esmaiez,
D'amor vos vient et de franchise.
Bien sai que vos an nule guise
Ne voldrïez ma mescheance,
Mes j'ai tel foi et tel creance
An Deu qu'il me garra par tot.
Cest pont ne ceste eve ne dot
Ne plus que ceste terre dure,
Einz me voel metre en aventure
De passer outre et atorner,
Mialz voel morir que retorner. »
Cil ne li sevent plus que dire,
Mes de pitié plore et sopire
Li uns et li autres molt fort.
Et cil de trespasser le gort
Au mialz que il set s'aparoille,
Et fet molt estrange mervoille,
Que ses piez desarme et ses mains.
N'iert mie toz antiers ne sains
Quant de l'autre part iert venuz.
Bien s'iert sor l'espee tenuz,
Qui plus estoit tranchanz que fauz,
As mains nues et si deschauz
Que il ne s'est lessiez an pié
Souler ne chauce n'avanpié.

---

* **3097**. desire.

3079. *Var. T* grant m. en a., *V S.* grez et merciz a., *A* m. et g. **3100.** *Var. TV* s'est *(mais A* s'ert*)*. **3102.** et toz d. *(TVA ; E = C)*. **3103.** *Var. A* Que il ne s'ot, *T* n'i ot, *V* il n'avoit.

Ce serait pécher contre vous-même
que de vous mettre consciemment
en un péril de mort aussi certain. »
Mais il leur répond en riant :
« Seigneurs, soyez remerciés
de tant vous inquiéter pour moi,
une noble amitié en est cause.
Je sais bien qu'en aucune manière
vous ne voudriez qu'il m'arrivât malheur,
mais j'ai foi en Dieu, en qui je crois :
en tout lieu Il saura me protéger.
Ce pont ni cette eau ne me font peur,
pas plus que le sol ferme où je suis.
Oui, je veux courir l'aventure
de le franchir, et m'y préparer :
plutôt mourir que retourner ! »
Ils ne savent plus que lui dire,
mais tous deux, saisis de pitié,
répandent larmes et soupirs.
Quant à lui, pour traverser le gouffre,
du mieux qu'il peut, il s'apprête.
Il fait une chose étrange et merveilleuse :
il désarme ses pieds et ses mains.
Il n'en sortira pas indemne ni tout à fait valide,
s'il parvient de l'autre côté.
Il s'était tenu fermement sur l'épée,
plus affilée qu'une faux,
à mains nues et tout déchaussé,
car il n'avait gardé au pied
soulier, chausse ni empeigne.

De ce gueres ne s'esmaioit*
S'es mains et es piez se plaioit,
Mialz se voloit si mahaignier
Que cheoir [d]el pont et baignier
An l'eve don ja mes n'issist.
A la grant dolor con li sist
S'an passe outre et a grant destrece,
Mains et genolz et piez se blece,
Mes tot le rasoage et sainne
Amors qui le conduist et mainne,
Si li estoit a sofrir dolz.
A mains, a piez et a genolz
Fet tant que de l'autre part vient.
Lors li remanbre et resovient

[fo 39 ra] Des .II. lyons qu'il i cuidoit
Avoir veüz quant il estoit
De l'autre part. Lors si esgarde,
N'i avoit nes une leisarde,
Ne rien nule qui mal li face.
Il met sa main devant sa face,
S'esgarde son anel et prueve,
Quant nul des .II. lyons n'i trueve
Qu'il i cuidoit avoir veüz,
Si cuida estre deceüz,
Mes il n'i avoit rien qui vive.
Et cil qui sont a l'autre rive,
De ce qu'ainsi passé le voient
Font tel joie com il devoient,
Mes ne sevent pas son mehaing.

---

*

3110. A grant d. si con li s. *(VTA).* **3115.** Si li est tot *(VA).* **3116.** As m. as p. et as g. *(V, A* a g.*).* **3118.** *Var. T* Et lors li menbre et sovient, *V* Et lors li r. et sovint, *A* Et dont li r. et souvient. **3121.** et si e. *(TVA).* **3122.** Et n'i voit *(V, A* Ne veoit, *T* Qu'il n'i vit*).* **3128.** Q'enchantez fust et deceüz *(V, T* Enchantez est et d., *A* Qu'encantés est deceüs). **3129.** Car *(TVA).*

Il ne s'inquiétait guère
de s'entailler les mains et les pieds,
il aimait mieux se mutiler
que tomber du pont et nager
dans cette eau d'où plus jamais il ne sortirait.
En grande souffrance, il passe au-delà
comme il l'a voulu, dans les tourments.
Il se blesse aux mains, aux genoux et aux pieds,
mais Amour qui tout au long le guide
lui verse un baume et tout entier le guérit.
Il lui était doux de souffrir.
S'aidant des mains, des pieds et des genoux,
il gagne enfin l'autre côté.
Alors lui reviennent à la mémoire
les deux lions qu'il croyait
y avoir vus quand il était
sur l'autre bord. Il est attentif à regarder :
rien, pas même un lézard
ou quoi que ce soit qui lui fasse du mal !
Il porte la main devant ses yeux,
regarde son anneau et tient la preuve,
en ne trouvant plus aucun des deux lions
qu'il croyait y avoir aperçus,
qu'il a été trompé par un enchantement,
car il n'y avait chose qui vive.
Les autres, sur la rive d'en face,
en le voyant ainsi passé,
sont en joie, comme on peut s'y attendre.
Ils ne savent pas le prix qu'a dû payer son corps.

Et cil le tint a grant guehaing*
Quant il n'i a plus mal soffert.
Le sanc jus de ses plaies tert
A sa chemise tot antor,
Et voit devant lui une tor
Si fort c'onques de sa veüe
N'avoit nule si fort veüe,
La torz miaudre ne pooit estre.
Apoiez a une fenestre
S'estoit li rois Bademaguz,
Qui molt ert soutix et aguz
A tote enor et a tot bien,
Et lëauté sor tote rien
Voloit par tot garder et faire.
Et ses filz qui tot le contraire
A son pooir toz jorz feisoit,
Car deslëautez li pleisoit
N'onques de feire vilenie
Et traïson et felenie
Ne fu lassez ne enuiez,
S'estoit delez lui apoiez.
S'orent veü des la amont
Le chevalier passer le pont
A grant poinne et a grant dolor.
D'ire et de mautalant color
En a Meleaganz changiee,
Bien set c'or li ert chalongiee
La reïne, mes il estoit
Tex chevaliers qu'il ne dotoit

---

*

3134. tient *(TVA).* **3143.** *Contrairement à la note de Foerster, T a bien* Bademaguz, *comme V et C. A* Badegamus. **3155.** de la *(TVA).*

Mais à ses yeux, le gain est important,
quand il n'a pas subi plus de dommage.
Tandis qu'avec sa chemise il essuie tout autour
le sang qui coule de ses plaies,
il aperçoit droit devant lui une tour,
jamais il n'en avait vu,
de ses yeux, d'aussi puissante.
Impossible de trouver mieux !
À une fenêtre était venu
s'accouder le roi Bademagu,
un homme dont l'esprit fin et pénétrant
avait pour objet constant l'honneur et la vertu
et qui par-dessus tout voulait
rester fidèle, en toute occasion, à la loyauté.
Et son fils, qui toujours faisait
de toutes ses forces tout le contraire,
car il lui plaisait d'être déloyal
et jamais il ne se lassait
de commettre des infamies,
des trahisons et des cruautés,
s'était accoudé près de lui.
Depuis là-haut ils avaient vu
le chevalier passer le pont
à grand effort, dans la souffrance.
Sous le coup de la colère,
Méléagant a changé de couleur.
Il sait que désormais on lui disputera
la reine, mais il était
si vaillant chevalier qu'il ne craignait

[fo 39 rb] Nul home, tant fust forz ne fiers.*
Nus ne fust miaudres chevaliers,
Se fel et deslëaus ne fust,
Mes il avoit un cuer de fust
Tot sanz dolçor et sanz pitié.
Ce fet le roi joiant et lié
Don ses filz molt grant duel avoit.
Li rois certainnemant savoit
Que cil qui ert au pont passez
Estoit miaudres que nus assez,
Que ja nus passer n'i osast
A cui dedanz soi reposast
Malvestiez qui fet honte as suens
Plus que Proesce enor as buens.
Donc ne puet mie tant Proesce
Con fet Malvestiez et Peresce,
Car voirs est, n'an dotez de rien,
Qu'an puet plus feire mal que bien.
De ces .II. choses vos deïsse
Molt, se demore n'i feïsse,
Mes a autre chose m'ator,
Qu'a ma matiere m'an retor,
S'orroiz comant tient a escole
Li rois son fil qu'il aparole :
« Filz, fet il, avanture fu
Quant ci venimes gié et tu
A ceste fenestre apoier,
S'an avons eü tel loier
Que nos avons apertemant
Veü le plus grant hardemant

* **3176.** suens.

3169. ire et duel a. *(TVA).* **3174.** En qui dormist et r. *(V, AE* ne*).* **3179.** Voirs est n'en d. ja de r. *(VA, T* n'en d. vos de r.*). Il faut alors ponctuer d'un « ? » le vers précédent.*

aucun homme, si redoutable et si fort qu'il fût.
Il n'y aurait eu de meilleur chevalier
s'il n'avait été traître à ce point,
mais il avait un cœur de pierre,
sans nulle douceur ni pitié.
Ce qui rend le roi très heureux
attristait le plus son fils.
Le roi savait avec certitude
que l'homme qui était passé au pont
était bien le meilleur de tous.
Nul n'en aurait jamais eu l'audace
s'il avait logé au fond de son cœur
Lâcheté, qui couvre les siens de honte
plus vite que Prouesse n'honore les bons.
Prouesse aurait-elle moins de pouvoir
que Lâcheté et Paresse ?
C'est ainsi, sans le moindre doute :
il est plus facile de faire le mal que le bien.
J'aurais beaucoup à vous dire
sur l'une et l'autre, mais ce serait m'attarder.
J'en viens donc à autre chose
et je retourne à ma matière.
Écoutez donc par quel discours
le roi fait la leçon à son fils :
« Mon fils, dit-il, le hasard a voulu
que nous venions toi et moi
nous accouder à cette fenêtre,
nous en voici récompensés :
devant nous s'est offert le spectacle
de la plus haute hardiesse

Qui onques fust mes nes pansez.*
Or me di se boen gré ne sez
Celui qui tel mervoille a feite.
Car t'acorde a lui et afeite,
Si li rant quite la reïne !
Ja n'avras preu an l'ateïne,
Einz i puez avoir grant domage.
Car te fai or tenir por sage
Et por cortois, si li anvoie
La reïne einçois qu'il te voie.
Fei li tel enor an ta terre
Que ce que il est venuz querre
Li done[s], ainz qu'il le demant,
Car tu sez bien certainnemant

[fo 39 rc] Qu'il quiert la reïne Ganievre.
Ne te fai tenir por anrievre
Ne por fol ne por orguilleus !
Se cist est an ta terre seus,
Se li doiz conpaignie feire,
Que prodom doit prodome atreire
Et enorer et losangier,
Nel doit pas de lui estrangier.
Qui fet enor, l'anors est soe,
Bien saches que l'enors iert toe
Se tu fez enor et servise
A cestui qui est a devise
Li miaudres chevaliers del monde. »
Cil respont : « Que Dex le confonde,
S'ausins boen ou meillor n'i a ! »

---

* **3205.** Li done a. qu'il le te d. *(corr. d'après AT, VE* a. qu'il te d.*)*.

3206. Ce sez tu b. *(TVA).* **3207.** *V* Genievre, *A* Jenoivre, *T* = *C*. **3220.** Cil r. Dex me c. *(T, A* Et Dius, *V* = *C)*.

qu'on ait même jamais pu concevoir.
Reconnais que tu ne peux en vouloir
à l'auteur d'un exploit si merveilleux.
Fais donc convenablement la paix avec lui,
rends-lui sans plus la reine !
Tu ne gagneras rien dans la querelle,
tout au contraire tu risques d'y perdre beaucoup.
N'hésite pas à te montrer sage
et courtois : envoie-lui donc
la reine, avant qu'il soit en ta présence.
Accorde-lui chez toi, dans ce pays, l'honneur
de lui donner avant qu'il le demande
ce qu'il est venu chercher.
Car tu ne le sais que trop bien,
il est à la recherche de la reine Guenièvre.
Évite de passer pour entêté,
pour fou et pour orgueilleux !
Si cet homme se retrouve seul sur ta terre,
tu dois lui faire compagnie,
car un homme d'honneur doit attirer à lui tout homme [d'honneur
et le traiter avec respect et affabilité.
Il ne doit pas le tenir loin de lui.
Qui honore autrui, s'honore soi-même :
apprends que l'honneur sera pour toi,
si tu rends service et honneur
à cet homme qui est sans réserve
le meilleur chevalier du monde. »
L'autre répond : « Dieu me damne,
s'il n'en existe pas d'aussi bon ou de meilleur ! »

Mal fist quant lui i oblia,*
Qu'il ne se prise mie mains,
Et dit : « Joinz piez et jointes mains
Volez espoir que je devaigne
Ses hom et de lui terre taigne ?
Si m'aïst Dex, ainz devandroie
Ses hom que je ne li randroie !
Ja certes n'iert par moi randue,
Mes contredite et desfandue
Vers toz ces qui si fol seront
Que venir querre l'oseront. »
Lors de rechief li dit li rois :
« Filz, molt feroies que cortois
Se ceste anreidie lessoies,
Je te lo et pri qu'an pes soies.
Ce sez tu bien que hontes iert
Au chevalier s'il ne conquiert
Vers toi la reïne an bataille.
Il la doit mialz avoir sanz faille
Par bataille que par bonté,
Por ce qu'a pris li ert conté.
Mien escïant, il n'an quiert point
Por ce que l'an an pes li doint,
Einz la vialt par bataille avoir.
Por ce feroies tu savoir,
Se la bataille li toloies.
Molt me poise quant tu foloies,
Et se tu mon consoil despis,
Moins m'an sera s'il t'an est pis.

---

* **3248.** Je te lo et pri qu'an pes soies *(cf. v. 3236) ; corr. d'après TA (V* que tu f.*)*.

Après **3228** *om.* La reïne et Dex m'en desfende / Qu'en tel guise je la li rende *(T ; A* Li gentius que je ne li r.*). On notera que la lacune est commune à C et V.* **3237-3238.** que enors iert / Au c. se il c. *(T(A), V* s'il la c.*). La leçon de C présente autrement l'argument : « il sera honteux s'il ne conquiert ».*

Son père a eu tort de l'oublier,
car il ne s'estime pas de moindre valeur.
Il lui dit : « Mains jointes et pieds joints,
voulez-vous peut-être que je devienne
son vassal et que je tienne de lui ma terre ?
Oui, par Dieu, plutôt devenir
son vassal que de lui rendre
[la reine ! Ah ! Dieu me garde
de la lui rendre d'une telle façon !]
Eh bien, non ! je ne la rendrai pas,
je la disputerai par les armes
à tous ceux qui seront assez fous
pour oser venir la chercher. »
Alors une fois de plus le roi lui dit :
« Mon fils, tu agirais avec courtoisie
si tu cessais de t'obstiner.
Calme-toi, je t'en prie, c'est mon conseil.
Tu sais très bien que le chevalier
aura de la gloire s'il conquiert
la reine en te livrant bataille.
Il doit l'obtenir sans faute
par bataille plutôt que par grâce,
parce qu'il y gagnera en renom.
C'est pourquoi il ne veut en rien,
à mon avis, la devoir à un don paisible,
il désire, au contraire, la gagner en bataille.
Tu serais donc plus avisé
de le priver de cette bataille.
Je souffre de voir que tu t'égares,
mais si tu méprises mon avis,
j'aurai moins de regret, s'il t'arrive pis.

3249. Mes *(TVA)*. **3250.** *Var. T(E)* Moi n'en chaudra si t'en e. p. *(A* Il t'en pora bien estre p., *V* Maus t'en vendra, si t'en ert p.*). TE présentent peut-être la meilleure leçon, mais l'expression de C est moins brutale, plus conforme à la courtoisie du roi.*

[fo 39 va] Et granz max avenir t'an puet,*
Que rien au chevalier n'estuet
Doter fors que seulemant toi.
De toz mes homes et de moi
Li doing trives et seürté,
Onques ne fis deslëauté
Ne traïson ne felenie,
Ne je nel comancerai mie
Por toi ne que por un estrange,
Ja ne t'an quier dire losange,
Einz promet bien au chevalier
Qu'il n'avra ja de rien mestier
D'armes ne de cheval, qu'il n'ait.
Des qu'il tel hardemant a fait
Que il est jusque ci venuz,
Bien iert gardez et maintenuz
Vers trestoz homes sauvemant
Fors que vers toi tot seulemant.
Et ce te voel je bien aprandre
Que s'il vers toi se puet desfandre,
Il nel covient d'autrui doter.
— Assez me loist ore escoter,
Fet Meleaganz, et teisir,
Et vos diroiz vostre pleisir,
Mes po m'est de quanque vos dites,
Je ne sui mie si hermites,
Si prodom ne si charitables,
Ne tant ne voel estre enorables
Que la rien que plus aim li doingne.
N'iert mie feite sa besoigne

---

* **3273-3274.** *Intervertis.*

3251. Et tost mesavenir t'en p. *(TAV).* **3253.** fors seulemant de toi *(TAV).* **3263.** *Depuis Foerster, on ponctue ce vers d'une virgule et on met un point au v. 3265.* **3268.** vers ton cors s. *(VA, T* Mes que*).* **3271.** Ne li c. d'autrui d. (TA, *V* Ne li estuet*).* **3277.** Si piteus *(TV ; A* Ne si preus, *mauvaise lecture probable de piteus, qui du même coup expliquerait la leçon de C).*

Et il pourrait vite t'arriver malheur,
car le chevalier n'a lieu de craindre
personne, toi seul excepté.
Du côté de mes hommes comme de moi-même,
je lui garantis une trêve.
Je n'ai jamais commis de déloyauté
ni la moindre trahison
et je ne vais pas commencer
pour toi ni pour aucun autre.
Je ne veux pas te leurrer,
je suis décidé à promettre au chevalier
que tout ce dont il aura besoin
en fait d'armes et de cheval, il l'aura.
Puisqu'il est si hardiment
parvenu jusqu'ici,
il sera sous ma sauvegarde
à l'encontre de tout homme,
excepté de toi seul.
Et je tiens à te faire savoir
que s'il trouve contre toi défense
il n'a personne d'autre à craindre.
— J'ai tout loisir, pour l'heure, de vous écouter,
fait Méléagant, et de me taire !
Vous êtes libre de dire ce qu'il vous plaira,
mais peu m'importent toutes vos paroles !
Je n'ai rien d'un saint homme
plein de pitié et de charité
et je ne cherche pas tant d'honneur
que de lui donner celle que j'aime le plus !
Son affaire ne sera pas réglée

Si tost ne si delivremant,*
Einçois ira tot autremant
Qu'antre vos et lui ne cuidiez.
Ja se contre moi li aidiez,
Por ce nel vos consantiromes.
Se de vos et de toz voz homes
A pes et trives, moi que chaut ?
Onques por ce cuers ne me faut,
Einz me plest molt, se Dex me gart,
Que il n'ait fors de moi regart,
Ne je ne vos quier por moi feire
Rien nule ou l'an puise retreire
Deslëauté ne traïson.
Tant con vos plest soiez prodom

[fo 39 vb] Et moi lessiez estre cruel.
— Comant ? N'an feroies tu el ?
— Nenil, fet cil. — Et je m'an tes.
Or fei ton mialz, que je te les,
S'irai au chevalier parler.
Offrir li voel et presanter
M'aïde et mon consoil del tot,
Car je me tieng a lui de bot. »
Lors descendi li rois aval
Et fet anseler son cheval.
L'an li amainne un grant destrier
Et il i monte par l'estrier,
Et mainne avoec lui de ses genz,
Trois chevaliers et .II. sergenz
Sanz plus fet avoec lui aler.

---

*

3285. Por ce ne nos coroceromes *(TA ; V* correçomes*). C se traduit : « est-ce pour nous une raison de céder ? ».* **3294.** pieus hom *(V ; A* dols hon, *TE* boens hon*).* **3304.** amener *(T, AV).*

de sitôt ni aussi aisément,
il en ira tout autrement
que vous et lui ne l'imaginez.
S'il trouve en vous un appui contre moi,
pourquoi en aurions-nous de l'aigreur?
Si de vous et de tous vos hommes,
il obtient paix et trêve, que m'importe à moi?
Ne croyez pas que pour autant le cœur me manque!
Dieu me garde! il me plaît au contraire
qu'il n'ait que moi à redouter.
Je ne vous demande rien en ma faveur
qui puisse encourir le reproche
de déloyauté ou de trahison.
Soyez bon autant qu'il vous plaira
et laissez-moi être sans pitié.
— Comment? Tu n'y changerais rien?
— Non, fait-il. — Eh bien, n'en parlons plus!
Fais de ton mieux, car je te laisse,
je vais parler au chevalier.
J'ai à cœur de lui offrir
aide et conseil, sans réserve,
je suis à son entière disposition. »
Le roi est alors descendu dans la cour,
il ordonne d'amener son cheval.
On le lui amène : c'est un très grand cheval.
Il met le pied à l'étrier pour y monter,
et, prenant de ses gens avec lui,
il se fait accompagner, sans plus,
par trois chevaliers et deux serviteurs.

Einz ne finerent d'avaler*
Tant que il vindrent vers la planche,
Et voient celui qui estanche
Ses plaies et le sanc en oste.
Lonc tans le cuide avoir a oste
Li rois por ses plaies garir,
Mes a la mer feire tarir
Porroit autresi bien antendre.
Li rois se haste del descendre,
Et cil qui molt estoit bleciez
S'est lors ancontre lui dreciez,
Non pas por ce qu'il le conoisse,
Ne ne fet sanblant de l'angoisse
Qu'il avoit es piez et es mains
Ne plus que se il fust toz sains.
Li rois le vit esvertuer,
Si le cort molt tost saluer,
Et dit : « Sire, molt m'esbaïs
De ce que vos an cest païs
Vos estes anbatuz sor nos,
Mes bien veignanz i soiez vos,
Que ja mes nus ce n'anprendra,
Ne mes n'avint ne n'avandra
Que nus tel hardemant feïst
Que an tel peril se meïst.
Et sachiez molt vos en aim plus
Quant vos avez ce fet que nus
N'osast panser antemes feire,
Molt me troveroiz deboneire

* **3316.** garnir *(corr. d'après TV).* **3319.** plaiez *(corr. d'après TVA).*

3311. a la p. *(TV).* **3325.** voit *(TV, A = C).* **3332.** N'onques n'a. *(V, A* Onques, *T* N'onc mes*).*

Ils ont suivi la pente
jusqu'à leur arrivée au pont,
où ils le voient occupé à étancher
le sang de ses plaies et à l'essuyer.
Pour guérir ses blessures, il devra,
se dit le roi, rester longtemps son hôte,
mais autant se mettre en tête
d'assécher la mer entière !
Le roi s'empresse de descendre
et lui, blessé comme il était,
s'est redressé à sa rencontre,
quoiqu'il ne le connaisse pas,
sans rien laisser paraître de la douleur
qui l'étreignait aux pieds et aux mains,
comme s'il était tout à fait indemne.
Le roi a vu le grand effort qu'il fait,
il accourt aussitôt pour le saluer,
en disant : « Monseigneur, grande est ma surprise
quand vous voici dans ce pays,
faisant irruption parmi nous,
mais soyez-y le bienvenu :
personne ne se risquera plus dans l'entreprise.
Il n'est jamais arrivé et il n'arrivera plus jamais
à personne d'avoir à ce point la hardiesse
de se jeter dans un tel péril.
Sachez-le, je ne vous en aime que plus,
quand vous avez accompli ce que nul
n'oserait seulement imaginer de faire.
Vous me trouverez bienveillant,

[fo 39 vc] Vers vos et leal et cortois.*
Je sui de ceste terre rois,
Si vos offre tot a devise
Tot mon consoil et mon servise,
Et je vois molt bien esperant
Quel chose vos alez querant,
La reïne, ce croi, querez.
— Sire, fet il, bien esperez,
Autres besoinz ça ne m'amainne.
— Amis, il i covendroit painne,
Fet li rois, ainz que vos l'aiez,
Et vos estes formant plaiez,
Je voi les plaies et le sanc.
Ne troveroiz mie si franc
Celui qui ça l'a amenee
Qu'il la vos rande sanz meslee,
Mes il vos covient sejorner
Et voz plaies feire atorner,
Tant qu'eles soient bien garies.
De l'oignemant as .III. Maries,
Et de meillor s'an le trovoit,
Vos donrai ge, car molt covoit
Vostre aise et vostre garison.
La reïne a boene prison,
Que nus de char a li n'adoise,
Neïs mes filz cui molt an poise,
Qui avoec lui ça l'amena.
Onques hom si ne forssena
Com il s'an forssene et anrage.
Et j'ai vers vos molt boen corage,

---

* **3356.** sener *(corr. d'après TVA).*

3350. molt fort p. *(TVA).* **3362.** a tel p. *(TV ; A* biele*).*

loyal et courtois envers vous.
Je suis le roi de cette terre
et je vous offre, tout à votre gré,
mon service et mon conseil entièrement.
Je m'en vais aisément deviner
l'objet que poursuit votre quête.
La reine, je crois, est celle que vous cherchez.
— Sire, fait-il, vous devinez juste,
aucune autre tâche ne m'amène ici.
— Ami, vous auriez fort à faire,
dit le roi, avant de l'obtenir,
et vous voici grièvement blessé.
Je vois vos plaies et tout votre sang.
Vous ne trouverez pas d'un cœur si noble
celui qui l'a conduite ici
au point qu'il vous la rende sans bataille.
Il faut que vous vous reposiez
et que vous fassiez soigner vos blessures
jusqu'à leur complète guérison.
Du baume aux trois Maries
et d'un meilleur encore, s'il s'en trouvait,
vous donnerai-je, car j'ai le vif désir
de votre bien-être et de votre guérison.
La reine est en honnête prison,
car nul ne l'approche charnellement,
pas même mon fils, qui s'en désole,
lui qui l'a amenée ici.
On n'a jamais vu personne enrager
comme il le fait, à en perdre la raison.
Mais mon cœur vous affectionne,

Si vos donrai, se Dex me saut,*
Molt volantiers quanqu'il vos faut,
Ja si boenes armes n'avra
Mes filz, qui mal gré m'an savra,
Qu'altresi boenes ne vos doigne,
Et cheval tel con vos besoigne.
Et si vos praing, cui qu'il enuit,
Vers trestoz homes an conduit,
Ja mar doteroiz de nelui
Fors que seulemant de celui
Qui la reïne amena ça.
Onques hom si ne menaça
Autre con ge l'ai menacié,
Et par po je ne l'ai chacié

[fo 40 ra] De ma terre par mautalant,
Por ce que il ne la vos rant.
S'est il mes filz, mes ne vos chaille,
Se il ne vos vaint an bataille,
Ja ne vos porra sor mon pois
D'enui faire vaillant un pois.
— Sire, fet il, vostre merci !
Mes je gast trop le tans ici
Que perdre ne gaster ne vuel,
De nule chose ne me duel
Ne je n'ai plaie qui me nuise.
Menez moi tant que je le truise,
Car a tex armes con je port
Sui prez c'or androit me deport
A cos doner et a reprandre.

---

*

3386. Que s'il ne vos v. *(A, T* Car*)*. **3390.** g. le tens et pert ci *(TV)*.

et j'aurai plaisir, Dieu ait mon âme !
à vous donner tout ce qui vous manque.
Si bonnes que soient les armes de mon fils,
qui m'en voudra pour ce don,
les vôtres le seront tout autant,
et vous aurez le cheval qu'il vous faut.
De plus, je vous prends sous ma protection
contre tous les autres, n'en déplaise à personne !
Ne craignez rien de qui que ce soit,
exception faite de celui
qui a amené la reine ici.
Jamais on n'a menacé
quelqu'un d'autre comme je l'ai menacé ;
un peu plus et je le chassais
de ce pays, dans ma colère,
quand il refuse de vous la rendre.
Il est pourtant mon fils, mais ne vous inquiétez pas :
si, en se battant, il n'a pas sur vous la victoire,
jamais il ne pourra contre ma volonté
vous nuire si peu que ce soit.
— Sire, fait-il, soyez-en remercié !
Mais je suis en train de perdre et de gaspiller mon temps,
et je ne veux ni le gaspiller ni le perdre.
Je ne souffre de rien,
je ne ressens la gêne d'aucune blessure.
Menez-moi jusque devant lui :
armé comme je le suis,
me voici prêt, pour passer le temps,
à donner et à recevoir des coups.

— Amis, mialz vos valdroit atandre*
Ou .XV. jorz ou trois semainnes,
Tant que voz plaies fussent sainnes,
Car boens vos seroit li sejorz
Tot au moins jusqu'a .XV. jorz,
Que je por rien ne sosferroie
Ne esgarder ne le porroie
Qu'a tex armes n'a tel conroi
Vos conbatessiez devant moi. »
Et cil respont : « S'il vos pleüst,
Ja autres armes n'i eüst,
Que volantiers a ces feïsse
La bataille, ne ne queïsse
Qu'il i eüst ne pas ne ore
Respit ne terme ne demore.
Mes por vos tant an i prendrai
Que jusqu'a demain atendrai,
Et ja mar an parleroit nus,
Que je ne l'atandroie plus. »
Lors a li rois acreanté
Qu'il iert tot a sa volanté,
Puis le fet a ostel mener
Et prie et comande pener
De lui servir ces qui l'en mainnent,
Et il del tot an tot s'an painnent.
Et li rois, qui la pes queïst
Molt volantiers se il poïst,
S'an vint de rechief a son fil,
Si l'aparole come cil

---

* **3413.** ore tant ferai *(corr. d'après AVE).*

3416. Que je n'i a. *(T, V* Que ja*).*

— Ami, il vaudrait mieux que vous attendiez
quinze jours ou trois semaines,
jusqu'à la guérison de vos blessures.
Le repos vous ferait du bien,
pendant quinze jours au moins.
Quant à moi, je ne permettrais à aucun prix,
faute de pouvoir même regarder,
que vous combattiez en ma présence
armé de la sorte et dans cet état. »
Il lui répond : « Si vous y consentiez,
on ne verrait ici d'autres armes,
car je ferais volontiers avec les miennes
la bataille, sans demander,
ne durerait-il que l'espace d'un pas,
un quelconque instant de répit.
Mais j'accepte d'en prendre pour vous
assez pour attendre jusqu'à demain !
Il serait vain de vouloir en parler,
car je n'attendrais pas davantage. »
Le roi lui a promis alors
qu'il en sera comme il le veut.
Il le fait conduire où se loger,
en recommandant à ceux qui l'emmènent
d'être empressés à son service,
et ils s'en donnent beaucoup de peine.
Le roi, qui était très désireux
de parvenir à la paix, s'il le pouvait,
retourna auprès de son fils,
afin de s'adresser à lui

[fo 40 rb] Qui volsist la pes et l'acorde,*
Si li dit : « Biax filz, car t'acorde
A cest chevalier sanz conbatre !
N'est pas ça venuz por esbatre
Ne por berser ne por chacier,
Einz est venuz por porchacier
Et son pris croistre et aloser,
S'eüst mestier de reposer
Molt grant si con je l'ai veü.
Se mon consoil eüst creü,
De cest mois ne de l'autre aprés
Ne fust de la bataille angrés
Dom il est ja molt desirranz.
Se tu la reïne li ranz
Criens an tu avoir desenor ?
De ce n'aies tu ja peor,
Qu'il ne t'an puet blasmes venir,
Einz est pẹchiez del retenir
Chose ou an n'a reison ne droit.
La bataille tot or androit
Eüst feite molt volantiers,
Si n'a il mains ne piez antiers,
Einz les a fanduz et plaiez.
— De folie vos esmaiez,
Fet Meleaganz a son pere,
Ja par la foi que doi saint Pere
Ne vos cresrai de cest afeire.
Certes l'an me devroit detreire
A chevax se je vos creoie.
S'il quiert s'anor, et je la moie,

---

*

3432. vient por s'onor p. *(V, T* por enor, *A* a honnor*)*. **3439.** par est m. d. *(T, V* est or si d., *A* est ore d.*)*. **3441.** C. i tu *(TVA)*.

dans un souci de paix et de concorde :
« Cher fils, lui dit-il, fais-donc la paix
avec ce chevalier, au lieu de combattre !
Il n'est pas venu ici pour se distraire,
ou aller à la chasse et tirer à l'arc,
mais il est venu en quête de gloire,
pour gagner en valeur et en renom.
Il aurait pourtant le plus grand besoin
de repos, comme j'ai pu le voir.
S'il avait écouté mon conseil,
de tout ce mois ni du suivant
il n'aurait été avide de ce combat
qu'il appelle déjà de tous ses vœux.
Si toi, tu lui rends la reine,
crains-tu d'en avoir le déshonneur ?
Tu n'as pas à le redouter,
car, ce faisant, tu n'encours aucun blâme,
c'est bien plutôt un péché de retenir
ce qu'on garde sans raison ni droit.
Il aurait de grand cœur
livré bataille sur-le-champ,
pourtant ses mains ni ses pieds ne sont valides,
mais ne sont que plaies et coupures.
— Vos préoccupations sont vaines,
fait Méléagant à son père.
Jamais, aussi vrai que j'ai foi en saint Pierre,
je ne vous écouterai à ce sujet.
Il faudrait, oui, qu'on m'écartèle
entre des chevaux, si je vous écoutais !
S'il cherche l'honneur, moi aussi,

S'il quiert son pris, et je le mien,*
Et s'il vialt la bataille bien,
Ancor la voel je plus cent tanz.
— Bien voi qu'a la folie antanz,
Fet li rois, si la troveras.
Demain ta force esproveras
Au chevalier, quant tu le viax.
— Ja ne me vaigne plus granz diax,
Fet Meleaganz, de cestui !
Mialz volsisse qu'ele fust hui
Assez que je ne faz demain.
Veez or con ge m'an demain
Plus matemant que ge ne suel,
Molt m'an sont or troblé li oel

[fo 40 rc] Et molt en ai la chiere mate.
Ja mes tant que ge me conbate
N'avrai joie ne bien ne eise,
Ne m'avendra rien qui me pleise. »
Li rois ot qu'an nule meniere
N'i valt rien consauz ne proiere,
Si l'a lessié tot maugré suen,
Et prant cheval molt fort et buen
Et beles armes, ses anvoie
Celui an cui bien les anploie.
Iluec fu uns hom ancïens
Qui molt estoit boens crestïens,
El monde plus leal n'avoit,
Et de plaies garir savoit
Plus que tuit cil de Monpellier.

---

*

3457. *Var. VA* son preu *(T = C). Cette variante évite une pure et simple redondance.* **3469.** *Seul C a la bonne leçon. Cp. VA* maintenant, *T* mortelment. **3471.** Molt en ai or la c. *(TVA).* **3474.** Ne chose nule qui *(V, T* Ne n. c., *A est fautif, mais il peut s'agir d'une mauvaise lecture d'un modèle*

s'il cherche son bien, moi de même !
Et s'il tient si fort à se battre,
je le veux cent fois plus encore !
— Tu ne poursuis que folie, je le vois bien,
fait le roi, et tu ne trouveras rien d'autre.
Demain tu mettras ta force à l'épreuve
contre ce chevalier, puisque tu le veux.
— Puissé-je n'avoir jamais pire contrariété
que celle-ci ! fait Méléagant,
Je la voulais aujourd'hui même,
bien plus que je n'en fais cas demain.
Voyez sur mon visage cet air
plus sombre que d'habitude :
comme mes yeux se sont troublés,
comme j'ai la mine défaite !
Jamais, tant que j'attendrai ce combat,
je n'aurai de joie ni de contentement
ni ne trouverai de plaisir à rien. »
Le roi comprend que conseils et prières
ne servent absolument à rien.
Il l'a quitté à contrecœur,
puis il prend un beau et vaillant cheval,
ainsi que de belles armes, qu'il envoie
à celui pour lequel il est bien de le faire,
avec, en outre, un chirurgien,
un bon chrétien, un homme loyal,
le plus loyal qui fût au monde,
plus habile à guérir les plaies
que tous les médecins de Montpellier.

---

proche de C : N'avant n'ariere qui*)*. **3475.** *Var. VA* Li r. voit *(T = C)*. **3478.** c. et bel et bon *(VA, T* un c. bel et b.*)*. **3480.** A celui ou bien *(TA)*. **3481.** Et avec .I. cirurgïen *(T, cf. les leçons fautives de V(E) :* .III. furïens*; A* fusicïen*)*. **3482.** Leal home et boen c. *(TA)*. **3483.** Qu'el m. *(TV)*.

Cil fist la nuit au chevalier*
Tant de bien con feire li sot,
Car li rois comandé li ot.
Et ja savoient les noveles
Li chevalier et les puceles
Et les dames et li baron
De tot le païs anviron,
Si vindrent d'une grant jornee
Tot anviron de la contree
Et li estrange et li privé,
Tuit chevalchoient abrivé
Tote la nuit anjusqu'au jor.
D'uns et d'autres devant la tor
Ot si grant presse a l'enjorner
Qu'an n'i poïst son pié torner.
Et li rois par matin se lieve
Cui de la bataille molt grieve,
Si vient a son fil de rechief
Qui ja avoit le hiaume el chief
Lacié, qui fu fez a Peitiers.
N'i puet estre li respitiers
Ne n'i puet estre la pes mise,
Se l'a li rois molt bien requise,
Mes ne puet estre qu'il la face.
Devant la tor enmi la place
Ou tote la genz se fu treite,
La sera la bataille feite,
Que li rois le vialt et comande.
Le chevalier estrange mande

---

*

3487. li pot *(TA).* **3497.** jusqu'au cler jor *(TVA).* **3508.** Si l'i a molt li rois r. *(TA).* **3511.** s'est atrete *(TA, V* s'ert*).*

Ce soir-là, il a soulagé
du mieux qu'il put le chevalier,
suivant en cela les ordres du roi.

Mais les nouvelles étaient déjà connues
des chevaliers, des jeunes filles,
des dames et des grands seigneurs
dans tout le pays alentour.
Au terme d'une bonne journée de route,
des quatre coins sont arrivés
les étrangers et les gens du pays,
après une rapide chevauchée
toute la nuit jusqu'au lever du jour.
Des uns comme des autres au pied de la tour,
dès l'aube, la foule était si grande
qu'on n'aurait pas pu se retourner.
De bon matin le roi se lève,
le cœur lourd à l'idée de ce combat.
Il se rend de nouveau auprès de son fils,
qui avait déjà attaché sur sa tête
son heaume, fabriqué à Poitiers.
Aucun sursis ne peut être trouvé,
rien ne peut rétablir la paix,
malgré les demandes répétées du roi,
qui toutes sont restées vaines.
Devant la tour, au centre de la place
où tout le monde s'était rassemblé,
aura lieu le combat attendu.
Ainsi le veut et l'ordonne le roi.
Le chevalier étranger est sur l'heure

[fo 40 va] Li rois molt tost, et l'an li mainne*
An la place qui estoit plainne
Des genz del rëaume de Logres.
Ausi con por oïr les ogres
Vont au mostier a feste anel,
A Pantecoste ou a Noel,
Les genz acostumeemant,
Tot autresi comunemant
Estoient la tuit aüné.
Trois jorz avoient geüné
Et alé nuz piez et an lenges
Totes les puceles estrenges
Del rëaume le roi Artu,
Por ce que Dex force et vertu
Donast contre son aversaire
Au chevalier qui devoit faire
La bataille por les cheitis,
Et autresi cil del païs
Reprioient por lor seignor
Que Dex la victoire et l'enor
De la bataille li donast.
Bien main ainz que prime sonast
Les ot an endeus amenez
Enmi la place toz armez
Sor .II. chevax de fer coverz.
Molt estoit genz et bien aperz
Meliaganz et bien tailliez,
Et li haubers menu mailliez
Et li hiaumes et li escuz
Qui li estoit au col panduz

---

* **3542.** De braz de janbes et de piez *(corr. d'après TAV).*

3515. tantost *(TA, V = C).* **3518.** Qu'ausi *(TVA). Noter pour T la forme* orgues *et l'inadvertance de A :* les contes. **3540.** *Var. A* Molt e. biaus *(V* Molt par e. biaus et apers, *T = C). Le sens de* apert *fait difficulté : apertus ou expertus ? Cf. L. Foulet, Glossary of the First Continuation of Perceval : « ayant belle prestance » (cf.* la chiere aperte, *« figure ouverte »), mais Tobler-Lommatzsch : « gewandt, geschickt » (fasc. 4, col. 444).*

convoqué par le roi. Il est amené
sur la place qui s'était remplie
des gens du royaume de Logres.
Comme les fidèles ont coutume
d'aller écouter les orgues
à l'église aux fêtes annuelles,
à la Pentecôte ou à Noël,
ainsi s'étaient-ils réunis
tous ensemble à cet endroit.
Trois jours durant avaient jeûné
et marché pieds nus, en chemise de laine,
toutes les jeunes filles étrangères,
nées au royaume du roi Arthur,
afin que contre son adversaire
Dieu donnât force et vigueur
au chevalier qui s'apprêtait
à combattre pour les captifs.
Pareillement, ceux du pays
faisaient de leur côté pour leur seigneur
prière à Dieu de lui donner
l'honneur de la victoire au combat.
De bon matin, avant que sonnât prime,
on les avait conduits tous deux
au milieu de la place, bien armés,
montés sur deux chevaux bardés de fer.
Il avait noble allure et beaucoup d'aisance,
Méléagant, et il était bien découplé.
Son haubert aux fines mailles
et son heaume et son écu
suspendu à son cou

Trop bien et bel li avenoient.*
Mes a l'autre tuit se tenoient,
Nes cil qui volsissent sa honte,
Et dient tuit que rien ne monte
De Meliagant avers lui.
Maintenant qu'il furent andui
Enmi la place, et li rois vient
Qui tant com il puet les detient,
Si se painne de la peis feire,
Mes il n'i puet son fil atreire,
Et il lor dit : « Tenez voz frains
Et voz chevax a tot le mains
Tant qu'an la tor soie montez.
Ce n'iert mie trop granz bontez

[fo 40 vb] Se por moi tant vos delaiez. »
Lors se part d'ax molt esmaiez
Et vient droit la ou il savoit
La reïne, qui li avoit
La nuit proié qu'il la meïst
An tel leu que ele veïst
La bataille tot a bandon,
Et il l'en otrea le don,
Si l'ala querre et amener,
Car il se voloit molt pener
De s'anor et de son servise.
A une fenestre l'a mise,
Et il fu delez li a destre
Couchiez sor une autre fenestre.
Si ot avoec aus .II. assez

*

lui allaient à merveille.
Mais tous n'avaient d'yeux que pour l'autre,
même ceux qui souhaitaient sa honte.
Ils sont tous d'avis qu'auprès de lui
Méléagant est peu de chose.
Aussitôt qu'ils furent tous deux
au centre de la place, le roi s'approche
et les retient tant qu'il peut,
cherchant la paix de toutes ses forces,
mais c'est en vain qu'il y appelle son fils.
Il leur dit alors : « Tenez bien
au moins vos chevaux en bride,
jusqu'à ce que je sois monté dans la tour.
Si ce n'est pas trop vous demander,
ayez la bonté d'attendre jusque là. »
Puis il les quitte, rempli d'inquiétude,
et va tout droit où il savait
que se tenait la reine, car elle lui avait,
la veille au soir, demandé d'être mise
à une place d'où elle pourrait voir
pleinement tout le combat,
et il lui avait accordé cette faveur.
Il est donc venu la chercher pour l'y conduire,
car il n'entendait pas ménager sa peine
pour l'honorer et la servir.
Il l'a placée à une fenêtre
et lui-même est resté auprès d'elle, à sa droite,
penché à une autre fenêtre.
Il y avait avec eux, en bon nombre,

Et d'uns et d'autres amassez*
Chevaliers et dames senees
Et puceles del païs nees,
Et molt i avoit de cheitives
Qui molt estoient antantives
En orisons et an proieres.
Li prison et les prisonieres
Trestuit por lor seignor prioient,
Qu'an Deu et an lui se fioient
De secors et de delivrance.
Et cil font lors sanz demorance
Arriere treire les genz totes,
Et hurtent les escuz des cotes,
S'ont les enarmes anbraciees
Et poignent si que .II. braciees
Parmi les escuz s'antranbatent
Des lances si qu'eles esclatent
Et esmient come brandon,
Et li cheval tot de randon
S'antrevienent que front a front
Et piz a piz hurté se sont
Et li escu hurtent ansanble
Et li hiaume, si qu'il resanble
De l'escrois que il ont doné
Que il eüst molt fort toné,
Qu'il n'i remest peitrax ne cengle,
Estriés ne resne ne sorcengle
A ronpre, et des seles peçoient
Li arçon, qui molt fort estoient,

* **3577.** des c. **3600.** ne varengle *(corr. d'après TA). Le mot n'est pas relevé dans le dernier fascicule paru du Tobler-Lommatsch (n° 88).*

3592. de tel r. *(TVA).* **3593.** tot f. a f. *(TV).*

réunis de part et d'autre,
des chevaliers, des dames de bon conseil
des jeunes filles natives du pays
et aussi beaucoup de captives,
qui sans relâche aucune
redoublaient de prières.
Prisonnières et prisonniers,
tous priaient pour leur seigneur,
car ils avaient foi en Dieu et en lui
pour obtenir secours et délivrance.
Les deux chevaliers font alors sans tarder
reculer tous les présents.
Heurtant l'écu du coude,
ils l'embrassent par les brides.
Piquant des deux, dans l'élan ils enfoncent
de deux bons bras leurs lances
dans les écus, si bien qu'elles volent en éclats
et se brisent comme du menu bois.
Les chevaux viennent à fond de train
l'un sur l'autre. Front contre front,
poitrail contre poitrail, leur choc est tel,
tandis que se heurtent les écus
et les heaumes, qu'on aurait cru,
dans le fracas qui s'ensuivit,
entendre un vrai coup de tonnerre.
Les pièces du poitrail, les deux rangées
de sangles, les étriers, les rênes,
tout s'est rompu, et les arçons des selles,
pourtant solides, sont en pièces.

[fo 40 vc] Ne n'i ont pas grant honte eü*
Se il sont a terre cheü,
Des que trestot ce lor failli.
Tost refurent an piez sailli,
Si s'antrevienent sanz jengler
Plus fieremant que dui sengler,
Et se fierent sanz menacier
Granz cos des espees d'acier
Come cil qui molt s'antreheent.
Sovant si aspremant se reent
Les hiaumes et les haubers blans
Qu'aprés le fer an saut li sans.
La bataille molt bien fornissent,
Qu'il s'estoutoient et leidissent
Des pesanz cos et des felons.
Mainz estors fiers et durs et lons
S'antredonerent par igal,
C'onques ne del bien ne del mal
Ne s'an sorent auquel tenir,
Mes ne pooit pas avenir
Que cil qui ert au pont passez
Ne fust afebloiez assez
Des mains que il avoit plaiees.
Molt an sont les genz esmaiees,
Celes qui a lui se tenoient,
Car ses cos afebloier voient,
Si criement qu'il ne l'an soit pis,
Et il lor estoit ja avis
Que il en avoit le peior
Et Meliaganz le meillor,

---

*

3606. Mes tost resont *(A, T* Molt t., *V* Tantost*)*.

Ils n'ont guère eu de quoi rougir,
s'ils se retrouvent eux-mêmes au sol,
dès lors qu'a cédé tout le harnais.
D'un bond ils se sont remis sur pied,
sans vaines paroles ils s'attaquent l'un l'autre
plus sauvagement que deux sangliers.
Sans plus de menace ils se portent
des coups terribles avec leurs épées d'acier,
comme d'implacables ennemis.
Souvent ils entaillent jusqu'à même la peau
si cruellement les heaumes et les hauberts brillants
que le fer fait après lui jaillir le sang.
Ils soutiennent le combat avec vigueur,
tant ils se malmènent rudement
à force de coups lourds et cruels.
Ils ont échangé à égalité
maints assauts prolongés et violents,
sans qu'on ait pu savoir
qui des deux prenait l'avantage.
Mais il était inévitable
que celui qui était passé au pont
sentît gravement faiblir
ses mains qui étaient blessées.
La frayeur a saisi tous ceux
qui prenaient parti pour lui,
car ils voient ses coups faiblir,
ils craignent qu'il n'ait le dessous,
déjà ils avaient l'impression
qu'il était en train de perdre
et que Méléagant l'emportait.

Si an parloient tot antor.*
Mes as fenestres de la tor
Ot une pucele molt sage,
Qui panse et dit an son corage
Que li chevaliers n'avoit mie
Por li la bataille arramie
Ne por cele autre gent menue
Qui an la place estoit venue,
Ne ja enprise ne l'eüst
Se por la reïne ne fust,
Et panse, se il la savoit
A la fenestre ou ele estoit,
Qu'ele l'esgardast ne veïst,
Force et hardemant an preïst.

[fo 41 ra] Et s'ele son non bien seüst
Molt volantiers dit li eüst
Qu'il se regardast un petit.
Lors vint a la reïne et dit :
« Dame, por Deu et por le vostre
Preu, vos requier, et por le nostre,
Que le non a ce chevalier
Por ce que il li doie eidier
Me dites, se vos le savez.
— Tel chose requise m'avez
Dameisele, fet la reïne,
Ou ge n'antant nule haïne
Ne felenie se bien non.
Lanceloz del Lac a a non
Li chevaliers, mien esciant.

---

*

3633. S'en murmuroient *(AGV), T* Si en murmurent.

Ils ne cessaient d'en murmurer autour d'eux.
Mais, aux fenêtres de la tour,
se tenait une jeune fille intelligente.
Elle réfléchit et se dit en elle-même
que le chevalier n'avait certes pas
juré de se battre pour elle
ni pour tout le menu peuple
qui avait accouru sur la place
et qu'il n'en aurait rien entrepris,
s'il ne s'était agi de la reine.
Aussi pense-t-elle que s'il la savait
présente à la fenêtre,
en train de le regarder,
il reprendrait force et courage.
Que ne savait-elle son nom !
Elle aurait eu plaisir à lui dire
de regarder un peu autour de lui.
Elle se rendit alors auprès de la reine, en disant :
« Au nom du Ciel, madame, dans votre intérêt
et dans le nôtre, je vous demande
de me dire, si vous le savez,
le nom de ce chevalier,
afin de lui venir en aide.
— Dans ce que vous me demandez,
mademoiselle, fait la reine,
je ne vois rien d'hostile
ni de méchant, tout au contraire.
Lancelot du Lac, c'est le nom
du chevalier, que je sache.

— Dex ! com en ai lié et riant*
Le cuer, et sain ! » fet la pucele.
Lors saut avant et si l'apele
Si haut que toz li pueples l'ot
A molt haute voiz : « Lancelot,
Trestorne toi et si esgarde
Qui est qui de toi se prant garde ! »
Qant Lanceloz s'oï nomer,
Ne mist gaires a lui torner.
Trestorne soi et voit amont
La chose de trestot le mont
Que plus desirroit a veoir
As loges de la tor seoir,
Ne puis l'ore qu'il s'aparçut
Ne se torna ne ne se mut
Devers li ses ialz ne sa chiere,
Einz se desfandoit par derriere.
Et Meleaganz l'enchauçoit
Totes voies plus qu'il pooit,
Si est molt liez con cil qui panse
C'or n'ait ja mes vers lui desfanse,
S'an sont cil del païs molt lié,
Et li estrange si irié
Qu'il ne se pueent sostenir,
Einz an i estut mainz venir
Jusqu'a terre toz esperduz
Ou as genolz ou estanduz,
Ensi molt joie et duel i a.
Et lors de rechief s'escria

---

*

3662-3663. Com or ai le cuer r. / Et lié et s. *(A ; T* a le c. r. / Et liee s'en fet*; G* Diex com j'ai aor le c. joiant / Et cler et lié*)*. **3666.** Molt haut escrie *(TA, V* s'escrie*), mais G = C*. **3671.** Molt tost se torne *(TGAV)*. **3675.** qu'il l'a. *(TGVA)*. **3681.** si liez *(TGVA)*. **3682.** C'or n'a il mais *(A ; VG* n'ait il m., *T* Que il n'ait m.*)*. **3686.** estuet *(TV), mais G = C*.

— Mon Dieu, j'en ai le sourire au cœur
et je retrouve la vie ! » fait la jeune fille.
Elle saute en avant et l'interpelle
à haute voix, si fortement
que tous l'entendent : « Lancelot,
retourne-toi et regarde
qui est là, les yeux fixés sur toi ! »
Quand Lancelot entendit son nom,
il fut prompt à se retourner.
Dans son demi-tour il voit là-haut,
assise aux loges de la tour,
celle que du monde entier
il avait le plus grand désir de voir.
Dès le moment qu'il l'aperçut,
il se figea, sans plus détourner
d'elle ses yeux ni son visage.
Plutôt se défendre par derrière !
Cependant Méléagant le pressait
toujours le plus qu'il pouvait,
rempli de joie à l'idée
qu'il ne peut plus lui résister.
Les gens du pays exultent,
les étrangers en ont un tel chagrin
qu'ils sentent leurs genoux se dérober.
Nombreux furent même ceux qui durent,
dans leur désarroi, se laisser tomber
à genoux ou de tout leur long.
Ainsi trouve-t-on joie et deuil ensemble.
Alors, de nouveau, se fit entendre,

[fo 41 rb] La pucele des la fenestre :*
« Ha ! Lancelot ! Ce que puet estre
Que si folemant te contiens ?
Ja soloit estre toz li biens
Et tote la proesce an toi,
Ne je ne pans mie ne croi
C'onques Dex feïst chevalier
Qui se poïst apareillier
A ta valor ne a ton pris.
Or te veons si antrepris !
Torne toi si que deça soies
Et que adés ceste tor voies,
Que boen veoir et bel la fet. »
Ce tient a honte et a grant let
Lanceloz, tant que il s'an het,
C'une grant piece a, bien le set,
Le pis de la bataille eü,
Se l'ont tuit et totes seü.
Lors saut arriere et fet son tor
Et met antre lui et la tor
Meleagant trestot a force.
Et Meleaganz molt s'esforce
Que de l'autre part se retort,
Et Lanceloz sore li cort,
Sel hurte de si grant vertu
De tot le cors atot l'escu,
Quant d'autre part se vialt torner,
Que il le fet tot trestorner
.II. foiz ou plus, mes bien li poist.
Et force et hardemanz li croist,

---

* **3718.** chanceler *(corr. d'après TGA).*

3691. de la f. *(TGVA). Après* **3700** *om.* Qu'arriere main gietes tes cos / Si te combaz derriers ton dos *(T, VGA).* **3708.** veü *(TAV, G* tuit veü et seü*).* **3719.** *Var. AG* .II. fois ou .III. *(mais TV = C).*

de la fenêtre, le cri de la jeune fille :
« Ah ! Lancelot ! Que signifie
une conduite aussi insensée ?
Il n'y a pas si longtemps, tout le bien
et toute la prouesse résidaient en toi.
Vraiment, je ne crois pas
que Dieu nous ait jamais donné un chevalier
qui te fût comparable
en valeur ou en renom.
Et te voilà dans un tel embarras
[que tu jettes tes coups en arrière
et que tu combats derrière ton dos !]
Fais donc le tour, en restant ici devant
pour continuer à voir cette tour
qu'il est si doux de regarder. »
Lancelot le prend comme une honte
et un outrage, au point de s'en haïr,
car il sait bien que trop longtemps
dans ce combat il a eu le dessous,
au vu et au su de tous.
Il recule d'un bond, en tournant
Méléagant qu'il met ainsi
de force entre la tour et lui.
Méléagant fait grand effort
pour repasser de l'autre côté,
mais Lancelot se rue sur lui
et le heurte si violemment
de tout son poids avec l'écu,
quand il veut lui aussi faire le tour,
qu'il l'en détourne tout à fait,
à deux reprises ou plus, malgré lui.
En lui grandissent la force et l'audace,

Qu'Amors li fet molt grant aïe*
Et ce que il n'avoit haïe
Rien nule tant come celui
Qui se conbat ancontre lui.
Amors et haïne mortex,
Si granz qu'ainz ne fu encor tex,
Le font si fier et corageus
Que de neant nel tient a geus
Meliaganz, ainz le crient molt,
C'onques chevalier si estolt
N'acointa mes ne ne conut,
Ne tant ne li greva ne nut
Nus chevaliers mes con cil fet.
Volantiers loing de lui se tret,

[fo 41 rc] Se li ganchist et se reüse,
Que ses cos het et ses refuse,
Et Lanceloz pas nel menace,
Mes ferant vers la tor le chace
Ou la reïne ert apoiee.
Sovant l'a servie et loiee
De tant que si pres li venoit
Qu'a remenoir li covenoit,
Por ce qu'il ne la veïst pas
Se il alast avant un pas.
Ensi Lanceloz molt sovant
Le menoit arriers et avant
Par tot la ou boen li estoit,
Et totevoies s'arestoit
Devant la reïne sa dame

---

* **3741.** l'i menoit *(A* le m.*; corr. d'après T). Passage non compris dans GV : cf. G* Qui de rien n'estoit anuiie / Qu'ele si pres le veoit. *Foerster a marqué d'une « crux » le vers précédent, et Roques l'a ponctué avec des points de suspension, mais* loiee *est le participe passé de* loiier *(locare), au sens de « payer, rendre, récompenser » (cf. Tobler-Lommatzsch, fasc. 44, col. 569-570). Le combat de Lancelot est le service qu'il rend à celle qui le gratifie de sa présence, c'est le « loyer » de son amour.*

3728. de rien *(TVG).* **3733.** tant con *(TAE, GV* ch'rs comme cil*).*

car Amour le soutient sans réserve
et il n'avait, d'autre part, jamais haï
personne autant que cet homme
en train de se battre avec lui.
Amour, ainsi qu'une haine mortelle,
dont on n'avait pas, à ce jour, vu d'aussi grande,
le rendent si terrible, si ardent
que l'affaire n'a plus rien d'un jeu
pour Méléagant, qui maintenant a peur,
car il n'a jamais approché
ni connu un chevalier si indomptable,
jamais il n'a été si maltraité
par aucun chevalier comme par lui.
Il voudrait bien se tenir à distance:
il échappe et il recule,
fuyant ses coups, qu'il n'apprécie pas.
Lancelot ne se perd pas en menaces,
mais à force de coups le chasse vers la tour
où la reine se tenait appuyée.
Souvent, en la servant comme il le lui doit,
il se rapprochait d'elle de si près
qu'il lui fallait s'arrêter là,
car il eût cessé de la voir
en avançant d'un pas de plus.
Ainsi Lancelot très souvent
le refoulait puis le ramenait
de toutes parts là où il le voulait,
mais toujours il s'arrêtait
devant sa dame, la reine,

Qui li a mis el cors la flame,*
Por qu'il la va si regardant,
Et cele flame si ardant
Vers Meleagant le feisoit
Que par tot la ou li pleisoit
Le pooit mener et chacier,
Come avugle et come eschacier
Le mainne, maugré an ait il.
Li rois voit si ataint son fil
Qu'il ne s'aïde ne desfant,
Si l'an poise et pitiez l'en prant,
Si metra consoil, se il puet,
Mes la reïne l'an estuet
Proier, se il le vialt bien feire.
Lors li comança a retreire :
« Dame, je vos ai molt amee
Et molt servie et enoree
Puis qu'an ma baillie vos oi,
Onques chose feire ne soi
Que volantiers ne la feïsse,
Mes que vostre enor i veïsse.
Or m'an randez le guerredon !
Mes demander vos voel un don
Que doner ne me devrïez,
Se par amor nel feisïez.
Bien voi que de ceste bataille
A mes filz le poior sanz faille,
Ne por ce ne vos an pri mie
Qu'il m'an poist, mes que ne l'ocie

---

*

3754. *Var. AG* par tot u il li p. *(mais TV = C).* **3778.** *Var. AGV* ne le di je mie.

elle qui a mis en lui cette flamme
d'où lui vient tant de constance à la regarder,
cette flamme qui lui donnait
si grande ardeur contre Méléagant
qu'il le menait partout à sa guise,
en le chassant devant lui.
Il le promène malgré lui
comme un aveugle ou un estropié d'une jambe.
Le roi voit son fils si touché
qu'il ne trouve plus moyen de se défendre,
il en a le cœur triste et saisi de pitié.
S'il le peut, il le tirera d'affaire,
mais c'est la reine qu'il lui faut
prier, pour bien s'y prendre.
Il lui a donc tenu ce discours :
« Madame, je vous ai montré beaucoup d'amour
en vous servant et en vous honorant
depuis que je vous ai eue en mon pouvoir.
Il n'y a rien que j'aie su faire
sans l'accomplir aussitôt volontiers,
si seulement j'y voyais votre honneur.
À vous maintenant de m'en récompenser !
Mais le don que je veux vous demander,
vous ne devriez pas me l'accorder
à moins de le faire par amour pour moi.
Je vois bien que dans ce combat,
à coup sûr mon fils a le dessous.
Ce n'est pas que je le regrette,
si je vous en prie, pourvu qu'il ne soit tué

[fo 41 va] Lanceloz, qui en a pooir,*
Ne vos nel devez pas voloir,
Non pas por ce que il ne l'ait
Bien vers vos et vers lui mesfait,
Mes por moi, la vostre merci,
Li dites, car je vos an pri,
Qu'il se taigne de lui ferir.
Ensi me porrïez merir
Mon servise, se boen vos iere.
— Biax sire, por vostre proiere
Le voel ge bien, fet la reïne.
Se j'avoie mortel haïne
Vers vostre fil, cui ge n'aim mie,
Se m'avez vos si bien servie
Que por ce que a gré vos vaigne
Voel ge molt bien que il se taigne. »
Ceste parole ne fu mie
Dite a consoil, ainz l'ont oïe
Lanceloz et Meleaganz.
Molt est qui ainme obeïssanz,
Et molt fet tost et volentiers,
La ou il est amis antiers,
Ce qu'a s'amie doie plaire.
Donc le dut bien Lanceloz faire,
Qui plus ama que Piramus,
S'onques nus hom pot amer plus.
La parole oï Lanceloz,
Ne puis que li darrïens moz
De la boche li fu colez,
Puis qu'ele ot dit : « Quant vos volez

*

3783-3784. moi qui molt vos en pri / Li d., la vostre merci *(TGVA)*.

par Lancelot, qui en a le pouvoir.
Vous ne devez pas non plus le vouloir,
non pas qu'il ne vous ait causé
bien du tort à vous comme à lui,
mais faites-le pour moi qui vous supplie,
dites-lui, je vous en bénirai,
de se retenir de le frapper.
Vous me revaudriez ainsi, s'il vous plaisait,
le mérite de vous avoir servie.
— Mon cher seigneur, puisque vous m'en priez,
je le veux bien, dit la reine.
Aurais-je une haine mortelle
envers votre fils, que je n'aime point,
vous avez eu tant d'égards pour moi
qu'afin de vous être agréable,
je consens à ce qu'il s'arrête. »
Cette réponse ne fut pas
dite à voix basse : elle fut entendue
de Lancelot et de Méléagant.
Celui qui aime sait obéir.
Il fait bien vite et de bonne grâce
ce qui doit plaire à son amie,
s'il aime d'un cœur entier.
Il était donc normal que Lancelot obéît,
lui qui aima mieux que Pyrame,
si jamais on a pu aimer plus.
Lancelot a entendu la réponse.
Sitôt que le dernier mot
fut tombé de sa bouche,
sitôt qu'elle eut dit : « Si vous voulez

Que il se taigne, jel voel bien »,*
Puis Lanceloz por nule rien
Nel tochast ne ne se meüst,
Se il ocirre le deüst.
Il nel toche ne ne se muet,
Et cil fiert lui tant com il puet,
D'ire et de honte forssenez,
Quant ot qu'il est a ce menez
Que il covient por lui proier.
Et li rois por lui chastier
Est jus de la tor avalez,
An la bataille an est alez
Et dist a son fil maintenant :
« Comant ? Est or ce avenant

[fo 41 vb] Qu'il ne te toche et tu le fiers ?
Trop par es or cruex et fiers,
Trop es or preuz a mal eür,
Et nos savons tot de seür
Qu'il est au desore de toi. »
Lors dit Meliaganz au roi,
Qui de honte fu desjuglez :
« Espoir vos estez avuglez,
Mien esciant n'i veez gote.
Avuglez est qui de ce dote
Que au desor de lui ne soie.
— Or quier, fet li rois, qui te croie,
Que bien sevent totes ces genz
Se tu diz voir ou se tu manz,
La verité bien an savons. »

* **3836.** Se tu tu diz.

3825. a mal eür : « *zur Unzeit* » *(Tobler-Lommatzsch, fasc. 27, col. 1521.).*

qu'il s'arrête, je le veux bien aussi »,
Lancelot pour rien au monde
ne l'aurait touché ni n'aurait bougé,
dût-il être tué par l'autre.
Il ne le touche pas, il ne bouge pas,
tandis que l'autre le frappe autant qu'il peut,
devenu fou de colère et de honte,
quand il en est réduit, comme il l'apprend,
à ce qu'on doive supplier pour lui.
Mais le roi, pour le raisonner,
est descendu de la tour.
Venu sur le lieu du combat,
il interpelle son fils :
« Comment ? Trouves-tu convenable
de le frapper, quand lui ne te touche ?
C'est être à présent trop cruel et violent,
et ta prouesse vient mal à propos :
nous savons pertinemment
qu'il a pris le dessus sur toi. »
Alors Méléagant dit au roi,
dans l'égarement de la honte :
« Seriez-vous devenu aveugle ?
Je crois que vous n'y voyez goutte !
Il faut être aveugle pour douter
que je l'aie emporté sur lui.
— Cherche donc, fait le roi, quelqu'un pour te croire !
Car tous les présents savent bien
si tu dis vrai ou si tu mens.
Nous connaissons la vérité. »

Lors dit li rois a ses barons*
Que son fil arriere li traient,
Et cil de rien ne se delaient,
Tost ont son comandemant fet,
Meliagant ont arriers tret,
Mes a Lancelot arriers treire
N'estut il pas grant force feire,
Car molt li poïst grant enui
Cil feire ainçois qu'il tochast lui.
Et lors dist li rois a son fil :
« Si m'aïst Dex, or t'estuet il
Pes feire et randre la reïne,
Tote la querele anterine
T'estuet lessier et clamer quite.
— Molt grant oiseuse avez or dite !
Molt vos oi de neant debatre !
Fuiez ! si nos lessiez conbatre,
Et si ne vos an merlez ja ! »
Et li rois dit que si fera,
« Que bien sai que cist t'ocirroit,
Qui conbatre vos lesseroit.
— Il m'ocirroit ? Einz ocirroie
Je lui molt tost et conquerroie,
Se vos ne nos destorbeiez
Et conbatre nos lesseiez. »
Lors dit li rois : « Se Dex me saut,
Quanque tu diz rien ne te vaut.
— Por coi ? fet il. — Car je ne vuel.
Ta folie ne ton orguel

---

*

3857-3858. *Var. T (AE)* Que bien set que cil l'ocirroit / Qui c. li lesseroit *(E* les*); G(V)* sai que il t'o. / Qui c. t'i l.

Le roi dit alors à ses vassaux
de tirer son fils en arrière,
ce qu'ils font sans perdre de temps,
obéissant aussitôt à son ordre.
Méléagant est éloigné,
mais pour que Lancelot recule,
il n'y a pas eu fort à faire,
car l'autre aurait pu longtemps encore
le maltraiter avant qu'il ripostât.
Le roi a dit alors à son fils :
« J'en jure par Dieu, tu dois maintenant
faire la paix et rendre la reine.
Tu dois laisser toute l'affaire
et renoncer entièrement.
— Vous parlez pour ne rien dire !
Ce débat est vide de sens,
allez-vous en et laissez-nous combattre,
ne vous en mêlez donc plus ! »
Mais le roi répond que si :
« Car je sais bien qu'il te tuerait,
si on vous laissait combattre.
— Lui, me tuer ? C'est plutôt moi
qui le ferais, et vite, en vainqueur,
si vous nous laissiez combattre
au lieu de nous en empêcher. »
Le roi dit alors : « Dieu ait mon âme,
toutes tes paroles ne servent à rien.
— Pourquoi ? fait-il. — Ma volonté est autre.
Ni ta folie ni ton orgueil

[fo 41 vc] Ne cresrai pas por toi ocirre.*
Molt est fos qui sa mort desirre
Si con tu fez, et tu nel sez,
Et je sai bien que tu m'an hez
Por ce que je t'an voel garder.
Ta mort veoir ne esgarder
Ne me lera ja Dex, mon vuel,
Car trop an avroie grant duel. »
Tant li dit et tant le chastie
Que pes et acorde ont bastie.
La pes est tex que cil li rant
La reïne par tel covant
Que Lanceloz sanz nule aloigne,
Quele ore que cil l'an semoigne,
Des le jor que semont l'avra,
Au chief de l'an se conbatra
A Meliagant de rechief,
Ce n'est mie Lancelot grief.
A la pes toz li pueples cort,
Et devisent que a la cort
Le roi Artus iert la bataille,
Qui tient Bretaigne et Cornoaille,
La devisent que ele soit,
S'estuet la reïne l'otroit
Et que Lanceloz l'acreant
Que se cil le fet recreant,
Qu'ele avoec lui s'an revanra,
Ne ja nus ne la detanra.
La reïne ensi le creante,
Et Lancelot vient a creante,

---

*

3867. Ne te crerai de toi o. *(TV).* Ne croirai pas de toi o. *(GA).* **3875.** *Var. AG(VE)* Li rois tant li dist et castie *(T = C).* **3890-3891.** que la r. otroit / Et que L. le creant *(AV, G* Et que L. acreant*).* **3894.** retenra *(ATG).*

ne me persuaderont de te laisser tuer.
Il faut être fou pour vouloir sa mort
comme tu fais, sans même le savoir.
Je sais bien que tu me détestes
parce que je veux t'en garder.
Jamais, à mon gré, Dieu ne permettra
que j'assiste ainsi à ta mort,
car j'en aurais le coeur brisé. »
À force de parler et de le raisonner,
il rétablit entre eux la paix.
Aux termes de l'accord, il lui rend
la reine, mais à la condition
que Lancelot, sans le moindre délai
et quel que soit le moment choisi,
dès qu'il en aura sommation,
se battra un an après, jour pour jour,
de nouveau avec Méléagant.
La chose ne déplaît pas à Lancelot.
Le peuple entier accourt à la paix.
On décide que la bataille
aura lieu à la cour du roi Arthur,
seigneur de la Bretagne et de la Cornouaille.
C'est là qu'on veut qu'elle soit,
encore faut-il que la reine y consente
et que Lancelot s'engage,
au cas où l'autre le réduirait à merci,
à la laisser repartir avec lui,
sans que personne la retienne.
La reine donne son accord
et Lancelot en fait promesse.

Si les ont ensi acordez*
Et departiz et desarmez.
Tel costume el païs avoit
Que puis que li uns s'an issoit,
Que tuit li autre s'an issoient.
Lancelot tuit beneïssoient,
Et ce poez vos bien savoir
Que lors i dut grant joie avoir,
Et si ot il sanz nule dote.
La genz estrange asanble tote,
Qui de Lancelot font grant joie,
Et dient tuit por ce qu'il l'oie :
« Sire, voir, molt nos esjoïsmes
Tantost con nomer vos oïsmes,

[fo42 ra] Que seür fumes a delivre
C'or serions nos tuit delivre. »
A cele joie ot molt grant presse,
Que chascuns se painne et angresse
Comant il puisse a lui tochier,
Cil qui plus s'an puet aprochier
An fu plus liez que ne pot dire.
Assez ot la et joie et ire,
Que cil qui sont desprisoné
Sont tuit a joie abandoné.
Mes Meliaganz et li suen
N'ont nule chose de lor buen,
Einz sont pansif et mat et morne.
Li rois de la place s'an torne,
Ne Lancelot n'i lesse mie,

* **3913.** feste *(corr. d'après TAGV).*

Ainsi les a-t-on mis d'accord,
puis séparés et désarmés.
Le pays avait une coutume :
il suffisait que l'un pût le quitter
pour que tous les autres en fussent libres.
Chacun bénissait Lancelot,
et je vous laisse à penser
si la joie fut grande alors.
Ce fut le cas, n'en doutez pas.
Les étrangers se rassemblent tous,
en exprimant leur joie à Lancelot
et en proclamant pour qu'il l'entende :
« Oui, monseigneur, nous avons été remplis de joie
dès que nous avons entendu votre nom,
car d'emblée nous étions sûrs
que nous serions tous délivrés. »
Il y avait foule pour ces manifestations de joie,
car ils essaient tous avec impatience
de parvenir à le toucher.
Celui qui réussit le plus à s'approcher
n'a pas assez de mots pour dire son bonheur.
La joie était intense, et la tristesse aussi,
car tous ceux qui sortent de prison
se laissent aller à leur joie,
mais Méléagant et les siens
ne trouvent là rien à leur goût,
ils en restent songeurs et accablés.
Le roi s'en va, quittant la place,
sans oublier Lancelot

Ençois l'an mainne et cil li prie*
Que a la reïne le maint :
« En moi, fet li rois, ne remaint,
Que bien a feire me resanble,
Et Quex le seneschal ansanble
Vos mosterrai ge, s'il vos siet. »
A po que as piez ne l'an chiet
Lanceloz, si grant joie en a.
Li rois maintenant l'an mena
En la sale ou venue estoit
La reïne qui l'atandoit.
Quant la reïne voit le roi
Qui tient Lancelot par le doi,
Si s'est contre le roi dreciee
Et fet sanblant de correciee,
Si s'anbruncha et ne dist mot.
« Dame, veez ci Lancelot,
Fet li rois, qui vos vient veoir,
Ce vos doit molt pleire et seoir.
— Moi, sire ? Moi ne puet il plaire,
De son veoir n'ai ge que faire.
— Avoi ! Dame, ce dit li rois,
Qui molt estoit frans et cortois,
Ou avez vos or cest cuer pris ?
Certes vos avez or trop mespris
D'ome qui tant vos a servie
Qu'an cest oirre a sovant sa vie
Por vos mise an mortel peril,
Et de Meliagant mon fil

---

*

3945. ne doit il p. *(TAG, mais VE = C).*

qu'il prend avec lui et qui le supplie
de le mener devant la reine :
« Je ne serai pas le dernier à accepter
répond-il, je n'y vois rien à redire,
et, si vous le désirez, je vous ferai voir
en même temps le sénéchal Keu. »
Si grande en est la joie de Lancelot
qu'il serait pour un peu tombé à ses pieds.
Le roi l'a conduit sur-le-champ
dans la salle où s'était rendue
la reine et où elle attendait.
Quand la reine aperçoit le roi,
tenant Lancelot par le doigt,
elle s'est levée à sa rencontre,
mais elle montre un visage contrarié,
elle a baissé la tête, sans mot dire.
« Madame, voici Lancelot
qui vient pour vous voir, dit le roi,
cela doit vous faire plaisir.
— À moi, sire ? Non, pas du tout.
Je n'ai que faire de sa visite.
— Ne dites pas cela, madame ! fait le roi,
qui était un homme généreux et courtois.
D'où vous vient donc pareille humeur ?
C'est mal agir, en vérité,
envers celui qui vous a tant servie,
au point de souvent mettre, en cours de route,
sa vie pour vous en de mortels périls.
Il vous a secourue et défendue

[fo 42 rb] Vos a resqueusse et desfandue,*
Qui molt iriez vos a randue.
— Sire, voir, mal l'a enploié.
Ja par moi ne sera noié
Que je ne l'an sai point de gré. »
Ez vos Lancelot trespansé,
Se li respont molt belemant
A meniere de fin amant :
« Dame, certes, ce poise moi,
Ne je n'os demander por coi. »
Lanceloz molt se demantast
Se la reïne l'escoutast,
Mes por lui grever et confondre
Ne li vialt un seul mot respondre,
Einz est an une chanbre antree,
Et Lanceloz jusqu'a l'antree
Des ialz et del cuer la convoie,
Mes as ialz fu corte la voie,
Que trop estoit la chanbre pres,
Et il fussent antré aprés
Molt volantiers, s'il poïst estre.
Li cuers qui plus est sire et mestre,
Et de plus grant pooir assez,
S'an est oltre aprés li passez,
Et li oil sont remés defors,
Plain de lermes avoec le cors.
Et li rois a privé consoil
Dist : « Lancelot, molt me mervoil
Que ce puet estre et don ce muet
Que la reïne ne vos puet

*

3961. humblement *(TVA).*

contre mon fils Méléagant,
qui bien à contrecœur vous a rendue.
— Eh bien ! sire, il a perdu son temps.
Je ne crains pas de l'affirmer,
je ne lui en sais aucun gré. »
Et Lancelot de s'abîmer dans ses pensées.
Puis il lui fait cette réponse si humble,
comme il convient à un parfait amant :
« Madame, n'en doutez pas, j'en suis triste,
et je n'ose vous en demander la raison. »
Lancelot volontiers se serait plaint
si la reine l'eût écouté,
mais, pour mieux l'anéantir,
elle ne daigne lui répondre un seul mot,
préférant se retirer dans une chambre,
tandis que Lancelot jusqu'à l'entrée
l'accompagne des yeux et du cœur.
Mais le chemin parut bien court aux yeux,
car la chambre n'était pas très loin.
Ils auraient bien voulu la suivre
plus avant, s'ils avaient pu.
Le cœur, en plus grand seigneur,
disposant de plus de pouvoir,
a franchi le seuil, derrière elle.
Les yeux sont restés à la porte,
emplis de larmes, avec le corps.
Le roi, en confidence, lui a dit :
« Lancelot, je me demande, étonné,
ce que signifie et d'où vient
que la reine ne tolère

Veoir, n'aresnier ne vos vialt.*
S'ele onques a vos parler sialt,
N'an deüst or feire dangier
Ne voz paroles estrangier
A ce que por li fet avez.
Or me dites, se vos savez,
Por quel chose, por quel mesfet
Ele vos a tel sanblant fet.
— Sire, or androit ne m'an gardoie,
Mes ne li plest qu'ele me voie
Ne qu'ele ma parole escolt,
Il m'an enuie et poise molt.
— Certes, fet li rois, ele a tort,
Que vos vos estes jusqu'a mort

[fo 42 rc] Por li en avanture mis.
Or an venez, biax dolz amis,
S'iroiz au seneschal parler.
— La voel je molt, fet il, aler. »
Au seneschal an vont andui.
Quant Lanceloz vint devant lui,
Se li dist au premerain mot
Li seneschax a Lancelot :
« Con m'as honi ! — Et je de quoi ?
Fet Lanceloz, dites le moi.
Quel honte vos ai ge donc feite ?
— Molt grant, que tu as a chief treite
La chose que ge n'i poi treire,
S'as fet ce que ge ne poi feire. »
A tant li rois les lesse andeus,

---

*

3991. forfet *(TVA).* **4001.** S'irons *(TVA).* **4005.** Si a dit *(TA, VE* Si li a dit au premier m.*).*

votre vue et ne veuille vous parler.
Si jamais elle eut coutume de parler avec vous,
elle ne devrait pas aujourd'hui s'y refuser
jusqu'à fuir votre entretien,
après ce que vous avez fait pour elle.
Mais dites-moi, si vous le savez,
pour quel motif, pour quelle faute
elle vous a montré ce visage.
— Sire, jusqu'à cette heure je n'y avais pris garde,
mais il est sûr que ma vue lui déplaît
et qu'elle ne veut pas entendre ma voix.
Cela me tourmente et m'attriste.
— Il est certain qu'elle a tort, fait le roi,
car vous vous êtes pour elle
jeté en péril de mort.
Mais venez donc, ami très cher,
allons parler au sénéchal.
— Je souhaite en effet, dit-il, y aller. »
Ils se rendent tous deux auprès du sénéchal.
Quand Lancelot fut devant lui,
le premier mot du sénéchal
fut de dire à Lancelot :
« Tu m'as couvert de honte ! — Moi ? En quoi ?
fait Lancelot, dites-le moi.
Comment ai-je pu vous causer de la honte ?
— De façon très grave, en menant à bien
ce que je n'ai pas pu accomplir.
Tu as fait ce que moi je n'ai pas pu faire ! »
Pour les laisser en tête-à-tête,

De la chanbre s'an ist toz seus,*
Et Lanceloz au seneschal
Anquiert s'il a eü grant mal.
« Oïl, fet il, et ai encor,
Onques n'oi plus mal que j'ai or,
Et je fusse morz grant piece a,
Ne fust li rois qui de ci va,
Qui m'a mostré par sa pitié
Tant de dolçor et d'amistié
C'onques la ou il le seüst
Rien nule qui mestier m'eüst
Ne me failli nule foiee
Qui ne me fust apareilliee
Maintenant que il me pleisoit.
Ancontre un bien qu'il me feisoit,
Et Meliaganz d'autre part,
Ses filz, qui plains est de mal art,
Par traïson a lui mandoit
Les mires, si lor comandoit
Que sor mes plaies me meïssent
Tex oignemanz qui m'oceïssent,
Ensi pere avoie et parrastre,
Que quant li rois un boen anplastre
Me feisoit sor mes plaies metre,
Qui molt se volsist antremetre
Que j'eüsse tost garison,
Et ses filz par sa traïson
Le m'an feisoit tost remuer,
Por ce qu'il me voloit tuer,

* **4027.** il le savoit *(corr. d'après TVA).*

4028. Mes contre *(TVA).* **4041-4042** *Intervertis dans C (cf. TVA).*

le roi sort alors seul de la chambre.
Auprès du sénéchal, Lancelot
s'enquiert s'il a beaucoup souffert.
« Oui, répond-il, et c'est toujours le cas.
Je souffre maintenant plus que jamais.
Je serais mort depuis longtemps
sans le roi qui vient de nous quitter.
Plein de pitié, il m'a montré
son amitié avec tant de douceur
que jamais à sa connaissance
rien qui me fût nécessaire
ne m'a une seule fois manqué :
on m'en faisait la préparation
aussitôt que je le désirais.
Mais pour un bienfait de sa part,
voici que, de son côté, Méléagant,
son fils, qui n'a son pareil pour mal faire,
mandait traîtreusement à lui
les médecins pour leur donner l'ordre
de me mettre sur les plaies
des pommades propres à me tuer.
J'avais ainsi un père et un parâtre.
Quand le roi me faisait mettre
sur les plaies un bon emplâtre,
dans son désir de faire au mieux
pour hâter ma guérison,
son fils alors, dans sa traîtrise,
ne cherchant qu'à me tuer,
le faisait bien vite enlever

[fo 42 va] Et metre un malvés oignemant.*
Mes je sai bien certainnemant
Que li rois ne le savoit mie,
Tel murtre ne tel felenie
Ne sofrist il an nule guise.
Mes ne savez pas la franchise
Que il a a ma dame faite.
Onques ne fu par nule gaite
Si bien gardee torz an marche,
Des le tans que Noex fist l'arche,
Que il mialz gardee ne l'ait,
Que neïs veoir ne la lait
Son fil, qui molt an est dolanz,
Fors devant le comun des genz
Ou devant le suen cors demainne.
A si grant enor la demainne
Et a demené jusque ci
Li frans rois, la soë merci,
Com ele deviser le sot.
Onques deviseor n'ï ot
Fors li, qu'ainsi le devisa,
Et li rois molt plus l'an prisa
Por la lëauté qu'an li vit.
Mes est ce voirs que l'an m'a dit
Qu'ele a vers vos si grant corroz
Qu'ele sa parole oiant toz
Vos a vehee et escondite ?
— Verité vos en a l'an dite,
Fet Lanceloz, tot a estros.

---

* **4058.** *Vers répété à la suite.*

4059. Et demenee a *(T)*. **4068.** *Var. A* Que sa parole veanz touz (V oiant trestoz).

et remplacer par un onguent nocif.
Mais je suis tout à fait sûr
que le roi n'en savait rien.
Il n'aurait d'aucune façon
toléré un crime aussi noir.
Mais vous ignorez tout de la noblesse
de sa conduite envers ma dame.
Jamais tour ne fut si bien gardée
par nul guetteur en pays frontière
depuis le temps de l'Arche de Noé,
qu'il n'ait su, elle, mieux la garder encore.
Il ne la laisse pas même voir
à son fils, qui s'en désespère,
sauf devant la foule des gens
ou bien en sa propre présence.
Ce noble roi, béni soit-il,
l'a traitée jusqu'ici et continue
de la traiter avec tout le respect
qu'elle a su imposer autour d'elle.
Car c'est elle, et elle seule,
qui en a défini les règles.
Le roi ne l'en a que plus estimée,
quand il a vu sa loyauté.
Mais ce qu'on m'a dit est-il vrai,
qu'elle a tant de dépit contre vous
qu'elle a devant tous refusé
de vous adresser la moindre parole?
— On vous a dit la vérité,
fait Lancelot, absolument.

Mes por Deu savrïez me vos*
Dire por coi ele me het ? »
Cil respont que il ne le set,
Einz s'an mervoille estrangemant.
« Or soit a son comandemant, »
Fet Lanceloz qui mialz ne puet,
Et dit : « Congié prandre m'estuet,
S'irai mon seignor Gauvain querre,
Qui est antrez an ceste terre
Et covant m'ot que il vandroit
Au Pont desoz Eve tot droit. »
A tant est de la chanbre issuz,
Devant le roi an est venuz
Et prant congié de cele voie.

[fo 42 vb] Li rois volantiers li otroie,
Mes cil qu'il avoit delivrez
Et de prison desprisonez
Li demandent que il feront,
Et il dit : « Avoec moi vandront
Tuit cil qui i voldront venir,
Et cil qui se voldront tenir
Lez la reïne, si s'i taignent,
N'est pas droiz que avoec moi vaignent. »
Avoec lui vont tuit cil qui voelent,
Lié et joiant plus qu'il ne suelent,
Avoec la reïne remainnent
Puceles qui joie demainnent,
Et dames et chevalier maint,
Mes uns toz seus n'en i remaint

---

*

4074. Cil li r. que il ne s. *(TA ; VE* Et cil r.*)*. **4081.** En c. m'ot qu'il i v. *(V, T* Et*; A* que il v.*)*. **4085.** ceste *(TAVE)*.

Mais sauriez-vous, au nom du Ciel,
me dire pourquoi elle me hait ? »
L'autre répond qu'il n'en sait rien,
mais qu'il s'en trouve étrangement surpris.
« Que sa volonté soit faite ! »
dit Lancelot, qui doit s'en tenir là.
Il ajoute : « Il me faut prendre congé.
J'irai en quête de monseigneur Gauvain
qui est entré dans ce pays
en me promettant qu'il viendrait
directement au Pont sous l'Eau. »
Il a quitté alors la chambre
pour venir devant le roi
lui en demander l'autorisation.
Le roi y consent volontiers,
mais ceux qu'il avait délivrés
et arrachés à leur prison
lui demandent ce qu'ils feront.
Il leur dit : « Viendront avec moi
tous ceux qui le souhaiteront,
et ceux qui voudront rester
auprès de la reine, qu'ils le fassent !
Rien n'exige qu'ils m'accompagnent. »
Avec lui partent ceux qui le veulent,
plus joyeux qu'à l'accoutumée
et avec la reine demeurent
des jeunes filles, qui montrent leur joie,
et des dames et maints chevaliers.
Mais il n'y en a pas un seul, en demeurant,

Qui mialz n'amast a retorner*
An son païs qu'a sejorner.
Mes la reïne les retient
Por mon seignor Gauvain qui vient,
Et dit qu'ele ne se movra
Tant que noveles an savra.

Par tot est la novele dite
Que tote est la reïne quite
Et delivré tuit li prison,
Si s'an iront sanz mesprison
Quant ax pleira et boen lor iert.
Li uns l'autre le voir an quiert,
Onques parole autre ne tindrent
Les genz quant tuit ansanble vindrent.
Et de ce sont molt corecié
Que li mal pas sont depecié,
Se va et vient qui onques vialt,
N'est pas ensi com estre sialt.
Quant les genz del païs le sorent,
Qui a la bataille esté n'orent,
Comant Lanceloz l'avoit fet,
Si se sont tuit cele part tret
Ou il sorent que il aloit,
Car il cuident qu'au roi bel soit
Se pris et mené li avoient
Lancelot. Et li suen estoient
Tuit de lor armes desgarni,
Et por ce furent escherni,
Que cil del païs armé vindrent.

---

* **4115.** ne sont pas irié *(corr. d'après TVA, en raison de la rime et du changement de contexte (les gens de Gorre, et non plus ceux de Logres), qui a surpris le copiste de C).*

4108. Que la r. est tote q. *(TVA).* **4113-4114.** N'onques d'el parole ne tiennent / Les g. la ou ensamble vienent *(VA). On notera le bourdon qui a provoqué une lacune de 67 vers dans T (vv. 4116 - 4185) :* despeciez / Dou pechié qu'ele fet avoit. **4119.** Mes quant les g. dou p. sorent *(VA).*

qui n'aurait préféré rentrer
dans son pays plutôt que de rester.
Mais si la reine les retient,
c'est pour la venue de monseigneur Gauvain.
Elle dit qu'elle ne bougera pas
avant d'avoir de ses nouvelles.

Partout se répand la nouvelle
que la reine est tout à fait libre
et que tous les prisonniers sont délivrés.
Ils pourront s'en aller sans faute,
dès que bon leur semblera.
De l'un à l'autre, on s'enquiert de la vérité.
Quand les gens se rassemblaient,
ils ne parlaient pas d'autre chose.
Mais on est aussi très fâché
que soient détruits les mauvais passages :
on va et on vient comme on veut,
rien n'est plus comme d'habitude !
Quand, parmi les gens du pays,
ceux qui n'avaient pas assisté au combat
apprirent le succès de Lancelot,
ils se sont tous dirigés là
où ils savaient que lui-même allait,
croyant faire plaisir au roi
s'ils lui amenaient prisonnier
Lancelot. Ses gens à lui étaient
tous dépourvus de leurs armes,
aussi furent-ils le jouet
des gens du pays venus tout armés.

[fo 42 vc] Ne fu pas mervoille s'il prindrent*
Lancelot, qui desarmez iere.
Tot pris le ramainnent arriere,
Les piez liez soz son cheval,
Et cil dient : « Vos feites mal,
Seignor, car li rois nos conduit,
Nos somes an sa garde tuit. »
Et cil dient : « Nos nel savons,
Mes ensi con pris vos avons
Vos covandra venir a cort. »
Novele qui tost vole et cort
Vient au roi que ses genz ont pris
Lancelot et si l'ont ocis.
Quant li rois l'ot, molt l'an est grief,
Et jure assez plus que son chief
Que cil qui l'ont mort an morront,
Ja desfandre ne s'an porront,
Et s'il les puet tenir ou prandre,
Ja n'i avra mes que del pandre
Ou de l'ardoir ou del noier,
Et se il le voelent noier,
Ja nes an cresra a nul fuer,
Que trop li ont mis an son cuer
Grant duel et si grant honte faite
Qui li devroit estre retraite
S'il n'an estoit prise vangence,
Mes il l'an panra sanz dotance.
Ceste novele par tot va,
Tant que la reïne trova,
Qui au mangier estoit assise.

---

* **4157-4158.** vait / A la reïne fu retrait *(corr. d'après AVE).*

Qu'on ne s'étonne pas s'ils prirent
Lancelot qui était désarmé !
Ainsi captif, ils le ramènent,
les pieds attachés sous son cheval.
Et eux de dire : « Vous agissez mal,
messeigneurs, car le roi nous protège,
nous sommes tous mis sous sa sauvegarde. »
Et les autres : « Nous n'en savons rien,
mais c'est comme nos prisonniers
que vous devrez venir à la cour. »
La rumeur, toujours prompte à courir,
arrive au roi, disant qu'on a pris
Lancelot et qu'on l'a tué.
En l'apprenant, le roi est accablé,
il jure sur sa tête, et plus encore,
que les auteurs de sa mort mourront eux aussi
sans pouvoir s'en défendre.
Qu'ils les tienne entre ses mains,
et il n'y aura plus qu'à les pendre,
à les brûler ou à les noyer.
S'ils ont l'intention de nier,
jamais, à aucun prix, il ne leur fera crédit,
car ils lui ont rempli le cœur
de trop de tristesse et lui ont fait un affront
tel qu'il lui serait toujours reproché,
si vengeance n'en était pas prise.
Aussi la prendra-t-il, qu'on n'en doute pas !
Partout circule la nouvelle,
qui pour finir trouva la reine,
venue s'asseoir pour le repas.

A po qu'ele ne s'est ocise*
Maintenant que de Lancelot
La mançonge et la novele ot,
Mes ele la cuide veraie
Et tant duremant s'an esmaie
Qu'a po la parole n'an pert,
Mes por les genz dit en apert :
« Molt me poise, voir, de sa mort,
Et s'il m'an poise n'ai pas tort,
Qu'il vint an cest païs por moi,
Por ce pesance avoir an doi. »
Puis dit a li meïsme an bas,
Por ce que l'en ne l'oïst pas,
Que de boivre ne de mangier

[fo43ra] Ne la covient ja mes proier
Se ce est voirs que cil morz soit
Por la cui vie ele vivoit.
Tantost se lieve molt dolante
De la table, si se demante
Si que nus ne l'ot ne escoute.
De li ocirre est si estoute
Que sovant se prant a la gole,
Mes ainz se confesse a li sole,
Si se repant et bat sa colpe
Et molt se blasme et molt s'ancolpe
Del pechié qu'ele fet avoit
Vers celui dom ele savoit
Qui suens avoit esté toz dis
Et fust ancor se il fust vis.

---

*

4167. Voir molt me p. de *(AV)*. **4187.** Que *(AVE, T = C)*.

Elle a manqué de se donner la mort
au moment même où sur Lancelot
elle apprend la nouvelle mensongère,
mais qu'elle croit véritable.
Elle en est si profondément troublée
que pour un peu elle en perd la voix.
Mais à cause des présents, elle dit tout fort :
« Sa mort, vraiment, me cause un immense chagrin,
et mon chagrin n'est pas sans raison :
il vint pour moi dans ce pays,
comment n'aurais-je pas de peine ? »
Puis elle se dit tout bas,
afin qu'on ne l'entendît pas,
que de boire et de manger
il est vain de la prier encore,
s'il est bien vrai que soit mort
celui qui était toute sa vie.
Pleine de tristesse, elle se lève aussitôt
de table, pour se lamenter
loin de ceux qui peuvent l'entendre.
Prête à se tuer, sans retenue,
souvent elle se prend à la gorge,
mais il faut d'abord qu'elle se confesse, toute seule.
Elle se repent et bat sa coulpe,
en s'accusant sévèrement
d'avoir commis un péché
envers celui qui, elle le savait,
avait toujours été sien
et qui, vivant, le serait encore.

Tel duel a de sa crualté*
Que molt an pert de sa biauté,
Sa crualté, sa felenie
La fet molt tainte et molt nercie,
Et ce qu'ele voille et geüne.
Toz ses mesfez ansanble aüne,
Et tuit li revienent devant,
Toz les recorde et dit sovant :
« Ha, lasse ! De coi me sovint,
Quant mes amis devant moi vint,
Que je nel deignai conjoïr
Ne ne le vos onques oïr ?
Quant mon esgart et ma parole
Li veai, ne fis je que fole ?
Que fole ? Ainz fis, si m'aïst Dex,
Que felenesse et que cruex,
Et sel cuidai ge feire a gas,
Mes ensi nel cuida il pas,
Se nel m'a mie pardoné.
Nus fors moi ne li a doné
Le mortel cop, mien escïant.
Quant il vint devant moi riant
Et cuida que je li feïsse
Grant joie et que je le veïsse,
Et onques veoir ne le vos,
Ne li fu ce donc mortex cos ?
Quant ma parole li veai,
Tantost ce cuit le dessevrai
Del cuer et de la vie ansanble.

*

4192-4193. *Var. T* L'ont plus ateinte et [plus] blesmie *(cf. A* plus demie, *V* plus devie*)* / Que *(A, T* Car*)* ce qu'ele v. *Comme Foerster, nous préférons cette variante pour le sens.* **4199-4200.** Et gel deüsse c. / Et ge ne le v. nes oïr *(V, T* vueil, A Que jel d. ... / Que je nel vel). **4211-4213.** Et cuida que je le veïsse / Molt lie et que je li feïsse / Grant joie et veoir ne le v. *(TA, V).* **4216.** Adonc sanz faille le preai *(TA).*

Elle a tant de regret d'avoir été cruelle
que sa beauté s'en trouve altérée.
Qu'elle ait été cruelle et méchante
la touche et ternit plus son éclat
que de veiller et de jeûner.
Elle fait le compte et la somme de ses fautes,
qui, chacune, repassent devant elle,
elle les a toutes en mémoire, en se répétant :
« Hélas ! Où ai-je pris l'idée,
quand mon ami vint devant moi,
au lieu de l'accueillir avec joie,
de ne pas même vouloir l'écouter ?
Quand je refusai de le voir, de lui parler,
n'était-ce pas folie de ma part ?
Folie ? Grand Dieu, non, mais plutôt
cruauté et méchanceté !
J'ai cru le faire par simple jeu,
il en a jugé autrement
et ne me l'a pas pardonné.
C'est moi seule qui lui ai porté
le coup fatal, à mon avis.
Quand il vint en riant devant moi,
à l'idée que je serais heureuse
de le voir et lui ferais fête,
et que je ne voulus pas le voir,
n'était-ce pas un coup mortel ?
En refusant de lui parler,
je lui ai, sur l'heure, arraché
la vie avec le cœur.

[fo 43 rb] Cil dui cop l'ont mort, ce me sanble,*
Ne l'ont mort autre Breibançon.
Et Dex ! Avrai ge rëançon
De cest murtre, de cest pechié ?
Nenil voir, ainz seront sechié
Tuit li flueve et la mers tarie.
Ha, lasse ! Con fusse garie
Et con me fust granz reconforz,
Se une foiz, ainz qu'il fust morz,
L'eüsse antre mes braz tenu !
Comant ? Certes, tot nu a nu,
Por ce que plus an fusse a eise.
Quant il est morz, molt sui malveise
Que je ne faz tant que je muire.
Don ne me doit ma vie nuire,
Se je sui vive aprés sa mort,
Quant je a rien ne me deport
S'es max non que je trai por lui ?
Quant aprés sa mort m'i dedui,
Certes molt fust dolz a sa vie
Li max don j'ai or grant anvie.
Malveise est qui mialz vialt morir
Que mal por son ami sofrir,
Mes certes il m'est molt pleisant
Que j'en aille lonc duel feisant,
Mialz voel vivre et sofrir les cos
Que morir et estre an repos. »
La reïne an tel duel estut
.II. jorz que ne manja ne but,
Tant qu'an cuida qu'ele fust morte.

---

*

4219. Breibançon *: mercenaires recrutés en Brabant.* **4232.** Por coi ? Doit donc mon ami nuire *(A, T* Por Deu, *V* Comment*).* **4235.** S'a mal non *(TV).* **4241.** Moi certes est il *(TVA).* **4244.** por avoir repos *(TVA).*

Voilà, je crois, les deux coups qui l'ont tué,
aucun autre soudard ne l'a tué.
Mon Dieu ! Pourrai-je racheter
ce meurtre, ce péché ?
Mais non ! On aura vu d'abord
se dessécher les fleuves et la mer se tarir.
Hélas ! Quel apaisement,
quel grand réconfort j'aurais trouvé
si une seule fois, avant sa mort,
j'avais pu le tenir entre mes bras !
Comment ? Mais nus, l'un contre l'autre,
afin d'en être plus à l'aise.
Quand il n'est plus, je suis bien lâche
de ne pas rechercher la mort.
Pourquoi ? Cela nuit-il à mon ami
si je vis toujours après sa mort
sans trouver de plaisir à rien,
sauf aux tourments que j'endure pour lui ?
Si c'est tout mon plaisir après sa mort,
quelle douceur eût apporté à sa vie
le mal auquel présentement j'aspire !
La lâcheté est de vouloir mourir
plutôt que de souffrir pour son ami.
Oui, il m'est infiniment doux
de mener ainsi un deuil incessant.
Plutôt vivre, accablée de coups,
que trouver le repos dans la mort ! »
Ainsi prostrée resta la reine
deux jours durant, sans boire ni manger,
si bien qu'à la fin on la crut morte.

Assez est qui noveles porte,*
Einçois la leide que la bele.
A Lancelot vient la novele
Que morte est sa dame et s'amie.
Molt l'en pesa, n'en dotez mie,
Bien pueent savoir totes genz
Qu'il fu molt iriez et dolanz.
Por voir il fu si adolez,
S'oïr et savoir le volez,
Que sa vie en ot an despit,
Ocirre se volt sanz respit,
Mes ainçois fist une conplainte.
D'une ceinture qu'il ot ceinte
Noe un des chiés au laz corrant,

[fo 43 rc] Et dit a lui seul an plorant :
« Ha ! Morz ! Con m'as or agueitié,
Que tot sain me fez desheitié !
Desheitiez sui, ne mal ne sant
Fors del duel qu'au cuer me descent,
Cist diax est max, voire mortex.
Ce voel je bien que il soit tex,
Et se Deu plest, je an morrai.
Comant ? N'autremant ne porrai
Morir se Damedeu ne plest ?
Si ferai, mes que il me lest
Cest laz antor ma gole estraindre,
Ensi cuit bien la Mort destraindre
Tant que malgré suen m'ocirra.
Morz qui onques ne desirra

---

* **4275-4276.** m'ocirrai / Comant n'autremant n'en porrai *(répétition du v. 4270, corr. d'après TA). Le copiste s'est-il laissé induire en erreur par le* morrai *du v. 4269 ? Mais l'incohérence qui en résulte surprend chez Guiot, d'ordinaire plus soigneux.*

4250. *Var. VAE* vint. **4252.** S'il l'an pesa *(A, TV* Si l'en p.*)*. **4259.** Mes einz f. une brief c. *(TV, A* Ançois f. molt brief c.*)*. **4265.** et mal *(TVA).*

Il y a toujours quelqu'un pour porter les nouvelles,
surtout quand elles sont mauvaises.
Le bruit parvient à Lancelot
que morte est sa dame et son amie.
S'il en fut affligé, n'en doutez pas!
Il est facile de deviner
l'étendue de tout son chagrin.
Mais si vous tenez à l'apprendre,
sachez qu'il fut désespéré
au point de prendre en dégoût sa vie
et de vouloir sans tarder se tuer.
Mais il exhale d'abord ses plaintes.
Tandis qu'il fait un nœud coulant
à l'un des bouts de sa ceinture,
il s'adresse tout en pleurs ces mots :
« Ah ! Mort ! Quel piège tu m'as tendu !
Plein de vigueur, déjà je me sens faible.
J'ai perdu mes forces et ne sens aucun mal,
excepté le chagrin qui me pénètre le cœur.
Ce chagrin est un mal, et même mortel.
Je veux bien qu'il en soit ainsi,
et, s'il plaît à Dieu, j'en mourrai.
Eh quoi ? N'y a-t-il pas d'autre moyen
de mourir, si Dieu n'y consent ?
Certainement, pour peu qu'Il me laisse
serrer ce nœud autour de ma gorge.
J'espère ainsi que la Mort en sera réduite
malgré elle à m'ôter la vie.
La Mort, qui a toujours cherché

Se cez non qui de li n'ont cure*
Ne vialt venir, mes ma ceinture
La m'amanra trestote prise,
Et des qu'ele iert an ma justise,
Donc fera ele mon talant.
Voire, mes trop vanra a lant,
Tant sui desirranz que je l'aie. »
Lors ne demore ne delaie,
Einz met le laz antor sa teste,
Tant qu'antor le col li areste,
Et por ce que il mal se face
Le chief de la ceinture lace
A l'arçon de sa sele estroit,
Ensi que nus ne l'aparçoit,
Puis se let vers terre cliner,
Si se volt feire traïner
A son cheval tant qu'il estaigne,
Une ore plus vivre ne daigne.
Quant a terre cheü le voient
Cil qui avoec lui chevalchoient,
Si cuident que pasmez se soit,
Que nus del laz ne s'aparçoit
Qu'antor son col avoit lacié.
Tot maintenant l'ont enbracié,
Sel relievent antre lor braz,
Et si ont lors trové le laz
Dont il estoit ses anemis,
Qu'anviron son col avoit mis.
Sel tranchent molt isnelemant,

---

* **4300.** redrecié *(corr. d'après TAV).*

4284. n'i demore *(TVA).* **4285.** met parmi le las sa t. *(TV, A* entor le lac*).* **4287.** que plus mal li *(AVE, T = C).*

ceux qui ne veulent pas d'elle,
refuse de venir, mais avec ma ceinture
je vais la saisir et elle sera là.
Quand elle dépendra de moi,
elle répondra à mon désir.
Non ! Elle sera trop longue à venir,
tant j'ai de hâte à la trouver ! »
Alors sans plus aucun retard,
il passe sa tête par le nœud
jusqu'à ce qu'il tienne autour de son cou,
et, dans le but de se détruire,
il attache par l'autre bout la ceinture
étroitement à l'arçon de la selle,
sans éveiller l'attention de personne,
puis se laisse glisser au sol,
attendant que son cheval le traîne
jusqu'à l'extinction de sa vie.
Il ne veut pas vivre une heure de plus.
En le voyant tombé à terre,
ceux qui chevauchaient avec lui
le croient d'abord évanoui,
car personne n'a remarqué
le noeud qui lui serrait la gorge.
Le prenant aussitôt à bras-le-corps,
ils le relèvent dans leurs bras
et découvrent alors le nœud
qu'il s'était mis autour du cou,
se faisant ainsi l'ennemi de lui-même.
En toute hâte ils l'ont coupé,

[fo 43 va] Mes la gorge si duremant*
Li laz justisiee li ot
Que de piece parler ne pot,
Qu'a po ne sont les voinnes rotes
Del col et de la gorge totes,
Ne puis, se il le volsist bien,
Ne se pot mal feire de rien.
Ce pesoit lui qu'an le gardoit,
A po que de duel n'en ardoit,
Que molt volantiers s'oceïst,
Se nus garde ne s'an preïst.
Et quant il mal ne se puet faire,
Se dit : « Ha, vix Morz deputaire !
Morz, por Deu, don n'avoies tu
Tant de pooir et de vertu
Qu'ainz que ma dame m'oceïsses ?
Espoir por ce que bien feïsses,
Ne volsis feire ne daignas,
Par felenie m'espargnas,
Que ja ne t'iert a el conté.
Ha, quel servise et quel bonté !
Con l'as or an boen leu assise !
Dahez ait qui de cest servise
Te mercie ne gré t'an set !
Je ne sai li quex plus me het,
Ou la vie qui me desirre
Ou Morz qui ne me vialt ocirre.
Ensi l'une et l'autre m'ocit,
Mes c'est a droit, se Dex m'aït,

---

* *Le dernier vers du recto a été répété au début du verso.* **4324.** le lessas *(corr. d'après TVA).*

4311. *Var. AV* N'onques puis s'il le v. *(T* N'onques se il*).* **4313.** Ce poise lui *(TVA).* **4317-4318.** *On notera que le souci de rimes riches peut être imputé aussi aux copistes (de nos manuscrits, ou de leurs modèles) : V* Et quant il ne se pot plus taire / Si dit : Ahi morz deputaire, *T* ne se puet fere / Si dist : Ha mort de put afere. *En effet, l'accord de A et de C (aux temps près :* A pot / ... dist*) semble attester la leçon originale* faire / ... deputaire.

mais le lacet avait déjà
si peu épargné sa gorge
qu'il resta longtemps sans parler,
car les veines du cou et de la gorge
avaient bien failli se rompre toutes.
Ensuite, l'aurait-il voulu,
il n'a plus pu se faire du mal.
On le surveillait, il ne le supportait pas,
se consumant presque de douleur,
car il aurait bien voulu se tuer,
si on n'y avait pas pris garde.
En voyant qu'il ne peut se détruire,
il s'écrie : « Ah ! Vile et indigne Mort !
Par Dieu, n'avais-tu pas, toi la Mort,
assez de puissance et de force
pour me prendre moi, au lieu de ma dame ?
Mais tu aurais bien agi,
aussi n'as-tu daigné le faire.
Ta perversité seule m'a épargné,
on ne l'imputera à rien d'autre.
Quelle faveur ! Que de bonté !
Tu ne pouvais mieux la placer !
Au diable qui te remercie
pour un service de la sorte !
Je ne sais vraiment qui me hait le plus,
de la vie qui m'appelle à soi
ou de la mort qui se refuse à moi.
L'une comme l'autre me font mourir,
mais j'ai bien mérité, par Dieu,

Que maleoit gré mien sui vis,*
Que je me deüsse estre ocis
Des que ma dame la reïne
Me mostra sanblant de haïne,
Ne ne le fist pas sanz reison,
Einz i ot molt boene acheson,
Mes je ne sai quex ele fu.
Mes se ge l'eüsse seü,
Einz que s'ame alast devant Dé,
Je le li eüsse amandé
Si richemant con li pleüst,
Mes que de moi merci eüst.
Dex, cist forfez, quex estre pot ?
Bien cuit que espoir ele sot

[fo 43 vb] Que je montai sor la charrete.
Ne sai quel blasme ele me mete
Se cestui non, cist m'a traï.
S'ele por cestui m'a haï,
Dex, cist forfez por coi me nut ?
Onques Amors bien ne conut
Qui ce me torna a reproche,
Qu'an ne porroit dire de boche
Riens qui de par amors venist
Qui a reproche apartenist,
Einz est amors et corteisie
Quanqu'an puet feire por s'amie.
Por m'amie nel fis je pas,
Ne sai comant je die, las,
Ne sai se die amie ou non,

---

*

4337. *Var.* A Lués que. **4342.** *Var.* *VAE* Dex se ge, *T* Et se.

d'être malgré moi toujours en vie,
car je me devais de mourir,
dès l'instant où ma dame la reine
me témoigna de la haine.
Ce n'est pas sans raison qu'elle le fit.
Il devait y avoir un bon motif,
même si j'ignore lequel.
Mais si je l'avais connu,
avant que son âme eût rejoint Dieu,
je lui en aurais offert une réparation
aussi éclatante qu'elle l'eût souhaitée,
pourvu qu'elle m'eût pardonné.
Mon Dieu, ce crime, qu'était-ce donc ?
Peut-être, je crois bien, a-t-elle appris
que je suis monté sur la charrette.
Je ne vois pas quel blâme j'encourrais,
à part celui-là. Il m'a perdu.
Mais si sa haine vient de là,
Dieu ! ce crime devait-il me nuire ?
Pour vouloir me le reprocher,
il faut ne pas savoir ce qu'est Amour.
On ne pourrait rien mentionner
qui méritât un seul reproche
si l'amour en était la cause.
Tout ce qu'on fait pour son amie
n'est rien qu'amour et courtoisie.
Mais dois-je dire pour mon amie,
si je l'ai fait ? Hélas ! je ne sais.
Je ne sais s'il faut dire amie ou pas.

Ne li os metre cest sornon,*
Mes tant cuit je d'amor savoir,
Que ne me deüst mie avoir
Por ce plus vil, s'ele m'amast,
Mes ami verai me clamast
Quant por li me sanbloit enors
A feire quanque vialt Amors,
Nes sor la charrete monter.
Ce deüst ele amor conter,
Et c'est la provance veraie,
Amors ensi les suens essaie,
Ensi conuist ele les suens.
Mes ma dame ne fu pas buens
Cist servises, bien le provai
Au sanblant que an li trovai,
Et tote voie ses amis
Fist ce don maint li ont amis
Por li honte et reproche et blasme,
S'ai fet ce geu dom an me blasme
Et de ma dolçor m'amertume,
Par foi, car tex est la costume
A cez qui d'amor rien ne sevent
Et qui enor an honte levent,
Mes qui enor an honte moille
Ne la leve pas, einz la soille.
Or sont cil d'Amors nonsachant
Qui ensi la vont desachant,
Et molt ansus d'Amors se botent
Qui son comandemant ne dotent.

---

* **4383.** anertume. **4390.** les vont despisant *(corr. d'après VAT).*

4364. Je ne li os metre cest non *(TVA).* **4371.** Neïs sor c. m. *(A, V* en c.*).* **4375.** conoist. **4382.** *C donne seul ici un texte qui fait sens. Les autres versions sont absurdes ou incohérentes (cf. note au v. 4400 de l'édition Foerster, dont il faut corriger la lecture pour A :* S'ont fait cuc je de mon blasme, *cp. T* Si ont fet ce cuit de lor blasme *; V* S'ont fet ce de qoi l'en me blasme*).* **4386.** *Var. A* Que nes honor *(cf. T* Que noz honors*, V* Qui les honor*).* **4387.** *Var. TV* Mes qui amor.

Je n'ose pas lui donner ce nom.
Mais en matière d'amour je sais au moins
qu'elle ne devait pas pour autant
me mépriser, si elle m'aimait.
Elle devait m'appeler vrai ami,
quand c'était à mes yeux un honneur d'accomplir
pour elle tout ce qu'ordonne Amour,
fût-ce de monter en charrette.
Elle devait le mettre au compte de l'amour,
à titre de preuve authentique.
Amour éprouve ainsi les siens
et les reconnaît comme tels.
Mais servir ainsi ma dame ne fut pas
à son goût, j'en fis l'expérience
à l'air dont elle me reçut.
Pourtant son ami a fait là
une chose qui maintes fois lui a valu
d'encourir pour elle la honte et le blâme.
Je me suis livré à un jeu qu'on me reproche,
et ce qui m'était doux m'est devenu amer,
oui vraiment, comme le veulent
ceux qui n'entendent rien à l'amour
et qui lavent l'honneur dans la honte.
Mais, pour l'honneur, ce bain de honte
ne le lave pas, il le souille !
Ce sont des profanes en amour
ceux qui le traitent aussi mal,
et ils se sont retirés bien loin d'Amour,
ceux qui ne craignent ses commandements.

[fo 43 vc] Car sanz faille molt en amande*
Qui fet ce qu'Amors li comande,
Et tot est pardonable chose,
S'est failliz qui feire ne l'ose. »
Ensi Lanceloz se demante,
Et sa genz est lez lui dolante,
Qui le gardent et qui le tienent.
Et antre tant noveles vienent
Que la reïne n'est pas morte.
Tantost Lanceloz se conforte,
Et s'il avoit fet de sa mort
Devant grant duel et fier et fort,
Encor fu bien .C.M.. tanz
La joie de sa vie granz.
Et quant il vindrent del recet
Pres a .VI. liues ou a set,
Ou li rois Bademaguz iere,
Novele que il ot molt chiere
Li fu de Lancelot contee,
Se l'a volantiers escotee,
Qu'il vit et vient sains et heitiez.
Molt an fist que bien afeitiez,
Que la reïne l'ala dire,
Et ele li respont : « Biax sire,
Quant vos le dites, bien le croi,
Mes s'il fust morz, bien vos otroi
Que je ne fusse ja mes liee.
Trop me fust ma joie estrangiee
S'uns chevaliers an mon servise
Eüst mort receüe et prise. »

---

*

4399. et si le t. *(TVA).* **4406.** *Var. A* De la v. la j. g. **4415.** Qu'il l'ala la r. d. *(TVA).* **4420.** *Var. A* eslongie *(T* eslgniee*).*

Car on grandit à coup sûr en valeur
quand on fait ce qu'Amour commande,
et tout doit en être pardonné.
On se rabaisse en n'osant le faire. »
Ainsi Lancelot se lamente-t-il,
et tristes sont ses gens à ses côtés,
qui le gardent et le retiennent.
Entre-temps la nouvelle arrive
que la reine n'est pas morte.
Lancelot y trouve aussitôt réconfort,
et si, auparavant, il avait eu
un tel désespoir de sa mort,
il eut, de la savoir en vie,
bien cent mille fois plus de joie.
Quand ils se furent approchés
à six ou sept lieues du manoir
où résidait le roi Bademagu,
celui-ci reçut la nouvelle
qui était chère à son cœur
et qu'il eut plaisir à entendre,
que Lancelot est vivant, qu'il revient sain et sauf.
Il s'est conduit en homme courtois
en allant avertir la reine,
qui lui répond : « Mon cher seigneur,
vous le dites et je le crois,
mais s'il était mort, je vous l'assure,
je n'aurais plus connu le bonheur.
Toute joie me serait devenue étrangère
si un chevalier, pour me servir,
en avait perdu la vie. »

A tant li rois de li se part,*
Et molt est la reïne tart
Que sa joie et ses amis veingne,
N'a mes talant que ele teigne
Atahine de nule chose.
Mes novele qui ne repose,
Einz cort toz jorz qu'ele ne fine,
De rechief vient a la reïne
Que Lanceloz ocis se fust
Por li, se feire li leüst.
Ele an est liee, et sel croit bien,
Mes nel volsist por nule rien,
Que trop li fust mesavenu.
Et antre tant ez vos venu

[fo 44 ra] Lancelot qui molt se hastoit.
Maintenant que li rois le voit,
Sel cort beisier et acoler,
Vis li est qu'il doie voler,
Tant le fet sa joie legier.
Mes la joie font abregier
Cil qui le lierent et prindrent.
Li rois lor dist que mar i vindrent,
Que tuit sont mort et confondu,
Et il li ont tant respondu
Qu'il cuidoient qu'il le volsist.
« Moi desplest il, mes il vos sist,
Fet li rois, n'a lui rien ne monte,
Lui n'avez vos fet nule honte
Se moi non, qui le conduisoie.

---

* **4443.** pristrent *(corr. d'après v. 4129, où la même rime se présente).*

4426. que vers lui t. *(TAV).* **4430.** vient de r. *(TA, V).* **4434.** Mes ele nel v. por rien *(TAV).*

Là-dessus le roi se retire,
tandis qu'il tarde à la reine
de voir venir son ami qui fait sa joie.
Elle n'a plus la moindre envie
de lui chercher en rien querelle.
La rumeur qui ne connaît de repos,
mais continue à courir sans cesse,
revient dire à la reine
que Lancelot se tuait pour elle
si seulement il l'avait pu.
Elle en est contente et n'en doute pas,
mais elle ne l'aurait voulu pour rien au monde :
il ne méritait pas tant de malheur.
Sur ces entrefaites, voici venu
en toute hâte Lancelot.
À peine l'a-t-il aperçu,
le roi accourt pour l'embrasser,
il lui semble qu'il a des ailes,
tant sa joie le rendait léger.
Mais sa joie n'a guère duré,
quand il voit ceux qui l'ont pris et lié.
Malheur à eux d'être venus,
leur dit le roi, c'est être déjà morts !
Mais ils pensaient obéir à ses vœux,
lui ont-ils au moins répondu !
« À moi me déplaît ce qui vous parut bon,
fait le roi, et l'affaire ne le touche pas lui,
ce n'est pas lui que vous couvrez de honte,
mais moi, qui l'avais sous ma protection.

Comant qu'il soit, la honte est moie,*
Mes ja ne vos an gaberoiz,
Quant vos de moi eschaperoiz. »

Qant Lanceloz l'ot correcier,
De la pes feire et adrecier
Au plus qu'il onques puet se painne,
Tant qu'il l'a feite. Lors l'en mainne
Li rois la reïne veoir.
Lors ne lessa mie cheoir
La reïne ses ialz vers terre,
Einz l'ala lieemant requerre,
Si l'enora de son pooir,
Et sel fist lez li aseoir,
Puis parlerent a grant leisir
De quanque lor vint a pleisir,
Ne matiere ne lor failloit,
Qu'Amors assez lor an bailloit.
Et quant Lanceloz voit son eise,
Qu'il ne dit rien que molt ne pleise
La reïne, lors a consoil
A dit : « Dame, molt me mervoil
Por coi tel sanblant me feïstes
Avant hier, quant vos me veïstes,
N'onques un mot ne me sonastes.
A po la mort ne m'an donastes,
Ne je n'oi tant de hardemant
Que tant com or vos an demant
Vos en osasse demander.
Dame, or sui prez de l'amander,

---

* **4465.** a lor pleisir *(corr. d'après TV,* A tot a loissir*).*

4472. li dit *(V, TA* dist*).*

La honte est pour moi, quoi qu'on fasse.
Mais vous n'aurez pas l'occasion d'en rire,
quand vous serez sortis d'ici. »
Quand Lancelot voit sa colère,
il s'efforce du mieux qu'il peut
de ramener entre eux la paix
et y parvient. Alors le roi
le mène voir la reine.
Mais la reine cette fois
n'a pas gardé les yeux baissés,
elle se porta tout heureuse à sa rencontre,
lui témoigna tous les égards
et le fit s'asseoir auprès d'elle.
Ils eurent tout loisir ensuite
de parler de ce que bon leur semblait,
et les sujets ne manquaient pas,
car Amour leur en fournissait grand nombre.
Quand Lancelot voit le champ libre
et qu'il ne dit rien qui ne plaise
à la reine, alors il ajoute
tout bas : « Madame, quel étrange
visage m'avez-vous fait
l'autre jour en me voyant,
vous ne m'avez pas dit un mot !
Pour un peu vous me donniez la mort
et je n'ai pas eu la hardiesse,
comme je l'ose en cet instant,
d'en faire la moindre demande.
Madame, je suis prêt à réparer,

[fo 44 rb] Mes que le forfet dit m'aiez*
Dom j'ai esté molt esmaiez. »
Et la reïne li reconte :
« Comant ? Don n'eüstes vos honte
De la charrete et si dotastes ?
Molt a grant enviz i montastes,
Quant vos demorastes .II. pas.
Por ce, voir, ne vos vos je pas
Ne aresnier ne esgarder.
— Autre foiz me doint Dex garder,
Fet Lanceloz, de tel mesfet,
Et ja Dex de moi merci n'et
Se vos n'eüstes molt grant droit !
Dame, por Deu, tot or androit
De moi l'amande an recevez,
Et se vos ja le me devez
Pardoner, por Deu, sel me dites !
— Amis, toz an soiez vos quites,
Fet la reïne, oltreemant,
Jel vos pardoing molt boenemant.
— Dame, fet il, vostre merci,
Mes je ne vos puis mie ci
Tot dire quanque ge voldroie.
Volantiers a vos parleroie
Plus a leisir, s'il pooit estre. »
Et la reïne une fenestre
Li mostre a l'uel, non mie au doi,
Et dit : « Venez parler a moi
A cele fenestre anquenuit,
Quant par ceanz dormiront tuit,

---

*

4498. *Var. T* Amis vos en estes toz q. *(V* bien q.*)*.

si vous me nommez le crime
qui m'a causé tant de tourments. »
La reine ne lui cache rien :
« Comment ! La charrette ne vous a-t-elle pas
fait honte et rempli de crainte ?
Vous y êtes monté à contrecœur,
quand vous avez tardé l'espace de deux pas !
Voilà pourquoi, en vérité, je n'ai voulu
vous parler ni vous regarder.
— Dieu me préserve une autre fois,
fait Lancelot, d'une telle faute !
Qu'Il n'ait jamais pitié de moi
si vous n'aviez raison d'agir ainsi !
Madame, pour l'amour de Dieu, acceptez
que je vous en offre réparation
et, si vous devez jamais me le pardonner,
je vous en prie, dites-le moi !
— Ami, votre peine en est remise
entièrement, fait la reine,
je vous le pardonne de bon cœur.
— Madame, fait-il, soyez-en remerciée,
mais je ne peux vous dire ici
tout ce dont je voudrais parler.
J'aurais souhaité un entretien
plus libre encore, s'il se pouvait. »
La reine alors lui montre du regard,
non du doigt, une fenêtre,
en disant : « Venez me parler
cette nuit, ici, à la fenêtre,
à l'heure où tous en ces lieux dormiront.

Et si vanroiz par cel vergier.*
Ceanz antrer ne herbergier
Ne porroiz mie vostre cors,
Je serai anz et vos defors,
Que ceanz ne porroiz venir,
Ne je ne porrai avenir
A vos fors de boche ou de main,
Et s'il vos plest, jusqu'a demain
I serai por amor de vos.
Asanbler ne porrïens nos,
Qu'an ma chanbre devant moi gist
Kex li seneschax, qui lenguist
Des plaies dom il est coverz.
Et li huis ne rest mie overz,

[fo 44 rc] Einz est bien fers et bien gardez.
Quant vos vandroiz, si vos gardez
Que nule espie ne vos truisse.
— Dame, fet il, la ou je puisse
Ne me verra ja nule espie
Qui mal i pant ne mal an die. »
Ensi ont pris lor parlemant,
Si departent molt lieemant.
Lanceloz ist fors de la chanbre,
Si liez que il ne li remanbre
De nul de trestoz ses enuiz.
Mes trop li demore la nuiz,
Et li jorz li a plus duré
A ce qu'il i a enduré
Que cent autre ou c'uns anz entiers.

---

*

4511. par un v. *(TVA).* **4518.** Mes *(TVA).*

Vous passerez par ce verger,
mais vous ne pourrez pas entrer
ici même pour y passer la nuit :
je serai dedans, vous resterez dehors,
vous ne parviendrez pas à pénétrer.
Je ne pourrai me joindre à vous
que de la voix ou par la main,
mais j'y serai, pour l'amour de vous,
jusqu'au matin, si vous le désirez.
Nous retrouver est impossible,
car devant moi dans la chambre est couché
le sénéchal Keu, qui se meurt
des blessures dont il est couvert ;
la porte, d'autre part, n'est pas laissée ouverte,
elle est bien fermée et surveillée.
Et prenez garde en venant
que personne ne soit là à vous épier.
— Madame, fait-il, partout où je le pourrai,
je ne me laisserai épier par personne
qui penserait à mal en me voyant ou en médirait. »
Ainsi est pris leur rendez-vous.
Ils se séparent dans la joie.
Quand Lancelot sort de la chambre,
il est si heureux qu'il a oublié
la somme de tous ses tourments.
Mais la nuit se fait trop attendre
et le jour lui parut plus long,
à devoir le supporter,
que cent autres, voire qu'un an !

Au parlemant molt volentiers*
S'an alast, s'il fust anuitié !
Tant a au jor vaintre luitié
Que la nuiz molt noire et oscure
L'ot mis desoz sa coverture
Et desoz sa chape afublé.
Quant il vit le jor enublé,
Si se fet las et traveillié,
Et dit que molt avoit veillié,
S'avoit mestier de reposer.
Bien poez antendre et gloser,
Vos qui avez fet autretel,
Que por la gent de son ostel
Se fet las et se fet couchier,
Mes n'ot mie son lit tant chier,
Que por rien il n'i reposast,
N'il ne poïst ne il n'osast,
Ne il ne volsist pas avoir
Le hardemant ne le pooir.
Molt tost et soef s'an leva,
Ne ce mie ne li greva
Qu'il ne luisoit lune n'estoile,
N'an la meison n'avoit chandoile
Ne lanpe ne lanterne ardant.
Ensi s'an ala regardant
C'onques nus garde ne s'an prist,
Einz cuidoient qu'il se dormist
An son lit trestote la nuit.
Sanz conpaignie et sanz conduit

---

*

4554. molt c. *(AV, om. T)*.

Comme il fût allé bien vite
au rendez-vous si la nuit fût tombée !
Dans son combat contre le jour,
la nuit profonde et ténébreuse
remporta enfin la victoire
et le couvrit de son manteau.
Quand il vit le jour s'obscurcir,
il feint la fatigue et la lassitude,
disant qu'il avait trop veillé,
qu'il avait besoin de repos.
Vous entendrez sans trop de peine,
vous qui avez agi de même,
que la fatigue, l'heure de dormir,
sont un prétexte pour les gens de la maison,
mais il n'appréciait pas tant son lit :
pour rien au monde il n'y eût pris repos,
il ne l'aurait pu ni osé,
il n'aurait pas non plus voulu
en avoir l'audace ou le pouvoir.
Très vite, sans bruit, il s'est levé.
Ce n'était pas pour lui déplaire
si ne brillaient lune ni étoile,
si ne brûlaient dans la maison
chandelle, lampe ni lanterne.
Jetant les yeux autour de lui,-
il s'en alla sans donner l'alerte.
Tout le monde pensait qu'il passerait la nuit
à dormir au fond de son lit.
Mais sans compagnon et sans garde,

[fo 44 va] Molt tost vers le vergier s'an va,*
Que conpaignie n'i trova,
Et de ce li est bien cheü
C'une piece del mur cheü
Ot el vergier novelemant.
Par cele fraite isnelemant
S'an passe et vet tant que il vient
A la fenestre et la se tient
Si coiz qu'il n'i tost n'esternue,
Tant que la reïne est venue
En une molt blanche chemise,
N'ot sus bliaut ne cote mise,
Mes un cort mantel ot desus
D'escarlate et de cisemus.
Quant Lanceloz voit la reïne
Qui a la fenestre s'acline,
Qui de gros fers estoit ferree,
D'un dolz salu l'a enerree,
Et ele un autre tost li rant,
Que molt estoient desirrant
Il de li et ele de lui.
De vilenie ne d'enui
Ne tienent parlemant ne plet,
Li uns pres de l'autre se tret
Et andui main a main se tienent.
De ce que ansanble ne vienent
Lor poise molt a desmesure,
Qu'il an blasment la ferreüre.
Mes de ce Lanceloz se vante
Que s'a la reïne atalante,

---

* **4586.** saluee.

4570. C'onques nul home n'encontra *(TVA)*. **4575.** *Var. AVE* passe outre *(T = C)*. **4579-4580.** *La chemise, de lin, descend aux pieds. La robe, passée dessus, est le bliaut, de riche étoffe, souvent garni de fourrure, ou la cotte,*

il se hâte vers le verger.
Il ne fit aucune rencontre
et il eut aussi la chance
qu'un pan du mur entourant le verger
se fût depuis peu écroulé.
Par cette brèche promptement
il s'introduit et finit par venir
à la fenêtre. Il s'y tient coi,
sans tousser ni éternuer.
La reine est apparue enfin
dans la blancheur d'une chemise,
sans robe ni tunique par-dessus,
un manteau court sur les épaules
en soie d'écarlate et peau de souslik.
Quand Lancelot aperçoit la reine
qui s'appuie contre la fenêtre
munie de gros barreaux de fer,
il lui donne en gage un salut plein de douceur
qu'elle s'empresse de lui rendre,
car un même désir les appelait
lui vers elle et elle vers lui.
Ils ne sont pas là pour parler
de sujets fâcheux ou indignes d'eux,
ils se rapprochent l'un de l'autre
et par la main tous deux se tiennent.
Mais ils souffrent à l'extrême
de ne pouvoir se réunir,
maudissant les barreaux de fer.
Pourtant Lancelot se fait fort
avec l'agrément de la reine

---

moins élégante. **4582.** cisemus*: « Zieselmaus », souslik, petit écureuil terrestre. Cf. R. Delort, Le commerce des fourrures en Occident au M.Â., Ecole française de Rome, 1978, p. 17.* **4593.** Tant que m. a m. s'entretienent *(T, A* Tant qu'il m. a m. se t.*).* **4594.** De ce qu'ensemble ne parviennent *(TVA).* **4595.** Lor p. tant *(T, V* grieve*).*

Avoec li leanz anterra*,
Ja por les fers ne remanra.
Et la reïne li respont :
« Ne veez vos con cist fer sont
Roide a ploier et fort a fraindre ?
Ja tant ne les porroiz destraindre
Ne tirer a vos ne sachier
Que les poïssiez arachier.
— Dame, fet il, or ne vos chaille !
Ja ne cuit que fers rien i vaille,
Rien fors vos ne me puet tenir
Que bien ne puisse a vos venir.
Se vostre congiez le m'otroie,
Tote m'est delivre la voie,

[fo 44 vb] Mes se il bien ne vos agree,
Donc m'est ele si anconbree
Que n'i passeroie por rien.
— Certes, fet ele, jel voel bien,
Mes voloirs pas ne vos detient,
Mes tant atandre vos covient
Que an mon lit soie couchiee,
Que de noise ne vos meschiee,
Qu'il n'i avroit geu ne deport
Se li seneschax qui ci dort
S'esveilloit ja por vostre noise.
Por c'est bien droiz que je m'an voise,
Qu'il n'i porroit nul bien noter
Se il me veoit ci ester.
— Dame, fet il, or alez donques,

---

*

4606. C'un en p. a. *(TVA)*. **4619.** Qu'en mon l. s. recouchiee *(TVA)*.

d'entrer lui aussi dans la chambre :
les fers ne l'arrêteront pas.
La reine lui répond alors :
« Mais ne voyez-vous comme ces barreaux
sont durs à briser et trop rigides ?
Vous aurez beau les empoigner
et les tirer de force à vous,
vous ne pourrez en arracher un seul.
— Madame, fait-il, soyez sans souci !
Je ne crois pas que ce fer y puisse grand-chose,
rien sinon vous seule ne peut m'empêcher
de bien parvenir jusqu'à vous.
Si seulement vous m'y autorisez,
la voie est libre devant moi.
Mais il suffit qu'il vous déplaise,
et l'obstacle sera si grand
que rien ne m'y ferait passer.
— Je le veux, c'est certain, dit-elle.
Ma volonté ne vous retient pas.
Il vous faut seulement attendre
que je puisse me recoucher,
pour que le bruit ne cause votre perte,
car le sénéchal dort ici :
les jeux et les plaisirs seraient finis
si votre bruit le réveillait.
Il convient donc que je m'éloigne,
car il ne pourrait bien l'interpréter,
s'il me voyait ici debout.
— Madame, fait-il, n'attendez plus,

Mes de ce ne dotez vos onques*
Que je i doie noise faire.
Si soef an cuit les fers traire
Que ja ne m'an traveillerai
Ne nelui n'an esveillerai. »
A tant la reïne s'an torne,
Et cil s'aparoille et atorne
De la fenestre desconfire.
As fers se prant et sache et tire
Si que trestoz ploier les fet
Et que fors de lor leus les tret,
Mes si estoit tranchanz li fers
Que del doi mame jusqu'as ners
La premiere once s'an creva,
Et de l'autre doi se trancha
La premerainne jointe tote,
Et del sanc qui jus an degote
Ne des plaies nule ne sant
Cil qui a autre chose antant.
La fenestre n'est mie basse,
Neporquant Lanceloz i passe
Molt tost et molt delivremant.
An son lit trueve Kex dormant,
Et puis vint au lit la reïne,
Si l'aore et se li ancline,
Car an nul cors saint ne croit tant,
Et la reïne li estant
Ses braz ancontre, si l'anbrace,
Estroit pres de son piz le lace,

* **4641.** ongle *(corr. d'après TA).*

4631. ne m'i t. *(TV).* **4632.** n'i e. *(TVA).* **4644.** Mes *(TA).*

mais n'ayez pas la moindre crainte
que j'en vienne à faire du bruit.
Je pense ôter les barreaux doucement,
sans y mettre trop de peine
et sans réveiller personne. »
La reine, à ces mots, s'en retourne,
et lui prend ses dispositions
pour venir à bout de la fenêtre.
Il s'attaque aux fers et les tire à lui,
réussissant à tous les tordre,
à les extraire de leur place,
mais leur fer était si coupant
qu'au petit doigt il s'entailla
jusqu'aux nerfs la première phalange
et se trancha au doigt voisin
toute la première jointure.
Mais son esprit est bien ailleurs
et il ne sent rien du sang qu'il perd
ni d'aucune de ses blessures.
La fenêtre était assez haute,
Lancelot cependant y passe
avec facilité et vite.
Il trouve Keu qui dormait dans son lit,
puis s'avance jusqu'au lit de la reine.
Devant elle il s'incline, en une adoration,
car il ne croit autant aux plus saintes reliques,
mais la reine lui tend les bras
à sa rencontre, elle l'enlace,
et l'étreint contre sa poitrine,

[fo 44 vc] Si l'a lez li an son lit tret*
Et le plus bel sanblant li fet
Que ele onques feire li puet,
Que d'amors et del cuer li muet,
D'amors vient qu'ele le conjot.
Et s'ele a lui grant amor ot,
Et il .C. mile tanz a li,
Car a toz autres cuers failli
Amors avers qu'au suen ne fist,
Mes an son cuer tote reprist
Amors et fu si anterine
Qu'an toz autres cuers fu frarine.
Or a Lanceloz quanqu'il vialt,
Qant la reïne an gré requialt
Sa conpaignie et son solaz,
Qant il la tient antre ses braz
Et ele lui antre les suens.
Tant li est ses jeus dolz et buens
Et del beisier et del santir
Que il lor avint sanz mantir
Une joie et une mervoille
Tel c'onques ancor sa paroille
Ne fu oïe ne seüe,
Mes toz jorz iert par moi teüe,
Qu'an conte ne doit estre dite.
Des joies fu la plus eslite
Et la plus delitable cele
Que li contes nos test et cele.
Molt ot de joie et de deduit
Lanceloz tote cele nuit.

---

*

---

elle l'attire à elle dans son lit
et lui fait le plus bel accueil
qu'elle puisse jamais lui faire,
car il jaillit du coeur et de l'amour.
Amour la pousse à lui faire ainsi fête.
Mais si grand que soit pour lui son amour,
il l'aime cent mille fois plus,
car Amour a laissé les autres cœurs
à l'abandon, mais pas le sien.
Amour a repris tout entier
vie dans son coeur et de façon si absolue
qu'il est partout ailleurs resté médiocre.
Lancelot voit à présent tous ses vœux comblés,
puisque la reine se plaît à avoir
l'agrément de sa compagnie,
puisqu'il la tient entre ses bras
et elle lui entre les siens.
Dans les baisers et les étreintes
il trouve au jeu un si doux bonheur
que, sans mentir, il leur advint
une joie d'une telle merveille
que d'une pareille encore
on n'entendit jamais parler.
Mais je garderai le silence sur elle,
car sa place n'est pas dans le récit !
Cette joie que le conte doit nous taire
fut, de toutes, la plus parfaite
et aussi la plus délicieuse.
Que de joie et que de plaisir
eut Lancelot toute la nuit !

Mes li jorz vient, qui molt li grieve,*
Quant delez s'amie se lieve.
Au lever fu il droiz martirs,
Tant li fu gries li departirs,
Car il i suefre grant martire.
Ses cuers adés cele part tire
Ou la reïne se remaint,
N'a pooir que il l'an remaint,
Que la reïne tant li plest
Qu'il n'a talant que il la lest,
Li cors s'an vet, li cuers sejorne.
Droit vers le fenestre s'an torne,
Mes de son sanc tant i remaint
Que li drap sont tachié et taint

[fo 45 ra] Del sanc qui cheï de ses doiz.
Molt s'an part Lanceloz destroiz,
Plains de sopirs et plains de lermes.
Del rasanbler n'est pas pris termes,
Ce poise lui, mes ne puet estre.
A enviz passe a la fenestre,
S'i antra il molt volantiers.
N'avoit mie les doiz antiers,
Que molt fort s'i estoit bleciez,
Et s'a il les fers redreciez
Et remis an lor leus arriere,
Si que ne devant ne derriere
N'an l'un ne an l'autre costé
Ne pert qu'an an eüst osté
Nus des fers ne tret ne ploié.

---

*

4690. Tant li greva *(TA).* **4691.** Que molt i sofri *(T, A* Car*).* **4699.** de son cors *(T).* **4701.** qui li chaï des d. *(TVA).*

Mais vient le jour, et sa tristesse,
quand il doit se lever d'auprès de son amie,
et il connut le sort des vrais martyrs,
si douloureux fut cet arrachement.
Oui, il endure le martyre.
Son cœur s'en retourne sans fin
là où la reine est restée,
et il n'a le pouvoir de le reprendre,
car il se plaît tant avec la reine
qu'il n'a envie de la laisser.
Le corps peut partir, le cœur reste.
Vers la fenêtre il se dirige,
mais il reste aussi un peu de son corps,
car les draps se trouvent tachés
par le sang qui est tombé de ses doigts.
Lancelot part désespéré,
plein de soupirs et plein de larmes.
Aucun rendez-vous n'est fixé,
hélas ! mais ce n'est pas possible.
Il repasse à contrecœur la fenêtre
par où il eut la joie d'entrer.
Ses doigts n'étaient plus entiers,
car ses blessures étaient profondes.
Il a pourtant redressé les barreaux
et les a remis à leur place,
si bien que devant ni derrière
ni d'aucun côté que ce soit
il n'apparaît qu'on eût ôté
ou tiré ou tordu l'un d'eux.

Au departir a soploié*
A la chanbre et fet tot autel
Con s'il fust devant un autel,
Puis s'an part a molt grant angoisse,
N'ancontre home qui le conoisse,
Tant qu'an son ostel est venuz.
An son lit se couche toz nuz
Si c'onques nelui n'i esvoille,
Et lors a primes se mervoille
De ses doiz qu'il trueve plaiez,
Mes de rien n'an est esmaiez
Por ce qu'il set tot de seür
Que au traire les fers del mur
De la fenestre se bleça,
Por ce pas ne s'an correça,
Car il se volsist mialz del cors
Andeus les braz avoir traiz fors
Que il ne fust oltre passez,
Mes s'il se fust aillors quassez
Et si laidemant anpiriez,
Molt an fust dolanz et iriez.
La reïne la matinee,
Dedanz sa chanbre ancortinee,
Se fu molt soef andormie,
De ses dras ne se gardoit mie
Que il fussent tachié de sanc,
Einz cuidoit qu'il fussent molt blanc
Et molt bel et molt avenant.
Et Meliaganz, maintenant

---

*

En partant, il s'est prosterné
devant la chambre, en agissant
comme s'il était en face d'un autel,
puis il s'en va, rempli d'angoisse,
sans rencontrer personne qui le connaisse,
et revient enfin au logis.
Il se couche nu dans son lit,
sans réveiller qui que ce soit.
Quelle n'est sa surprise alors de voir
pour la première fois que ses doigts sont blessés !
Mais il n'en est en rien troublé,
parce qu'il a très bien compris
qu'il s'est blessé à la fenêtre
en arrachant les fers du mur.
Aussi ne s'en est-il pas affligé,
car il voudrait mieux en avoir
les deux bras arrachés du corps
que de n'être pas allé plus avant.
Mais s'il s'était en une autre occasion
aussi laidement meurtri et diminué,
il en aurait été très mécontent.

La reine, le matin venu,
s'était doucement assoupie
dans sa chambre aux belles tentures,
sans avoir pris garde à ses draps :
loin qu'ils fussent tachés de sang,
elle les croyait toujours bien blancs,
beaux et agréables à voir.
Cependant Méléagant,

[fo 45 rb] Qu'il fu vestuz et atornez,*
S'an est vers la chanbre tornez
Ou la reïne se gisoit.
Veillant la trueve et les dras voit
Del fres sanc tachiez et gotez,
S'en a ses conpaignons botez,
Et com aparcevanz de mal
Vers le lit Kex le seneschal
Esgarde et voit les dras tachiez
De sanc, que la nuit, ce sachiez,
Furent ses plaies escrevees,
Et dit : « Dame, or ai ge trovees
Tex anseignes con je voloie.
Bien est voirs que molt se foloie
Qui de fame garder se painne,
Son travail i pert et sa painne,
Qu'ainz la pert cil qui plus la garde
Que cil qui ne s'an done garde.
De moi vos a il bien gardee,
Mes enuit vos a regardee
Kex li seneschax malgré suen,
S'a de vos eü tot son buen,
Et il sera molt bien prové.
— Comant ? fet ele. — J'ai trové
Sanc an voz dras qui le tesmoingne,
Puis qu'a dire le me besoigne.
Par ce le sai, par ce le pruis,
Que an voz dras et es suens truis
Le sanc qui cheï de ses plaies,
Ce sont ansaignes bien veraies. »

---

*

Après **4762** *om.* Molt a or bele garde fete / Mes peres qui por moi vos guete *(T, VA).* **4767.** Et si sera *(TVA).*

sitôt vêtu et préparé,
a pris le chemin de la chambre
où la reine était couchée.
Elle s'éveillait. Il voit les draps
tachés de fraîches gouttes de sang.
Il donne une bourrade à ses compagnons
et, l'esprit prompt à voir le mal,
vers le lit du sénéchal Keu
jette les yeux et voit les draps tachés
de sang, car la même nuit, sachez-le,
ses plaies s'étaient toutes rouvertes !
« Madame, dit-il, j'ai trouvé
les preuves que je souhaitais !
Il faut être fou, c'est bien vrai,
pour vouloir garder une femme.
C'est perdre son temps et sa peine.
Elle a plus vite échappé à qui la surveille
qu'à celui qui n'y prête pas attention.
[Il a vraiment fait bonne garde,
mon père, qui à cause de moi vous surveille !]
Il vous a bien gardée de moi,
mais quoi qu'il en ait, cette nuit,
le sénéchal Keu vous prêta attention,
et il a eu de vous tout son désir,
mais il y a une pièce à conviction.
— Laquelle ? fait-elle. — En témoigne
le sang que je vois sur vos draps,
puisqu'il me faut enfin le dire.
Ainsi je le sais et le prouve,
en voyant sur vos draps et sur les siens
le sang qui coula de ses plaies.
Ce sont des preuves véridiques. »

Lors primes la reïne vit*
Et an l'un et an l'autre lit
Les dras sanglanz, si s'an mervoille,
Honte en ot, si devint vermoille,
Et dist : « Se Damedex me gart,
Ce sanc que an mes dras regart
Onques ne l'i aporta Qués,
Einz m'a enuit senié li nés,
De mon nés fu, au mien espoir. »
Et ele cuide dire voir.
« Par mon chief, fet Meleaganz,
Quanque vos dites est neanz,
N'i a mestier parole fainte,
Que provee estes et atainte,

[fo 45 rc] Et bien sera li voirs provez. »
Lors dit : « Seignor, ne vos movez ! »
As gardes qui iluec estoient,
« Et gardez que osté ne soient
Li drap del lit tant que je veigne.
Je voel que li rois droit me teigne,
Qant la chose veüe avra. »
Lors le quist tant qu'il le trova,
Si se lesse a ses piez cheoir,
Et dit : « Sire, venez veoir
Ce don garde ne vos prenez,
La reïne veoir venez,
Si verroiz mervoilles provees
Que j'ai veües et trovees.
Mes ainçois que vos i ailliez,

---

*

4780. esgart *(TVA)*.

La reine alors pour la première fois
vit sur l'un et sur l'autre lit,
à sa surprise, les draps ensanglantés.
Elle en eut honte et en rougit.
« Que Dieu me protège ! a-t-elle dit,
ce sang sur mes draps dont je m'avise
n'y a pas été mis par Keu,
j'ai, cette nuit, saigné du nez.
Ce fut mon nez, je le suppose. »
Elle croit dire la vérité.
« Sur ma tête, fait Méléagant,
tous vos discours sont inutiles,
chercher à feindre est aussi vain,
vous êtes bel et bien coupable,
la vérité sera prouvée. »
Il dit alors aux gardes qui étaient présents :
« Seigneurs, ne bougez pas d'ici !
Veillez à ce que ne soient enlevés
avant mon retour les draps de ce lit.
J'entends que le roi me rende justice,
quand la chose aura été vue de lui. »
Puis il partit à sa recherche.
L'ayant trouvé, il se jette à ses pieds
en disant : « Sire, venez voir
ce dont vous n'avez le soupçon,
allez donc auprès de la reine,
vous verrez une vraie merveille,
comme je l'ai moi-même vue.
Mais avant que vous n'y alliez,

Vos pri que vos ne me failliez*
De justise ne de droiture.
Bien savez an quel aventure
Por la reïne ai mon cors mis,
Dom vos estes mes anemis,
Que por moi la faites garder.
Hui matin l'alai regarder
An son lit, et si ai veü
Tant que j'ai bien aparceü
Qu'avoec li gist Kex chasque nuit.
Sire, por Deu, ne vos enuit
S'il m'an poise et se je m'an plaing,
Car molt me vient a grant desdaing
Qant ele me het et despist
Et Kex o li chasque nuit gist.
— Tes ! fet li rois, je nel croi pas.
— Sire, or venez veoir les dras,
Comant Kex les a conreez.
Quant ma parole ne creez,
Ençois cuidiez que je vos mante,
Les dras et la coute sanglante
Des plaies Kex vos mosterrai.
— Or i alons, si le verrai,
Fet li rois, que veoir le voel,
Le voir m'an aprendront mi oel. »
Li rois tot maintenant s'an va
Jusqu'an la chanbre ou il trova
La reïne qui se levoit.
Les dras sanglanz an son lit voit

*

je veux vous prier de ne pas manquer
à la justice que vous me devez.
Vous savez très bien les périls
dont j'ai couru l'aventure pour la reine.
Vous en êtes devenu mon ennemi,
car vous la faites garder contre moi.
Ce matin je suis allé jeter un œil
sur son sommeil et j'en ai vu assez
pour qu'il soit très clair à mes yeux
qu'avec elle Keu couche chaque nuit.
Sire, pour Dieu ! n'ayez de déplaisir
si je m'en plains et en suis contrarié,
car mon indignation vient à son comble
quand je la vois me haïr et me mépriser,
tandis que chaque nuit Keu couche avec elle.
— Tais-toi ! fait le roi, je n'en crois rien.
— Sire, venez donc voir les draps
et l'état où Keu les a mis.
Puisque vous ne me croyez sur parole,
pensant toujours que je vous mente,
je vais vous montrer draps et couverture
tachés du sang des plaies de Keu.
— Eh bien ! allons-y, pour que je le voie,
fait le roi, car je veux le voir,
je saurai par mes yeux la vérité. »
Le roi se rend tout aussitôt
dans la chambre, où il a trouvé
la reine en train de se lever.
Il voit dans son lit le sang sur les draps,

[fo 45 va] Et el lit Kex autresimant,*
Et dist : « Dame, or vet malemant
Se c'est voirs que mes filz m'a dit. »
Ele respont : « Se Dex m'aït,
Onques ne fu neïs de songe
Contee si male mançonge !
Je cuit que Kex li seneschax
Est si cortois et si leax
Que il n'an fet mie a mescroire,
Et je ne regiet mie an foire
Mon cors ne n'an faz livreison.
Certes, Kex n'est mie tex hom
Qu'il me requeïst tel outrage
Ne je n'en oi onques corage
Del faire ne ja ne l'avrai.
— Sire, molt boen gré vos savrai,
Fet Meleaganz a son pere,
Se Kex son outrage conpere,
Si que la reïne i ait honte.
A vos tient la justise et monte,
Et je vos an requier et pri.
Le roi Artus a Kex traï,
Son seignor, qui tant le creoit
Que comandee li avoit
La rien que plus ainme an cest monde.
— Sire, or sofrez que je responde,
Fet Kex, et si m'escondirai.
Ja Dex, quant de cest siegle irai,
Ne me face pardon a l'ame
Se onques jui avoec ma dame !

---

*

4833. K. tot ensement *(TV)*.

ainsi que sur le lit de Keu.
« Madame, dit-il, l'affaire se gâte
si ce qu'a dit mon fils est vrai.
— Dieu m'en soit témoin, répond-elle,
jamais, même à propos d'un songe,
on n'inventa de si noir mensonge !
Je crois que le sénéchal Keu
est si courtois et si loyal
qu'il ne mérite pas qu'on se défie de lui.
Quant à moi, je ne mets pas à l'encan
mon corps ni n'en fais livraison !
Keu n'est pas homme en vérité
à me faire une si injurieuse requête
et je n'ai jamais eu envie
d'y céder ni je ne l'aurai jamais.
— Sire, je vous en saurai gré,
dit Méléagant à son père,
si Keu paie cher sa folle action
et que la reine en ait la honte.
La justice relève de vous, elle vous touche.
Je vous la demande avec insistance.
Keu a trahi le roi Arthur,
son seigneur, qui se fiait en lui
au point de remettre à ses soins
ce qu'il a de plus cher au monde.
— Sire, souffrez que je réponde,
fait Keu, et je m'en défendrai.
Quand j'aurai quitté ce bas monde,
que Dieu ne pardonne à mon âme
si jamais j'ai couché avec ma dame !

Certes, mialz vodroie estre morz*
Que tex leidure ne tiex torz
Fust par moi quis vers mon seignor,
Et ja mes Dex santé graignor
Que j'ai or androit ne me doint,
Einz me praigne morz an cest point,
Se je onques le me pansai !
Mes itant de mes plaies sai
Qu'annuit m'ont seinnié a planté,
S'an sont mi drap ansanglanté,
Por ce vostre filz me mescroit,
Mes certes il n'i a nul droit. »
Et Meleaganz li respont :
« Si m'aïst Dex, traï vos ont

[fo 45 vb] Li deable, li vif maufé !
Trop fustes enuit eschaufé,
Et por ce que trop vos grevastes
Voz plaies sanz dote escrevastes.
Ne vos i valt neant contrueve,
Li sans d'anbedeus parz le prueve,
Bien le veons et bien i pert,
Droiz est que son forfet conpert
Qui si est provez et repris.
Einz chevaliers de vostre pris
Ne fist si grant descovenue,
Si vos an est honte avenue.
— Sire, sire, fet Kex au roi,
Je desfandrai ma dame et moi
De ce que vostre filz m'amet.

---

* **4885.** Que. **4891.** m'amez.

4870. Mes de mes p. itant s. *(VA).* **4885.** Qui si en est provez repris *(TVA).*

Je souhaiterais bien plutôt la mort
que d'avoir contre mon seigneur
tenté une offense aussi laide.
Puisse Dieu jamais ne me rétablir
en meilleur point que je ne suis ici,
que la mort à l'instant me saisisse au contraire,
si j'en ai jamais eu seulement la pensée !
Mais je sais au moins de mes plaies
qu'elles ont cette nuit saigné en abondance,
mes draps s'en trouvent tout sanglants,
aussi votre fils ne me croit-il pas,
alors qu'il n'en a aucun droit. »
Et Méléagant de répondre :
« Vraiment par Dieu, de vrais démons,
des diables, vous ont pris au piège !
Cette nuit vous aviez trop d'ardeur
et, à vous tuer à la peine,
vos plaies, c'est sûr, se sont rouvertes !
Vos beaux récits sont sans valeur,
le sang des deux côtés est une preuve,
et bien visible, on le constate.
La justice veut qu'on paie son crime,
quand on en est sur le fait convaincu.
Jamais un chevalier de votre dignité
n'a commis un tel manquement,
et vous voici couvert de honte.
— Sire, sire, dit Keu au roi,
j'entends défendre ma dame et moi-même
contre l'accusation de votre fils.

An poinne et an travail me met,*
Mes certes a tort me travaille.
— Vos n'avez mestier de bataille,
Fet li rois, que trop vos dolez.
— Sire, se sofrir le volez,
Ensi malades con je sui
Me conbatrai ancontre lui
Et mosterrai que je n'ai colpe
An cest blasme dom il m'ancolpe. »
Et la reïne mandé ot
Tot celeemant Lancelot,
Et dit au roi que ele avra
Un chevalier qui desfandra
Le seneschal de ceste chose
Vers Meleagant, se il ose.
Et Meleaganz dist tantost :
« Nus chevaliers ne vos en ost
Vers cui la bataille n'anpraigne
Tant que li uns vaincuz remaingne,
Nes se ce estoit uns jaianz. »
A tant vint Lanceloz leanz,
Des chevaliers i ot tel rote
Que plainne an fu la sale tote.
Maintenant que il fu venuz,
Oiant toz juenes et chenuz,
La reïne la chose conte
Et dit : « Lancelot, ceste honte
M'a ci Meleaganz amise,
An mescreance m'an a mise

---

*

4901. Mes *(TVA).* **4911.** Neïs se c'e. *(A).* **4913.** S'ot de ch'rs. si grant r. *(TVA).*

Il me jette en bien des tourments,
mais, s'il m'accable, il n'a pas le droit pour lui.
— Il n'est pas question de vous battre,
fait le roi, car vous souffrez trop.
— Sire, si vous le permettez,
affaibli comme je le suis,
je veux me battre contre lui
et bien montrer que je n'ai pas de part
au blâme dont il m'a chargé. »
Cependant la reine a mandé
très discrètement Lancelot,
elle dit au roi qu'elle aura
un chevalier en cette affaire
pour défendre le sénéchal
contre Méléagant, s'il ose.
Méléagant dit aussitôt :
« Je n'excepte aucun chevalier,
même si c'était un géant,
de la bataille à entreprendre
où l'un devra rester vaincu. »
Alors est entré Lancelot.
Les chevaliers, en s'attroupant,
avaient rempli toute la pièce.
Dès qu'elle l'a vu arriver,
devant tous, jeunes comme vieux,
la reine raconte l'affaire :
« Lancelot, dit-elle, voici la honte
que m'impute Méléagant.
J'en suis tombée en discrédit

[fo 45 vc] Vers trestoz ces qui l'oent dire,*
Se vos ne l'an feites desdire.
Enuit, ce dit, a Kex geü
O moi, por ce qu'il a veü
Mes dras et les suens de sanc tainz,
Et dit que toz an iert atainz
Se vers lui ne se puet desfandre
Ou se autres ne vialt anprandre
La bataille por lui aidier.
— Ja ne vos an covient pleidier,
Fet Lanceloz, la ou je soie.
Ja Deu ne place qu'an mescroie
Ne vos ne lui de tel afeire !
Prez sui de la bataille feire
Que onques ne le se pansa.
Se an moi point de desfanse a,
A mon pooir l'an desfandrai,
Por lui la bataille anprandrai. »
Et Meleaganz avant saut,
Et dit : « Se Damedex me saut,
Ce voel je bien et molt me siet,
Ja ne pant nus que il me griet ! »
Et Lanceloz dist : « Sire rois,
Je sai de quauses et de lois
Et de plez et de jugemanz,
Ne doit estre sanz seiremanz
Bataille de tel mescreance. »
Et Meleaganz sanz dotance
Li respont molt isnelemant :
« Bien i soient li sairemant

---

* **4921.** osent *(corr. d'après TA, VE* orront*).*

4926. est a. *(TVA).* **4948.** *Var. TVA* M. sanz demorance.

auprès de tous ceux qui l'apprennent,
si vous n'obtenez pas qu'il se rétracte.
Cette nuit, prétend-il, Keu a couché
avec moi, parce qu'il a vu
mes draps et les siens tout tachés de sang,
ce dont Keu sera convaincu
s'il ne peut se défendre contre lui
ou faire assumer par un autre,
venu à l'aide, ce combat.
— Vous n'avez de cause à plaider,
là où je me trouve, fait Lancelot.
À Dieu ne plaise qu'on soupçonne
ou lui ou vous en cette affaire !
Je suis prêt à soutenir par les armes
qu'il n'en conçut jamais l'idée,
et si j'ai en moi quelque force,
je l'en défendrai de mon mieux,
j'entreprendrai la bataille pour lui. »
Méléagant a bondi en avant
et il dit : « Que Dieu ait mon âme !
C'est là tout ce que je désire.
Qu'on n'aille croire que j'en sois affligé !
— Sire roi, a dit Lancelot,
je m'y connais en matière de droit,
en procès et en jugements :
un combat sur un tel soupçon
ne peut aller sans un serment. »
Méléagant sans crainte aucune
s'est empressé de lui répondre :
« Eh bien, soit pour les serments !

Et veignent li saint or androit,*
Que je sai bien que je ai droit ! »
Et Lanceloz ancontre dit :
« Onques, se Damedex m'aït,
Quex le seneschal ne conut
Qui de tel chose le mescrut. »
Maintenant lor armes demandent,
Lor chevax amener comandent,
L'an lor amainne, armé se sont,
Vaslet les arment, armé sont,
Et ja resont li saint fors tret.
Meleaganz avant se tret
Et Lanceloz dejoste lui,
Si s'agenoillent anbedui,

[fo 46 ra] Et Meleaganz tant sa main
Aus sainz et jure tot de plain :
« Ensi m'aïst Dex et li sainz,
Kex li seneschaus fu conpainz
Enuit la reïne an son lit
Et de li ot tot son delit.
— Et je t'an lief come parjur,
Fet Lanceloz, et si rejur
Qu'il n'i jut ne ne la santi,
Et de celui qui a manti
Praigne Dex, se lui plest, vangence
Et face voire demostrance.
Mes ancor un autre an ferai
Des seiremanz et jurerai,
Cui qu'il enuit ne cui qu'il poist,

---

*

4956. de tele ovre *(TA).* **4957.** lor chevax *(TVA).* **4958.** Lor armes aporter c. *(TVA).* **4959.** L'en les aporte tost a mont *(T, mais V* On lor aporte, armé se sont*). Cf. Tobler-Lommatzsch, fasc. 52. col. 221, qui rectifie Foerster pour le sens de* a mont : « *in Menge* » *(en quantité, en masse).* **4967.** et cist s. *(T, V* cil*).* **4970.** Et s'ot de li *(TV, A* Et fist de li*).*

Qu'on apporte à l'instant les reliques,
car je sais bien que j'ai le droit pour moi ! »
Lancelot dit à son encontre :
« Que Dieu m'en soit témoin ! En un tel acte,
il faut, pour douter de sa parole,
n'avoir jamais connu le sénéchal. »
Ils réclament sur-le-champ leurs chevaux
et donnent l'ordre d'apporter leurs armes :
les voici aussitôt, en tas.
De jeunes nobles les arment. Ils sont armés
et, déjà, on a sorti les reliques.
Méléagant s'est avancé
avec Lancelot, à côté.
Tous deux se mettent à genoux.
Méléagant étend la main
vers les reliques et jure tout net :
« J'en prends Dieu et son saint à témoins,
cette nuit le sénéchal Keu
fut pour la reine un compagnon de lit
et il a pris d'elle tout son plaisir.
— Je t'en reprends comme parjure,
dit Lancelot, et je jure à mon tour
qu'il n'a pas couché avec elle et ne l'a pas connue.
Que de celui qui a menti
Dieu prenne vengeance à son gré
et qu'Il en donne un signe manifeste !
Mais il est un autre serment
que je veux ajouter : je jure,
même si d'aucuns s'en affligent,

Que se il hui venir me loist*
De Meleagant au desus,
Tant m'aïst Dex et neant plus
Et ces reliques qui sont ci,
Que ja de lui n'avrai merci. »
Li rois de rien ne s'esjoï
Quant cestui sairemant oï.
Qant li seiremant furent fet,
Lor cheval lor furent fors tret,
Bel et boen de totes bontez.
Sor le suen est chascuns montez,
Et li uns contre l'autre muet
Tant con chevax porter le puet,
Et es plus granz cors des chevax
Fiert li uns l'autre des vasax
Si qu'il ne lor remaint nes poinz
Des .II. lances tres qu'anz es poinz,
Et li uns l'autre a terre porte,
Mes ne font mie chiere morte,
Que tot maintenant se relievent
Et tant com il pueent se grievent
Aus tranchanz des espees nues.
Les estanceles vers les nues
Totes ardanz des hiaumes saillent,
Par si grant ire s'antrasaillent
As espees que nues tienent
Que si com eles vont et vienent
S'antrancontrent et s'antrefierent,
Ne tant reposer ne se quierent

---

*

4982. et non ja plus *(TV; A* et sa vertus*).* **4993.** Et el p. g. *(VAT).*

que s'il m'est donné aujourd'hui
d'avoir sur Méléagant le dessus,
c'est là toute l'aide que je demande à Dieu
ainsi qu'au saint dont voici les reliques,
je serai pour lui sans pitié. »
Le roi n'eut pas lieu de se réjouir
quand il entendit ce serment.
Une fois les serments prêtés,
leurs chevaux furent avancés,
des montures en tous points excellentes.
Ils se sont tous deux mis en selle
et ils fondent l'un sur l'autre
de tout l'élan de leur cheval.
C'est au plus fort de leur galop
que ces guerriers se portent un tel coup
qu'il ne reste rien de leurs lances,
hormis ce que leurs poings en gardent.
Et chacun jette l'autre à terre,
mais il ne passent pas pour morts,
car ils se relèvent aussitôt
et ils font tout pour se blesser
du tranchant de leurs épées nues.
Des heaumes jaillissent au ciel
de très vives étincelles.
Ils se livrent de si furieux assauts,
leurs épées nues à la main,
que dans ce continuel va-et-vient,
ils échangent des coups, l'un contre l'autre,
sans chercher de quelconque trêve

[fo 46 rb] Qu'aleinne reprandre lor loise.*
Li rois cui molt an grieve et poise
En a la reïne apelee,
Qui apoier s'estoit alee
Amont as loges de la tor :
Por Deu, li dist, le criator,
Que ele departir les lest !
« Tot quanque vos an siet et plest,
Fet la reïne a boene foi,
Ja n'an feroiz rien contre moi. »
Lanceloz a bien antandu
Que la reïne a respondu
A ce que li rois li requiert,
Ja puis conbatre ne se quiert,
Einz a tantost guerpi le chaple,
Et Meleaganz fiert et chaple
Sor lui, que reposer ne quiert,
Et li rois antredeus se fiert
Et tient son fil qui dit et jure
Que il n'a de pés feire cure :
« Bataille voel, n'ai soing de peis. »
Et li rois li dit : « Car te teis
Et me croi, si feras que sages !
Ja certes hontes ne domages
Ne t'an vandra se tu me croiz,
Mes fei ice que feire doiz.
Don ne te sovient il que tu
As an la cort le roi Artu
Contre lui bataille arramie ?
Et de ce ne dotes tu mie

---

* **5009.** lor lor loise.

5013. *Var. V* as estres. **5016.** siet me p. *(TV, mais A = C)*. **5021-5022.** requist / ... quist *(TVA)*. **5026.** Mes *(TVA)*. **5029.** B. veut n'a s. *(VAT)*. **5038.** *La variante de A* (doter) *confirme que la phrase est impérative, et non interrogative comme l'ont pensé depuis Foerster les éditeurs (cf. Ph. Ménard, Syntaxe de l'ancien français, 3e éd., 1988, § 367).*

à seule fin de reprendre haleine.
Le roi, toujours plus mal à l'aise,
fait alors appel à la reine
qui était venue s'accouder
là-haut, aux loges de la tour :
au nom de Dieu le créateur,
qu'elle consente à ce qu'ils se séparent !
« Ce qu'il vous plaît m'agrée aussi,
dit la reine en toute franchise,
en rien je ne m'opposerai. »
Lancelot a bien entendu
ce que la reine a répondu
à cette requête du roi.
Dès lors il ne veut plus combattre,
la pluie de coups a cessé de sa part,
tandis que Méléagant frappe de plus belle,
sans prendre la moindre relâche.
Mais le roi se jette entre eux deux
et retient son fils, qui lui jure
qu'il se moque bien de la paix :
« Je veux me battre et n'ai cure de paix !
— Tais-toi donc, lui répond le roi,
écoute-moi, tu feras bien !
Tu n'en retireras, si tu m'écoutes,
aucune honte ou préjudice.
À toi d'agir comme il convient.
As-tu oublié que tu as,
toi, à la cour du roi Arthur,
juré bataille contre lui ?
Eh bien ! ne doute pas un seul instant

Que il ne te soit granz enors,*
Se la te vient biens, plus qu'aillors. »
Ce dit li rois por essaier
Se il le porroit esmaier,
Tant qu'il l'apeise et ses depart.
Et Lanceloz, cui molt fu tart
De mon seignor Gauvain trover,
An vient congié querre et rover
Au roi et puis a la reïne.
Par le congié d'ax s'achemine
Vers le Pont soz Eve corrant,
Si ot aprés lui rote grant
Des chevaliers qui le suioient,
Mes assez de tex i aloient

[fo 46 rc] Don bel li fust s'il remassissent.
Lor jornees molt bien fornissent,
Tant que le Pont soz Eve aprochent,
Mes d'une liue ancor n'i tochent.
Ençois que pres del pont venissent
Et que il veoir le poïssent,
Uns nains a l'encontre lor vint
Sor un grant chaceor, et tint
Une corgiee por chacier
Son chaceor et menacier.
Et maintenant a demandé,
Si com il li fu comandé :
« Li quex de vos est Lanceloz ?
Nel me celez, je sui des voz,
Mes dites le seüremant,

---

*

5039. Qu'il ne te fust plus g. *(TV).* **5040.** Se la te venoit biens qu'a. *(TV).* **5042.** apaier *(TVA).* **5049.** errant *(TV).* **5057-5058.** E. que il si pres v. / Del pont que veoir le p. *(A).*

qu'il ne t'échoie là plus d'honneur
qu'ailleurs, si tu le faisais bien. »
Le roi lui parle ainsi pour voir
s'il parviendrait à le calmer.
C'est enfin le cas et il les sépare.
Et Lancelot qui était impatient
d'aller retrouver monseigneur Gauvain,
est venu demander congé
au roi et ensuite à la reine.
Avec leur permission il s'achemine
très vite vers le Pont sous l'Eau,
accompagné d'une troupe nombreuse
de chevaliers qui le suivaient.
Mais il aurait, dans bien des cas,
préféré qu'ils fussent restés.
Parcourant de bonnes étapes,
ils approchent enfin du Pont sous l'Eau,
mais une lieue les en sépare encore.
Avant qu'ils en soient assez près
pour qu'il soit à portée de vue,
un nain est arrivé à leur rencontre
sur un grand cheval de chasse,
un fouet à lanières à la main
pour le faire aller et le menacer.
Il a aussitôt demandé,
comme il en avait reçu l'ordre :
« Qui d'entre vous est Lancelot ?
Ne m'en cachez rien, car je suis des vôtres,
mais parlez en toute confiance:

Que por voz granz biens le demant. »*
Lanceloz li respont por lui
Et dit il meïsmes : « Je sui
Cil que tu demandes et quiers.
— Ha ! Lancelot, frans chevaliers,
Leisse ces genz et si me croi,
Vien t'an toz seus ansanble o moi,
Qu'an molt boen leu mener te voel.
Ja nus ne t'an sive por l'uel,
Einz vos atandent ci androit,
Que nos revandrons or androit. »
Cil qui de nul mal ne se dote
A fet remenoir sa gent tote
Et siust le nain qui traï l'a,
Et sa gent qui l'atendent la
Le pueent longuemant atandre,
Que cil n'ont nul talant del randre
Qui l'ont pris et seisi an sont.
Et sa gent si grant duel an font
De ce qu'il ne vient ne repeire
Qu'il ne sevent qu'il puissent feire.
Tuit dient que traïz les a
Li nains, et si lor an pesa,
Folie seroit de l'anquerre.
Dolant le comancent a querre,
Mes ne sevent ou il le truissent,
Ne quele part querre le puissent.
S'an prenent consoil tuit ansanble,
A ce s'acordent, ce me sanble,

---

*

5072. Ha fet li nains f. *(TVA).* **5082.** ses genz *(V, A* les*).* **5086.** ses g. *(TVA).* **5091.** Oiseuse s. *(TVA).*

je le demande pour votre bien. »
La réponse lui vient de Lancelot,
qui de lui-même dit : « C'est moi
qui suis celui que tu demandes.
— Ah ! noble chevalier,
laisse là ces gens, aie confiance,
et viens sans personne avec moi.
Je veux te mener dans un bon endroit.
Mais que nul ne te suive, à aucun prix !
Qu'on t'attende, au contraire, ici,
nous reviendrons dans un instant. »
Et lui, sans y voir aucun mal,
commande à ses gens de rester
et suit le nain qui l'a trahi.
Les siens qui sont là à l'attendre
auront tout loisir de le faire,
car ceux qui se sont emparés de lui
n'ont aucune envie de le rendre.
Voilà ses gens au désespoir
de ne pas le voir revenir,
et ils ne savent trop que faire.
Tous disent que les a trahis
le nain, et ils en furent tristes,
inutile de le demander.
Ils partent, affligés, à sa recherche,
mais sans savoir où le trouver
ni de quel côté le chercher.
Pour prendre conseil ils se réunissent
et l'accord se fait, il me semble,

[fo 46 va] Li plus resnable et li plus sage,*
Qu'il an iront jusqu'au passage
Del Pont soz Eve, qui est pres,
Et querront Lancelot aprés
Par le los mon seignor Gauvain,
S'il le truevent n'a bois n'a plain.
A cest consoil trestuit s'acordent
Si bien que de rien ne se tordent,
Vers le Pont soz Eve s'an vont
Et tantost qu'il vienent au pont
Ont mon seignor Gauvain veü,
Del pont trabuchié et cheü
An l'eve qui estoit parfonde.
Une ore essort et autre afonde,
Or le voient et or le perdent.
Il vienent la et si l'aerdent
A rains, a perches et a cros.
N'avoit que le hauberc el dos
Et sor le chief le hiaume assis,
Qui des autres valoit bien dis,
Et les chauces de fer chauciees
De sa suor anruïlliees,
Car molt avoit sosferz travauz,
Et mainz perils et mainz asauz
Avoit trespassez et vaincuz,
Sa lance estoit et ses escuz
Et ses chevax a l'autre rive.
Mes ne cuident pas que il vive
Cil qui l'ont tret de l'eve fors,
Car il en avoit molt el cors,

---

*

5104. *Var. V* Si que de rien ne se descordent, *A* Si que de point, *T* Si droit que de rien n'i descordent. *L'accord de TVA sur la rime suggère dans le cas de C une confusion entre « c » (*descordent*) et « t » (*se tordent*).* **5112.** Tant tressaillent que il l'aerdent *(A, T* Si t. tant qu'il l'a.).

parmi les plus sensés d'entre eux,
pour s'en aller jusqu'au passage
du Pont sous l'Eau, qui est tout près,
et ne chercher qu'ensuite Lancelot,
guidés par monseigneur Gauvain,
s'il le trouvent dans les parages.
Tout le monde se range à cet avis
et veut le suivre exactement.
Ils se dirigent vers le Pont sous l'Eau
et dès leur arrivée au pont,
ils ont vu monseigneur Gauvain
qui, ayant basculé, était tombé
dans l'eau, profonde à cet endroit.
Tantôt il sort, tantôt il coule,
on le voit, puis il est perdu de vue.
Ils ont bondi pour l'agripper
à l'aide de branches, de perches et de gaffes.
Il n'avait plus que son haubert sur le dos,
et son heaume bien attaché,
qui à lui seul en valait dix,
et ses chausses de fer, bien mises,
toutes rouillées par sa sueur,
tant il avait souffert de peines
et traversé, en vainqueur,
nombre de périls et d'attaques.
Sa lance était restée avec l'écu
et son cheval sur l'autre rive.
Mais en le retirant de l'eau,
ils ne croient pas qu'il soit vivant,
tant il en avait avalé.

Ne des que tant qu'il l'ot randue*
N'ont de lui parole antandue.
Mes quant sa parole et sa voiz
Rot, son cuer delivre et sa doiz,
Qu'an le pot oïr et antandre,
Au plus tost que il s'i pot prandre
A la parole, se s'i prist,
Lués de la reïne requist
A ces qui devant lui estoient
Se nule novele an savoient,
Et cil qui li ont respondu,
D'avoec le roi Bademagu
Dient qu'ele ne part nule ore,
Qui molt la sert et molt l'enore.

[fo 46 vb] « Vint la puis nus an ceste terre,
Fet mes sire Gauvains, requerre ? »
Et il respondirent : « Oïl !
— Qui ? — Lanceloz del Lac, font il,
Qui passa au Pont de l'Espee,
Si l'a resqueusse et delivree
Et avoec nos autres trestoz.
Mes traïz nos en a uns goz,
Uns nains boçuz et rechigniez
Laidemant nos a engigniez,
Qui Lancelot nos a fortret,
Nos ne savons qu'il a mesfet.
— Et quant ? fet mes sire Gauvains.
— Sire, hui nos a ce fet li nains,
Molt pres de ci, quant il et nos

---

* **5144.** Lanceloz del Lac font se il *(corr. d'après AV).*

5127. Ne jusque tant qu'il *(TV).* **5129-5130.** *Cp. V :* Quant sa p. ot et sa vois / Et dou c. delivre (e la vois). *D'où Foerster :* Et del c. d. ot la doiz. **5147.** Et avoec li nos autres tous *(VA).* **5152.** qu'il en a fet *(VAT).*

Avant qu'il n'eût rendu le tout,
on ne put avoir un seul mot de lui.
Quand il eut recouvré sa voix,
et qu'un souffle de vie passa de nouveau,
si bien qu'il put se faire entendre,
aussitôt qu'il en fut capable,
il se mit à parler : ce fut
pour demander, au sujet de la reine,
à ceux qu'il voyait devant lui,
s'ils en savaient quelque nouvelle.
Ils lui répondent en disant
que sans jamais la quitter,
le roi Bademagu reste auprès d'elle
pour la servir et l'honorer.
« Est-il déjà venu quelqu'un
en ce pays pour la chercher ? demande-t-il.
— Oui, ont-ils alors répondu.
— Qui ? — Lancelot du Lac, font-ils.
En passant au Pont de l'Épée,
il l'a secourue et l'a délivrée
ainsi que nous tous, avec elle.
Mais un nabot nous a trahis,
un nain bossu et grimaçant
qui nous a joué un vil tour,
en nous enlevant Lancelot.
Nous ne savons ce qu'il a fait de lui.
— Quand était-ce ? dit monseigneur Gauvain.
— Aujourd'hui même, monseigneur,
tout près d'ici, alors que lui et nous

Venïemes ancontre vos.*
— Et comant s'est il contenuz
Puis qu'an cest païs fu venuz ? »
Et cil li comancent a dire,
Si li recontent tire a tire,
Si c'un tot seul mot n'i oblient,
Et de la reïne li dient
Qu'ele l'atant et dit por voir
Que riens ne la feroit movoir
Del païs, tant qu'ele le voie,
Por novele que ele en oie.
Mes sire Gauvains lor respont :
« Quant nos partirons de cest pont
Irons nos querre Lancelot. »
N'i a un seul qui mialz ne lot
Qu'a la reïne aillent ençois,
Si le fera querre li rois,
Car il cuident qu'an traïson
L'ait fet ses filz metre an prison,
Meleaganz, qui molt le het.
Ja an leu, se li rois le set,
Ne sera qu'il nel face randre,
Des ore se pueent atandre.
A cest consoil tuit s'acorderent,
Et tot maintenant s'aroterent,
Tant que vers la cort s'aprocherent
Ou la reïne et li rois erent,
Et Kex avoec, li seneschax,
Et si estoit li desleax

---

* **5180.** *Vers placé après le v. 5182 ; corr. d'après A (V).*

5166. Ou novele oie qu'ele croie *(V, A* Ou n. en ait*)*. **5178.** *Cp. V* Seür s'i poent bien a. *et T* De seür le poon a. *D'où Foerster :* De seür s'i p. a., *c'est-à-dire « ils peuvent compter là-dessus », mais A :* De cila s'il p.

nous venions à votre rencontre.
— Et comment s'est-il comporté
depuis son arrivée dans ce pays ? »
Ils se mettent à le lui dire,
dans un récit fait de bout en bout,
sans oublier un seul détail.
Ils ajoutent à propos de la reine
qu'elle l'attend en affirmant
que rien ne la ferait quitter
le pays avant de le voir
ou d'avoir de lui des nouvelles sûres.
Monseigneur Gauvain leur répond :
« En nous éloignant de ce pont,
nous irons en quête de Lancelot. »
Tout le monde est plutôt d'avis
qu'on rejoigne d'abord la reine :
c'est au roi d'ordonner la quête,
si, comme on le croit, la traîtrise
de son fils Méléagant, qui le hait,
l'a fait ainsi mettre en prison.
Où qu'il soit, si le roi l'apprend,
il exigera qu'on le rende.
D'ici là ils peuvent attendre.
Ce conseil gagna leur accord,
on se mit en route sur l'heure,
on s'approche enfin de la cour,
où étaient la reine et le roi,
et le sénéchal Keu ensemble,
mais où était aussi le traître,

[fo 46 vc] De traïson plains et conblez,*
Qui molt laidemant a troblez
Por Lancelot toz ces qui vienent.
Por mort et por traï se tienent,
S'an font grant duel, que molt lor poise.
N'est pas la novele cortoise
Qui la reïne cest duel porte,
Neporquant ele s'an deporte
Au plus belemant qu'ele puet.
Por mon seignor Gauvain l'estuet
Auques esjoïr, si fet ele,
Et neporquant mie ne cele
Son duel que auques n'i apeire,
Et joie et duel li estuet feire.
Por Lancelot a le cuer vain,
Et contre mon seignor Gauvain
Mostre sanblant de passe joie.
N'i a nul qui la novele oie
De Lancelot qui est perduz,
Ne soit dolanz et esperduz.
De mon seignor Gauvain eüst
Li rois joie, et molt li pleüst
Sa venue et sa conuissance,
Mes tel duel a et tel pesance
De Lancelot qui est traïz
Que maz an est et esbaïz.
Et la reïne le semont
Et prie qu'aval et amont
Par sa terre querre le face
Tot sanz demore et sanz espace,

* **5203-5204.** *Intervertis.*

5195. *Var. T* covrir, *AV* sofrir. *C conserve seul la bonne leçon (cf. v. 5198).*

cet homme plein de perfidie
qui a jeté dans d'affreux troubles,
pour Lancelot, tous ceux qui viennent.
Ils se disent mortellement trahis
et se lamentent, accablés.
Peu courtoise était la nouvelle
qui apportait ce deuil à la reine.
Elle s'en accommode pourtant
le moins tristement qu'elle peut,
car elle doit pour monseigneur Gauvain
se montrer gaie. Ainsi fait-elle.
Elle ne peut pourtant cacher
si bien son deuil qu'il n'y paraisse.
Elle cède au chagrin comme à la joie.
Pour Lancelot, le cœur lui manque,
mais devant monseigneur Gauvain
elle paraît folle de joie.
En apprenant cette nouvelle
que Lancelot a disparu,
chacun en est bouleversé.
Le roi aurait eu une grande joie
à la venue de monseigneur Gauvain,
un grand plaisir à faire sa connaissance,
mais le voilà morne et prostré
de douleur, le cœur lourd à la pensée
de savoir Lancelot trahi.
La reine cependant le presse,
en insistant, pour qu'il le fasse
chercher sans perdre un seul instant
d'un bout à l'autre de sa terre.

Et mes sire Gauvains et Qués,*
un trestot seul n'i a remés
Qui de ce nel prit et semoingne.
« Sor moi lessiez ceste besoigne,
Fet li rois, si n'an parlez ja,
Que j'en sui prez des grant piece a.
Tot sanz proiere et sanz requeste
Ferai bien feire ceste anqueste. »
Chascuns l'en ancline et soploie.
Li rois maintenant i envoie
Par son rëaume ses messages,
Sergenz bien coneüz et sages,
Qui ont par tote la contree
De lui novele demandee.

[fo 47 ra] Par tot ont la novele anquise,
Mes n'en ont nule voire aprise,
N'an troverent point, si s'an tornent
La ou li chevalier sejornent,
Gauvains et Kex et tuit li autre,
Qui dient que lance sor fautre
Trestuit armé querre l'iront,
Ja autrui n'i anvoieront.
Un jor aprés mangier estoient
Tuit an la sale ou il s'armoient,
S'estoit venu a l'estovoir,
Qu'il n'i avoit que del movoir,
Quant uns vaslez leanz antra
Et parmi aus oltre passa,
Tant qu'il vint devant la reïne,

---

* **5220.** Que j'en preiez g. p. a. *(TVA* sui prïez, *corr. d'après E (*prest*), d'ordinaire peu sûr mais qui révèle une confusion probable entre* prez *ou* pries *et* priiez*. Cf. éd. Foerster, p. 408).*

5231. N'en truevent point, si s'en retornent *(TVA).*

Alors monseigneur Gauvain, Keu,
les autres, tous sans exception,
l'en prient instamment eux aussi.
« Laissez-moi donc seul m'en charger,
dit le roi, et n'en parlez plus.
Voici longtemps que j'y suis prêt.
Je saurai bien faire mener,
sans qu'on m'en prie, cette recherche. »
Chacun s'incline devant lui,
et le roi envoie aussitôt
ses messagers par le royaume,
d'habiles serviteurs, connus de tous.
Ils ont, à travers le pays,
demandé de ses nouvelles,
ils se sont enquis partout,
mais sans rien apprendre de sûr.
N'ayant rien trouvé, ils reviennent
là où les attendent les chevaliers,
Gauvain et Keu et tous les autres,
qui se disent prêts à partir en armes,
lance en arrêt, à sa recherche,
sans plus envoyer personne à leur place.
Un jour, comme ils sortaient de table
et qu'ils s'armaient tous en la salle,
car il le fallait désormais,
l'heure était au départ
quand fit son entrée un jeune homme
qui passa à travers leurs rangs
pour s'arrêter devant la reine.

Qui n'avoit pas color rosine,*
Que por Lancelot duel avoit
Tel, don noveles ne savoit,
Que la color en a muee,
Et li vaslez l'a saluee
Et le roi qui de li fu pres
Et puis les autres toz aprés,
Et Queus et mon seignor Gauvain.
Unes letres tint an sa main,
Ses tant le roi, et il les prant.
A tel qui de rien n'i mesprant
Les fist li rois oiant toz lire.
Cil qui les lut lor sot bien dire
Ce qu'il vit escrit an l'alue,
Et dit que Lanceloz salue
Le roi come son boen seignor,
Si le mercie de l'enor
Qu'il li a fet et del servise
Come cil qui est a devise
Trestoz an son comandemant,
Et sachiez bien certainnemant
Qu'il est avoec le roi Artu,
Plains de santé et de vertu,
Et dit qu'a la reïne mande
C'or s'an vaigne, se le comande,
Et mes sire Gauvains et Ques,
Et si a entresaignes tes
Qu'il durent croire, et bien le crurent.
Molt lié et molt joiant an furent,

---

*

5270. Et si ot *(VA)*.

Elle avait bien perdu son teint de rose,
car elle avait un tel chagrin
d'être sans nouvelles de Lancelot
que ses couleurs s'en étaient altérées.
Le jeune homme l'a saluée
puis il salue le roi près d'elle,
puis Keu et monseigneur Gauvain,
ainsi que tous ceux qui restaient.
Il tenait une lettre à la main,
qu'il tend au roi, lequel la prend
et la fait lire à haute voix
par quelqu'un de versé dans la pratique.
Sa lecture sut leur transmettre
ce qu'il vit écrit dans le parchemin,
d'abord que Lancelot salue
le roi comme son bon seigneur,
qu'il le remercie de l'honneur
qu'il lui a rendu et de ses bienfaits,
en se mettant lui-même entièrement
pour toute chose à son commandement.
Qu'on sache aussi en toute certitude
qu'il est avec le roi Arthur,
en parfaite santé, plein de vigueur,
et qu'il mande encore à la reine
de venir désormais et d'en donner l'ordre,
et de même à Keu et à monseigneur Gauvain.
La lettre offrait aussi de quoi
bien l'identifier. On y crut,
et on fut rempli d'allégresse.

[fo 47 rb] De joie bruit tote la corz,*
Et l'andemain quant il ert jorz,
Dient qu'il s'an voldront torner.
Et quant ce vint a l'ajorner,
Si s'aparoillent et atornent,
Lievent et montent, si s'an tornent,
Et li rois les silt et conduit,
A grant joie et a grant deduit
Une grant piece de la voie,
Fors de sa terre les convoie,
Et quant il les en ot fors mis,
A la reïne a congié pris
Et puis a toz comunemant.
La reïne molt sagemant
Au congié prandre le mercie
De ce que il l'a tant servie
Et ses .II. braz au col li met,
Se li offre et si li promet
Son servise et le son seignor,
Ne li puet prometre graignor,
Et mes sire Gauvains ausi
Com a seignor et a ami,
Et Kex ausi, tuit li prometent.
Tantost a la voie se metent,
Si les comande a Deu li rois,
Toz les autres aprés ces trois
Salue, et puis si s'an retorne,
Et la reïne ne sejorne
Nul jor de tote la semainne,
Ne la rote que ele an mainne,

---

*

5274. *Var. TVA* il fu j. *mais le futur convient mieux. C, quoiqu'isolé, donne la bonne leçon.*

La cour est toute bruyante de joie.
On se dit prêt à s'en aller
le lendemain, au point du jour.
Et sitôt le matin venu,
ils font tous leurs préparatifs.
Les voici levés, en selle et en route,
sous la conduite du roi qui les suit
dans un joyeux climat de fête
sur un long bout de leur chemin.
Jusqu'au sortir de sa terre il les accompagne.
Une fois franchie la limite,
il fait ses adieux à la reine,
puis aux autres sans exception,
et la reine en prenant congé
le remercie courtoisement
pour tout le soin qu'il a pris d'elle.
Lui mettant les deux bras autour du cou,
elle lui propose ses bons offices
ainsi que ceux du roi son époux.
Elle ne peut pas promettre mieux.
Monseigneur Gauvain s'oblige envers lui
comme envers un seigneur et un ami.
Keu, puis les autres font de même.
Sur ce, on se remet en route.
Le roi les recommande à Dieu
et il les salue tous les trois,
puis les autres, et s'en retourne.

La reine, de toute la semaine,
ne s'est attardée nulle part,
non plus qu'aucun de ceux qu'elle emmène.

Tant qu'a la cort vient la novele*
Qui au roi Artus fu molt bele
De la reïne qui aproiche,
Et de son neveu li retoiche
Grant joie au cuer et grant leesce,
Qu'il cuidoit que par sa proesce
Soit la reïne revenue,
Et Kex et l'autre genz menue,
Mes autremant est qu'il ne cuident.
Por aus tote la vile vuident,
Si lor vont trestuit a l'encontre,
Et dit chascuns qui les ancontre,
Ou soit chevaliers ou vilains :
« Bien vaingne mes sire Gauvains,

[fo 47 rc] Qui la reïne a ramenee,
Et mainte dame escheitivee
Et maint prison nos a randu ! »
Et Gauvains lor a respondu :
« Seignor, de neant m'alosez,
Del dire huimés vos reposez,
Qu'a moi nule chose n'an monte,
Ceste enors me fet une honte,
Que je n'i ving n'a tans n'a ore,
Failli i ai par ma demore,
Mes Lanceloz a tans i vint,
Cui si granz enors i avint
Qu'ainz n'ot si grant nus chevaliers.
— Ou est il donc, biax sire chiers,
Quant nos nel veons ci elués ?

---

*

5324. me vaut *(TVA)*.

Enfin parvient à la cour la nouvelle,
qui enchanta le roi Arthur,
de l'arrivée prochaine de la reine.
Mais c'est aussi pour son neveu
que son coeur ressent tant de joie,
à la pensée que sa prouesse
lui vaut le retour de la reine,
de Keu et du reste des gens.
Mais il en va tout autrement.
La cité s'est vidée pour eux,
tous se portent à leur rencontre.
Chacun, qu'il soit noble ou manant,
dit, en arrivant devant eux :
« Bienvenue à monseigneur Gauvain,
qui nous a ramené la reine
et rendu tant de prisonniers
et tant de dames exilées ! »
Mais Gauvain leur a répondu :
« Seigneurs, cet éloge n'est pas de mise,
ne vous donnez plus cette peine :
je n'y ai eu aucune part.
L'honneur qu'on me rend me fait honte,
car je n'ai pu venir à temps,
j'ai échoué par ma lenteur.
C'est Lancelot qui fut au rendez-vous,
et qui en reçut plus de gloire
que n'en eut jamais chevalier.
— Où est-il donc, très cher seigneur
quand ici même on ne le voit ?

— Ou? fet mes sire Gauvains lués,*
A la cort mon seignor le roi!
Don n'i est il? — Nenil, par foi,
Ne an tote ceste contree.
Puis que ma dame an fu menee,
Nule novele n'an oïmes. »
Et mes sire Gauvains lors primes
Sot que les letres fausses furent,
Qui les traïrent et deçurent,
Par les letres sont deceü.
Lors resont a duel esmeü,
A cort vienent lor duel menant,
Et li rois trestot maintenant
Anquiert noveles de l'afaire.
Assez fu qui li sot retraire
Comant Lanceloz a ovré,
Comant par lui sont recovré
La reïne et tuit si prison,
Comant et par quel traïson
Li nains lor anbla et fortrest.
Ceste chose le roi desplest
Et molt l'an poise et molt l'an grieve,
Mes joie le cuer li sozlieve
Qu'il a si grant de la reïne
Que li diax por la joie fine,
Quant la rien a que il plus vialt
Del remenant petit se dialt.
Demantres que fors del païs
Fu la reïne, ce m'est vis,

---

* **5341.** Par les les l.

5342. r. tuit a duel meü *(TVA).* **5348.** *C est supérieur, pour la rime, à TVA* (delivré*).* **5349.** li p. *(TV).*

— Où ? s'étonne aussitôt Gauvain,
mais à la cour de monseigneur le roi !
N'y est-il donc pas ? — Non, pour sûr,
ni non plus dans tout le pays.
Depuis que fut emmenée madame la reine,
nous n'avons pas eu de nouvelles de lui. »
Gauvain a maintenant compris
que la lettre était un mensonge
qui les avait tous abusés.
Ils ont été dupes de la lettre.
De nouveau la douleur les gagne ;
leur deuil est manifeste en venant à la cour
et le roi cherche tout de suite
à savoir ce qui s'est passé.
Il trouva sans peine qui sût lui dire
l'œuvre accomplie par Lancelot,
comment reviennent grâce à lui
la reine et tous les prisonniers,
comment, par quelle trahison
le nain le leur avait soustrait.
Cette chose déplaît au roi
et lui cause un très grand tourment,
mais son cœur est si transporté
de joie à cause de la reine
que la joie efface le deuil.
Quand il a son plus cher désir,
il se soucie bien peu du reste.
Mais tandis que la reine était
loin du pays, je crois savoir

[fo 47 va] Pristrent un parlemant antr'eles*
Les dames et les dameiseles
Qui desconseilliees estoient,
Et distrent qu'eles se voldroient
Marier molt prochienemant,
S'anpristrent a cel parlemant
Une ahatine et un tornoi,
Vers celi de Pomelegoi
L'anprist la dame de Noauz.
De cels qui le feront noauz
Ne tandront parole de rien,
Mes de ces qui le feront bien
Dient que les voldront amer,
Sel feront savoir et crier
Par totes les terres prochienes
Et autresi par les loingtienes,
Et firent a molt lonc termine
Crier le jor de l'ahatine
Por ce que plus i eüst genz.
Et la reïne vint dedenz
Le termine que mis i orent,
Et maintenant qu'eles le sorent
Que la reïne estoit venue,
La voie ont cele part tenue
Les plusors tant qu'a la cort vindrent
Devant le roi, et si le tindrent
Molt an grant c'un dun lor donast
Et lor voloir lor otreast,
Et il lor a acreanté,
Ainz qu'il seüst lor volanté,

---

* **5362.** Li dameisel les d. *(corr. d'après V, mais T comme C (*Et damoisel et d.*), et A:* entre els / Les dames cortoisses et prels / Li damoissel et les dansieles / Qui cortoisses erent et bieles*). Le texte de A est refait pour accorder le pronom à la suite (d'où la nouvelle rime* els: prels*); la lecture erronée de* dameisel *pour* dames et *est probable et elle remonte* au modèle commun de *CT (A), dont V ici se sépare.*

qu'on avait tenu un conseil
entre les dames et les demoiselles
qui étaient privées d'une aide
et qui avaient l'intention déclarée
de se marier prochainement.
À cette réunion on décida
d'organiser un grand tournoi
que tiendrait la dame du Pis
contre celle de Pomeglas.
Ceux qui se montreront les pires
ne mériteront plus qu'on parle d'eux,
mais ceux qui seront les meilleurs
auront leur amour, disent-elles.
Le tournoi sera proclamé
partout dans les pays voisins
comme dans les terres lointaines.
On annonça pour le jour du combat
une date très éloignée
afin qu'il y eût plus de monde.
Or la reine revint avant
le terme qu'on avait fixé.
Aussitôt qu'elles ont appris
que la reine était arrivée,
elles ont, pour la plupart, pris la route
pour se rendre jusqu'à la cour
devant le roi et l'ont pressé
vivement de leur accorder
un don conforme à leurs désirs.
Et le roi les a assurées,
avant de savoir ce qu'elles voulaient,

5368. *Var. V* Pomelegloi, *A* Pomeloi, *T* Pomagloi. **5373-5374.** que les voudront avoir / Sel feront crier et savoir *(T, VA* firent*)*.

Qu'il feroit quanqu'eles voldroient.*
Lors li distrent qu'eles voloient
Que il sofrist que la reïne
Venist veoir lor ahatine,
Et cil qui rien veher ne sialt
Dist que lui plest, s'ele le vialt.
Celes qui molt liees an sont
Devant la reïne s'an vont,
Si li dient en es le pas :
« Dame, ne nos retolez pas
Ce que li rois nos a doné. »
Et ele lor a demandé :
« Quex chose est ce ? Nel me celez ! »
Lors li dient : « Se vos volez

[fo 47 vb] A nostre ahatine venir,
Ja ne vos an quiert retenir
Ne ja nel vos contredira. »
Et ele dist qu'ele i ira,
Des que il le congié l'an done.
Tantost par tote la corone
Les dameiseles an envoient
Et mandent que eles devoient
Amener la reïne au jor
Qui estoit criez de l'estor.
La novele par tot ala,
Et loing et pres et ça et la,
S'est tant alee et estandue
Qu'el rëaume fu espandue
Don nus retorner ne soloit,

---

* **5394.** Venir v.

5413. La reïne amener *(TA, V* mener*).*

qu'il répondrait à tous leurs souhaits.
C'était, comme elles le lui dirent,
de bien vouloir laisser la reine
venir assister au tournoi.
Et lui, qui n'aimait pas refuser,
l'accepte, si elle y consent.
Celles-ci en sont tout heureuses
et elles vont trouver la reine.
Et de lui dire sur-le-champ :
« Madame, n'allez pas reprendre
ce que le roi nous a donné !
— Qu'est-ce donc ? Dites-moi tout ! »
leur a-t-elle alors demandé.
« Si vous voulez, lui disent-elles,
assister à notre tournoi,
il ne veut pas vous retenir
et il n'y contredira pas. »
Elle a dit qu'elle s'y rendra,
du moment qu'il le lui permet.
Par tout le royaume aussitôt,
en envoyant des messagers,
les demoiselles font savoir
qu'au jour annoncé du combat
elles amèneraient la reine.
La nouvelle est allée partout,
au loin, tout près, et çà et là.
Elle est même, au bout de sa route,
allée se répandre au royaume
d'où nul ne revenait jamais

Mes ore qui c'onques voloit*
Avoit et l'antree et l'issue,
Et ja ne li fust deffandue.
Tant est par le rëaume alee
La novele dite et contee
Qu'ele vint chiés un seneschal
Meleagant le desleal,
Le traïtor, que max feus arde !
Cil avoit Lancelot an garde,
Chiés lui l'avoit an prison mis
Meleaganz ses anemis,
Qui le haoit de grant haïne.
La novele de l'anhatine
Sot Lanceloz, l'ore et le terme,
Puis ne furent si oil sanz lerme
Ne ses cuers liez que oï l'ot.
Dolant et pansif Lancelot
Vit la dame de la meison,
Sel mist a consoil a reison :
« Sire, por Deu et por vostre ame,
Voir me dites, fet li la dame,
Por coi vos estes si changiez.
Vos ne bevez ne ne mangiez
Ne ne vos voi joer ne rire.
Seüremant me poez dire
Vostre panser et vostre enui.
— Ha, dame ! Se je dolanz sui,
Por Deu, ne vos an merveilliez !
Voir que trop sui desconseilliez,

---

* **5435.** que il le sot *(corr. d'après T ; V = C, mais A :* qui adés l'ot *et E :* quooie l'out*).*

5440. Voir me conoissiez fet la d. *(TVA).* **5445.** *Var. VA* pesance *(T = C).*

avant ce jour qui a vu chacun
y entrer et en sortir à son gré,
sans qu'on y fît défense aucune.
La nouvelle, dite et redite
d'un bout à l'autre du pays,
arriva chez un sénéchal
du déloyal Méléagant,
ce maudit traître que l'enfer attend !
Il avait Lancelot en garde :
chez lui l'avait mis en prison
Méléagant, son ennemi,
qui le haïssait avec tant de haine.
Lancelot eut donc connaissance
du tournoi et du jour fixé.
Depuis, les yeux toujours en larmes,
il eut le cœur constamment triste.
Quand la dame de ce logis
le vit à ses tristes pensées,
elle le prit à part pour lui parler :
« Pour Dieu, monseigneur, pour votre âme,
dites-moi sans mentir, fait-elle,
pourquoi vous êtes si changé.
Vous ne buvez, vous ne mangez,
je ne vous vois plus vous distraire ou rire.
Dites-moi en toute confiance
le souci qui vous préoccupe.
— Ah ! madame, si je suis triste,
au nom du ciel, qu'y a-t-il là d'étrange ?
Je suis bien trop désemparé

[fo 47 vc] Quant je ne porrai estre la*
Ou toz li biens del mont sera,
A l'ahatine ou toz asanble
Li pueples, ensi con moi sanble.
Et neporquant, s'il vos pleisoit
Et Dex tant franche vos feisoit
Que vos aler m'i leissessiez,
Tot certeinnemant seüssiez
Que vers vos si me contanroie
Qu'an vostre prison revandroie.
— Certes, fet ele, jel feïsse
Molt volantiers, se n'i veïsse
Ma destrucion et ma mort.
Mes je criem mon seignor si fort,
Meleagant le deputaire,
Que je ne l'oseroie faire,
Qu'il destruiroit mon seignor tot.
N'est mervoille se jel redot,
Qu'il est si fel con vos savez.
— Dame, se vos peor avez
Que je tantost aprés l'estor
An vostre prison ne retor,
Un seiremant vos an ferai
Dom ja ne me parjurerai,
Que ja n'iert riens qui me detaingne
Qu'an vostre prison ne revaigne
Maintenant aprés le tornoi.
— Par foi, fet ele, et je l'otroi
Par un covant. — Dame, par quel ? »
Ele respont : « Sire, par tel

---

*

5452. *Foerster :* soz cui terre tranble, *d'après A :* sor cui t. t. *; T et V n'ont pas compris :* si com t. t. *(T),* qui sor t. t. *(V). Mais seuls C et T ont* asanble *au vers précédent (VA* ensanble*). La rime de C est plus riche, mais c'est une cheville banale. Nous adoptons donc la correction de Foerster.*

de ne pouvoir être présent
là où sera réuni tout bien en ce monde,
à ce tournoi où se rassemble
le peuple et où la terre tremble.
Et cependant, s'il vous plaisait,
avec cette bonté que Dieu a mise en vous,
de me permettre d'y aller,
vous auriez l'entière assurance
que j'aurais pour seule règle de conduite
de revenir ici même en prison.
— Je le ferais vraiment, dit-elle,
très volontiers, si je ne voyais là
ma ruine et ma mort tout ensemble.
Je crains si fortement mon maître,
Méléagant, si mauvais par nature,
que je n'oserais pas le faire :
il en détruirait mon mari.
Si je le crains, pourquoi s'en étonner ?
Vous savez bien sa cruauté.
— Madame, si vous avez peur
qu'aussitôt après le combat
je ne retourne dans votre prison,
je suis prêt à vous faire le serment
dont je ne veux être parjure,
qu'il n'est rien qui me retiendra
de revenir ici en prisonnier
aussitôt après le tournoi.
— Eh bien ! lui dit-elle, j'y consens,
à une condition. — Et laquelle, madame ?
— Que vous me juriez, monseigneur,

Que le retor me jureroiz*
Et avoec m'aseüreroiz
De vostre amor que je l'avrai.
— Dame, tote celi que j'ai
Vos doing je voir au revenir.
— Or m'an puis a neant tenir,
Fet la dame tot an riant,
Autrui, par le mien esciant,
Avez bailliee et comandee
L'amor que vos ai demandee,
Et neporcant sanz nul desdaing,
Tant con g'en puis avoir s'an praing,
A ce que je puis m'an tandrai.
Et le sairemant an prandrai

[fo 48 ra] Que vers moi si vos contendroiz
Que an ma prison revandroiz. »
Lanceloz tot a sa devise
Le sairemant sor sainte Eglise
Li fet qu'il revandra sanz faille,
Et la dame tantost li baille
Les armes son seignor vermoilles
Et le cheval qui a mervoilles
Estoit biax et forz et hardiz.
Cil monte, si s'an est partiz
Armez d'unes armes molt beles,
Trestotes fresches et noveles,
S'a tant erré qu'a Noauz vint.
De cele partie se tint
Et prist fors de la vile ostel.

*

5483. Vos doig et jur le revenir *(VA, T = C). Pour une fine appréciation de ces deux variantes, voir A. Micha, La tradition manuscrite ..., p. 134.*

répond-elle, de revenir,
et me garantissiez de plus
que votre amour sera pour moi.
— Tout celui dont je dispose, madame,
je vous le donne à mon retour.
— Autant dire que je n'ai rien !
fait la dame tout en riant.
Vous avez, à ma connaissance,
donné et recommandé à autrui
l'amour dont je vous ai prié.
Je ne dédaigne pourtant pas
d'en prendre le peu que je puis avoir,
et m'en tiendrai à ce qui est possible.
Mais vous me ferez le serment
que vous vous conduirez en sorte
de revenir ici même en prison. »
Lancelot lui prête ainsi qu'elle veut
le serment sur la sainte Église
de revenir sans faire faute,
et la dame aussitôt lui donne
les armes vermeilles de son mari
et son cheval, qui à merveille
était beau, puissant et ardent.
Il est en selle, il est parti,
revêtu de ces belles armes
qui avaient tout l'éclat du neuf.
Il est enfin venu au Pis
et s'est tenu à ce parti,
tout en logeant hors de la ville.

Einz si prodom n'ot mes itel,*
Car molt estoit petiz et bas,
Mes herbergier ne voloit pas
An leu ou il fust coneüz.
Chevaliers boens et esleüz
Ot molt el chastel amassez,
Mes plus en ot defors assez,
Que por la reïne en i ot
Tant venu que li quinz n'i pot
Ostel avoir dedanz recet,
Que por un seul en i ot set
Don ja un tot seul n'i eüst
Se por la reïne ne fust.
Bien .V. liues tot anviron
Se furent logié li baron
Es trez, es loges et es tantes.
Dames et dameiseles gentes
I rot tant que mervoille fu.
Lanceloz ot mis son escu
A l'uis de son ostel defors,
Et il por aeisier son cors
Fu desarmez et se gisoit
En un lit qu'il molt po prisoit,
Qu'estroiz ert et la coute tanve,
Coverte d'un gros drap de chanve.
Lanceloz trestoz desarmez
S'estoit sor ce lit acostez.
La ou il jut si povremant,
A tant ez vos un garnemant,

---

* **5511.** An leu ou ou.

Vit-on jamais homme si vaillant en pareil endroit ?
C'était tout exigu et bas.
Mais il ne voulait se loger
là où on le reconnaîtrait.
Nombre de chevaliers d'élite
s'étaient rassemblés au château,
mais dehors ils étaient bien plus,
car il y en avait tant qui vinrent
pour la reine qu'un bon cinquième
ne put trouver d'habitation :
pour un de venu, en voici bien sept
dont aucun n'eût été présent
si ce n'était pour voir la reine.
À cinq bonnes lieues à la ronde
les seigneurs s'étaient installés
dans des tentes et dans des huttes.
C'était merveille que de voir
autant de dames, de demoiselles gracieuses.
Lancelot avait posé son écu
dehors à la porte de son logis.
Afin de se mettre à son aise,
il s'était désarmé et allongé
sur un lit très peu à son goût,
étroit, mince de matelas,
couvert d'un grossier drap de chanvre.
Lancelot, ses armes ôtées,
s'était donc couché sur ce lit,
dont l'état était misérable.
Mais voici qu'arrive un vaurien

[fo 48 rb] Un hyraut d'armes an chemise,*
Qui an la taverne avoit mise
Sa cote avoec sa chauceüre,
Et vint nuz piez grant aleüre,
Desafublez contre le vant.
L'escu trova a l'uis devant,
Si l'esgarda, mes ne pot estre
Qu'il coneüst lui ne son mestre,
Ne set qui porter le devoit.
L'uis de la meison overt voit,
S'antre anz et vit gesir el lit
Lancelot, et puis qu'il le vit
Le conut, et si s'an seigna.
Et Lanceloz li anseigna
Et desfandi qu'il ne parlast
De lui an leu ou il alast,
Que s'il disoit qu'il le seüst
Mialz li vandroit que il s'eüst
Les ialz treiz ou le col brisié.
« Sire, je vos ai molt prisié,
Fet li hyrauz, et toz jorz pris,
Ne ja tant con je soie vis
Ne ferai rien por nul avoir
Don mal gré me doiez savoir. »
Tantost de la meison s'an saut,
Si s'an vet criant molt an haut :
« Or est venuz qui l'aunera !
Or est venuz qui l'aunera ! »
Ice crioit par tot li garz,
Et genz saillent de totes parz,

---

* **5550.** le regarda *(corr. d'après TVA).*

5557. toz jorz et pris *(VT).* **5563.** *Var. TVA* qui aunera *(de même infra, vv. 5571, 5617 et 5963).*

un héraut d'armes en simple chemise,
qui avait mis en gage à la taverne
sa tunique avec ses chaussures.
Il s'en venait nu-pieds en toute hâte,
dans le vent et sans son manteau.
Il a vu l'écu devant, à la porte,
et l'a regardé, sans le reconnaître
ni deviner à qui il était.
Il ignore qui pouvait le porter.
Cependant l'entrée est ouverte,
il pénètre et voit sur le lit
Lancelot, qu'au premier coup d'œil
il reconnut, en se signant.
Lancelot lui a signifié
qu'il lui faudrait rester muet
à son sujet, où qu'il s'en aille,
car s'il disait qu'il l'avait vu,
il vaudrait bien mieux pour lui s'être
arraché les yeux ou brisé le cou.
« Monseigneur, répond-il, pour vous
j'ai eu et j'ai toujours beaucoup d'estime.
Aussi longtemps que je vivrai,
je ne ferai à aucun prix
chose qui me vaille votre colère. »
D'un bond il sort de la maison,
et s'en va crier à tue-tête :
« Voici venu celui qui en prendra la mesure !
Voici venu celui qui en prendra la mesure ! »
Ce diable allait le crier de partout.
De tous côtés voilà qu'on sort.

Se li demandent que il crie.*
Cil n'est tant hardiz que le die,
Einz s'an va criant ce meïsmes,
Et sachiez que dit fu lors primes:
« Or est venuz qui l'aunera! »
Nostre mestre an fu li hyra
Qui a dire le nos aprist,
Car il premieremant le dist.
La sont assanblees les rotes,
La reïne et les dames totes,
Et chevalier et autres genz,
Car molt i avoit des sergenz
De totes parz, destre et senestre.
La ou li tornoiz devoit estre

[fo48rc] Ot unes granz loges de fust,
Por ce que la reïne i fust,
Et les dames et les puceles,
Einz nus ne vit loges si beles
Ne si longues ne si bien faites.
La si se sont l'andemain traites
Trestotes aprés la reïne,
Que veoir voldront l'ahatine
Et qui mialz le fera ou pis.
Chevalier vienent dis et dis
Et vint et vint et trante et trante,
ça .IIII.XX.. et ça nonante,
ça cent, ça plus et ça .II. tanz.
Si est l'asanblee si granz
Devant les loges et antor

---

*

5568. *Var. VA* qu'il lor die *(T* qu'il le die*)*. **5578.** Molt i ot geudes et sergens *(A, V* Et ml't geudes et ml't s., *T* Molt i ot vallez et s.*)*. **5586.** La se sont les dames atretes *(TVA)*.

Que crie-t-il ? lui demande-t-on.
Il n'a l'audace de le dire,
se contentant de répéter
ces mots qui furent dits pour la première fois :
« Voici venu celui qui en prendra la mesure ! »
Ce héraut fut pour nous un maître :
il nous apprit cette façon de dire,
l'expression est venue de lui.
Les groupes se sont rassemblés,
la reine avec toutes les dames,
des chevaliers, d'autres encore :
sergents, piétaille étaient en foule
partout, à droite comme à gauche.
Au lieu prévu pour le tournoi
on avait installé de hautes tribunes en bois
où devaient se tenir la reine,
les dames et les demoiselles.
On n'a jamais vu plus belle série de loges,
aussi longues, aussi bien faites.
C'est là que sont venues les dames
au grand complet après la reine,
dans leur désir d'assister au tournoi
et de voir qui aura le meilleur, qui le pis.
Les chevaliers viennent par groupes
de dix ou de vingt ou de trente,
quatre-vingts ici, là quatre-vingt-dix,
ou cent ou davantage ou deux fois plus.
Si grand est leur rassemblement
devant les loges et autour

Que il ancomancent l'estor.*
Armé et desarmé asanblent,
Les lances un grant bois resanblent,
Que tant en i font aporter
Cil qui s'an vuelent deporter
Qu'il n'i paroit se lances non
Et banieres et confanon.
Li josteor au joster muevent,
Qui conpaignons asez i truevent
Qui por joster venu estoient,
Et li autre se raprestoient
De faire autres chevaleries.
Si sont plainnes les praeries
Et les arees et li sonbre,
Que l'an n'en puet esmer le nonbre
Des chevaliers, tant en i ot,
Mes n'i ot point de Lancelot
A cele premiere asanblee.
Mes quant il vint parmi la pree,
Et li hirauz le voit venir,
De crier ne se pot tenir :
« Veez celui qui l'aunera !
Veez celui qui l'aunera ! »
Et l'an demande qui est il,
Ne lor an vialt rien dire cil.
Quant Lanceloz an l'estor vint,
Il seus valoit des meillors vint,
Sel comance si bien a feire
Que nus ne puet ses ialz retreire

---

*

5615. *Var. VA* vit *(T = C).*

que la mêlée peut s'engager.
Avec ou sans armes, les voici en présence.
Les lances font croire à une forêt :
on en avait tant apporté sur l'ordre
de ceux qui s'en faisaient un sport,
qu'on ne voyait rien d'autre qu'elles,
avec leurs gonfanons et leurs bannières.
Les jouteurs s'élancent pour la joute
et il ne manque pas pour la partager
de chevaliers venus à cette fin.
Les autres se préparaient à leur tour
pour accomplir d'autres exploits.
Ainsi se couvrent les prairies
et les labours et les jachères
de chevaliers en si grand nombre
qu'on ne saurait le calculer.
Pourtant Lancelot fut absent
de cette première rencontre.
Mais dès qu'il vint à travers pré,
le héraut, quand il l'aperçoit,
ne put s'empêcher de crier :
« Voici celui qui en prendra la mesure !
Voici celui qui en prendra la mesure ! »
Qui est-ce ? lui demande-t-on,
mais il ne veut en dire plus.
Lancelot est entré dans la mêlée,
il en vaut à lui seul vingt des meilleurs,
et il commence par de tels faits d'armes
qu'on ne peut détacher les yeux

[fo 48 va] De lui esgarder, ou qu'il soit.*
Devers Pomelesglai estoit
Uns chevaliers preuz et vaillanz,
Et ses chevax estoit saillanz
Et corranz plus que cers de lande,
Cil estoit filz le roi d'Irlande,
Qui molt bien et bel le feisoit,
Mes quatre tanz a toz pleisoit
Li chevaliers qu'il ne conoissent.
Trestuit de demander s'angoissent :
« Qui est cil qui si bien le fet ? »
Et la reïne a consoil tret
Une pucele cointe et sage
Et dit : « Dameisele, un message
Vos estuet feire, et tost le feites
A paroles briemant retreites !
Jus de ces loges avalez,
A ce chevalier m'an alez
Qui porte cel escu vermoil,
Et si li dites a consoil
Que au noauz, que je li mant. »
Cele molt tost et saigemant
Fet ce que la reïne vialt,
Aprés le chevalier s'aquialt
Tant que molt pres de lui s'est jointe,
Si li dist come sage et cointe,
Qu'il ne l'ot veisins ne veisine :
« Sire, ma dame la reïne
Par moi vos mande, et jel vos di,
Que au noauz. » Quant cil l'oï,

---

*

5626. *Var. T* Pomagloi, *A* Pomeglai, *V* Pomelegloi. **5638.** Si li dist : Pucele *(TVAF).* **5646.** Cele i vet tost *(TVA).* **5651.** Que ne l'ot *(TVAF).*

de son spectacle, où qu'il se trouve.
Il y avait dans le camp de Pomeglas
un chevalier plein de vaillance,
monté sur un cheval fougueux,
plus rapide qu'un cerf de lande.
C'était le fils du roi d'Irlande,
qui accomplissait des prouesses.
Mais le chevalier inconnu
plaisait à tous quatre fois plus
et tous s'inquiétaient de savoir :
« Qui est-il donc pour être si vaillant ? »
Alors la reine prend à part
une demoiselle fine et avertie
et lui dit : « Mademoiselle, il vous faut
exécuter un message au plus vite,
qui tient en de brèves paroles.
Descendez au pied de ces loges
et allez-moi jusqu'à ce chevalier
qui porte cet écu vermeil.
Vous lui direz, sans qu'on entende,
que de moi vient cet ordre : au pis ! »
Celle-ci est adroite et prompte
à faire ce que veut la reine.
Elle s'est mise après le chevalier.
Venant enfin tout contre lui,
elle lui glisse avec adresse,
loin de toute oreille indiscrète :
« Monseigneur, madame la reine
vous mande ceci par ma bouche :
que ce soit au pis ! » À ces mots,

Si li dist que molt volantiers,*
Come cil qui est suens antiers.
Et lors contre un chevalier muet
Tant con chevax porter le puet,
Et faut quant il le dut ferir,
N'onques puis jusqu'a l'anserir
Ne fist s'au pis non que il pot
Por ce qu'a la reïne plot,
Et li autres qui le requiert
N'a pas failli, einçois le fiert
Grant cop, roidemant s'i apuie,
Et cil se met lors a la fuie,
Ne puis cel jor vers chevalier
Ne torna le col del destrier.

[fo 48 vb] Por a morir rien ne feïst
Se sa grant honte n'i veïst,
Et son leit et sa desenor,
Et fet sanblant qu'il ait peor
De toz ces qui vienent et vont,
Et li chevalier de lui font
Lor risees et lor gabois,
Qui molt le prisoient ainçois,
Et li hirauz qui soloit dire :
« Cil les vaintra trestoz a tire »,
Est molt maz et molt desconfiz,
Qu'il ot les gas et les afiz
De ces qui dient : « Or te tes,
Amis ! Cist ne l'aunera mes.
Tant a auné c'or est brisiee

---

*

5655. Si li respont : Molt v. *(VA, F* Si dist : Pucele volenters, *T* Il respont que m. v.*).* **5665-5666.** *Var. V* Si que trestout le desarruie / Et cil se met lors a la ruie, *F* desconroie / ... voie *(au sens de « malmener »). Locus desperatus pour Foerster.* **5669.** *Var. TF* Ne por morir. *La leçon de A, difficile à déchiffrer, est aussi selon Foerster* amorir, *mais il faut lire* por a morir,

il lui répond : oui, de grand cœur !
en homme qui est tout entier à elle.
Il se porte alors contre un chevalier
de tout l'élan de son cheval,
et, maladroit, manque son coup.
Depuis ce moment jusqu'à la tombée du soir
il fit tout du pis qu'il pouvait,
puisqu'ainsi le voulait la reine.
Mais l'autre, en lançant son attaque,
ne se fit faute de l'atteindre,
le coup est violent, dur et appuyé.
Lui-même prend alors la fuite,
et de tout ce jour il ne tourna plus
vers aucun chevalier le col de sa monture.
Dût-il mourir, il n'eût rien fait
qui ne le couvrît, à ses yeux,
le plus indignement de honte.
Il montre des signes de peur
devant tous ceux qui viennent à passer.
Les chevaliers se rient de lui,
et ils en font des gorges chaudes,
eux qui l'admiraient au début.
Quant au héraut qui aimait répéter :
« L'un après l'autre, tous il les vaincra »,
le voici morne et consterné
devant les injures moqueuses
de ceux qui disent : « Plus un mot,
l'ami ! Ton homme n'en prendra pas la mesure :
il a si bien tout mesuré à son aune

---

cf. Ph. Ménard, Syntaxe de l'ancien français, p. 168. Voir aussi au v. 2539 de notre édition du Conte du Graal : por a conbatre, *qu'A. Henry nous signale comme une construction picarde.* **5682.** *On remarquera qu'ici A donne comme C* ne l'aunera *(var. FT* n'aunera*).*

S'aune que tant nos as prisiee. »*
Li plusor dient : « Ce que doit ?
Il estoit si preuz or endroit,
Et or est si coarde chose
Que chevalier atandre n'ose.
Espoir por ce si bien le fist
Que mes d'armes ne s'antremist,
Se fu si forz a son venir
Qu'a lui ne se pooit tenir
Nus chevaliers, tant fust senez,
Qu'il feroit come forsenez.
Or a tant des armes apris
Que ja mes tant com il soit vis
N'avra talant d'armes porter.
Ses cuers nes puet plus andurer,
Qu'el monde n'a rien si mespoise. »
A la reïne pas n'an poise,
Einz an est liee et molt li plest,
Qu'ele set bien, et si s'an test,
Que ce est Lanceloz por voir.
Ensi tot le jor jusqu'au soir
Se fist cil tenir por coart,
Mes li bas vespres les depart.
Au departir i ot grant plet
De ces qui mialz l'avoient fet.
Li filz le roi d'Irlande pansse
Sanz contredit et sanz desfansse
Qu'il ait tot le los et le pris,
Mes laidemant i a mespris,

---

* **5704.** tote nuit *(faute commune à CA, corr. d'après FT, V* tote jor*).*

5690. Qu'onc mes d'a. *(TV, F* C'ainc*)*. **5691.** si preuz *(TF)*. **5699-5701.** Qu'el monde n'a riens si coarde / Et la r. qui l'esgarde / En est molt l. *(TFVA)*. mespoise *n'est mentionné ni dans le lexique de Foerster ni dans le Tobler-Lommatzsch. Comprendre « méprisable ».*

qu'elle est brisée, l'aune que tu vantais ! »
« Que penser ? se demandent la plupart.
Il était tout à l'heure si vaillant
et le voici devenu si poltron
qu'il n'ose attendre un seul des chevaliers.
Peut-être doit il son premier exploit
à son ignorance des armes.
Aussi s'est-il d'entrée montré si fort
que ne pouvait lui résister
aucun chevalier, même d'expérience,
car il frappait comme un dément.
Il a maintenant appris le métier
au point de ne plus jamais de sa vie
avoir le désir de porter les armes.
Il n'a plus le cœur à l'ouvrage,
il n'y a si poltron au monde. »
Et la reine, attentive à regarder,
s'en est vivement réjouie,
car elle sait, se gardant d'en rien dire,
qu'il s'agit bien de Lancelot.
Ainsi tout le jour jusqu'au soir
s'est-il fait passer pour un lâche.
Vêpres passées, on se sépare.
S'élève alors un grand débat
sur ceux qui l'avaient fait le mieux.
Le fils du roi d'Irlande pense
que lui revient sans conteste possible
toute la gloire du tournoi.
Mais il se trompe lourdement,

[fo 48 vc] Qu'asez i ot de ses parauz.*
Neïs li chevaliers vermauz
Plot as dames et as puceles,
Aus plus gentes et aus plus beles,
Tant qu'eles n'orent a nelui
Le jor bahé tant com a lui,
Que bien orent veü comant
Il l'avoit fet premieremant,
Com il estoit preuz et hardiz,
Puis restoit si acoardiz
Qu'il n'osoit chevalier atandre,
Einz le poïst abatre et prandre
Toz li pires se il volsist.
Mes a totes et a toz sist
Que l'andemain tuit revandront
A l'ahatine, et si prandront
Les dameiseles a seignors
Ces cui le jor seroit l'enors,
Ensi le dient et atornent.
A tant vers les ostex s'an tornent,
Et quant il vindrent as ostex,
An plusors leus en ot de tex
Qui ancomancierent a dire :
« Ou est des chevaliers li pire,
Et li neanz et li despiz ?
Ou est alez ? Ou est tapiz ?
Ou ert trovez ? Ou le querrons ?
Espoir ja mes ne le verrons,
Que Malvestiez l'en a chacié,
Dom il a tel fes anbracié

* **5729-5730.** *Intervertis.* **5739.** est alez *(corr. d'après TVF).*

5722. refu *(TVA).* **5727-5728.** *Var. TVA* revendroient / ... prandroient *(mais F = C).*

car plus d'un l'avait égalé.
Le chevalier vermeil lui-même
sut plaire aux dames et aux jeunes filles,
aux plus gracieuses et aux plus belles d'entre elles,
au point qu'il les a fait rêver
plus qu'aucun autre, ce jour-là,
car on avait bien vu comment
il s'était conduit tout d'abord,
sa vaillance et sa hardiesse,
avant de se changer en lâche
sans plus attendre un seul des chevaliers,
si bien que le pire d'entre eux l'aurait,
s'il eût voulu, renversé et fait prisonnier.
Mais tout le monde trouva bon
de revenir le lendemain sans faute
au tournoi, afin que soient pris
pour maris par les demoiselles
ceux auxquels reviendrait l'honneur de la journée.
Tel est bien en effet leur dessein.
Sur ce chacun regagne son logis.
Mais une fois qu'ils sont rentrés,
il s'est trouvé un peu partout
des gens pour commencer à dire :
« Mais où est donc passé le pire
des chevaliers, ce bon à rien ?
Où est-il allé se cacher ?
Où le trouver ? Où le chercher ?
Peut-être ne va-t-on plus le revoir,
car Lâcheté l'a mis en fuite.
Elle pèse tant sur ses bras

Qu'el monde n'a rien si malveise,*
N'il n'a pas tort, car plus a eise
Est uns malvés .C.M.. tanz
Que n'est uns preuz, uns conbatanz.
Malvestiez est molt aeisiee,
Por ce l'a il an pes beisiee,
S'a pris de li quanque il a.
Onques voir tant ne s'avilla
Proesce qu'an lui se meïst
Ne que pres de lui s'aseïst,
Mes an lui s'est tote reposte
Malvestiez, s'a trové tel oste
Qui tant l'ainme et qui tant la sert
Que por s'enor la soë pert. »

[fo 49 ra] Ensi tote nuit se degenglent
Cil qui de mal dire s'estrenglent,
Mes tex dit sovant mal d'autrui
Qui est molt pires de celui
Que il blasme et que il despit.
Chascuns ce que lui plest an dit.
Et quant ce vint a l'anjornee
Refu la genz tote atornee,
Si s'an vindrent a l'anhatine.
Es loges refu la reïne
Et les dames et les puceles,
Si ot chevaliers avoec eles
Assez qui armes ne porterent,
Qui prison ou croisié se erent,
Et cil les armes lor devisent

---

* **5771.** lor armes.

5765. Si revindrent *(TA, VF* revienent*).* **5769-5770.** *Var. TV* portoient / ... estoient.

qu'il n'y a pas plus lâche en ce monde.
Mais a-t-il tort ? Il est cent mille fois
plus confortable d'être un lâche
que d'être un preux, un vrai guerrier.
Lâcheté a la vie facile,
aussi lui a-t-il donné un baiser de paix
et reçu d'elle tous ses biens.
Jamais en vérité Prouesse
ne s'avilit au point de se loger chez lui
ou de venir s'asseoir à ses côtés.
Mais chez lui s'est réfugiée tout entière
Lâcheté, laquelle a trouvé un hôte
à sa dévotion et à son service,
qui pour lui faire honneur se déshonore. »
Ainsi passent la nuit à se moquer
ces médisants, qui s'en étranglent.
Mais tel souvent médit d'autrui
qui est pire en fait que celui
qu'il blâme et qu'il méprise.
Chacun en dit ce qui lui plaît.
Et de nouveau, au point du jour,
tout le monde était fin prêt
et l'on s'en revint au tournoi.
Revoici la reine aux tribunes
avec les dames et les jeunes filles,
accompagnées de nombreux chevaliers
qui se trouvaient là sans leurs armes,
car ils s'étaient croisés ou constitué prisonniers.
Ceux-ci leur décrivent les armes

Des chevaliers que il plus prisent,*
Antr'ax dient : « Veez vos or
Celui a cele bande d'or
Parmi cel escu de bellic ?
C'est Governauz de Roberdic.
Et veez vos celui aprés
Qui an son escu pres a pres
A mise une aigle et un dragon ?
C'est li filz le roi d'Arragon
Qui venuz est an ceste terre
Por pris et por enor conquerre.
Et veez vos celui dejoste
Qui si bien point et si bien joste,
A cel escu vert d'une part,
S'a sor le vert point un liepart,
Et d'azur est l'autre mitiez ?
C'est Ignaurés li covoitiez,
Li amoreus et li pleisanz.
Et cil qui porte les feisanz
An son escu poinz bec a bec ?
C'est Coguillanz de Mautirec.
Et veez vos ces .II. delez,
A ces .II. chevax pomelez,
As escuz d'or as lyons bis ?
Li uns a non Semiramis
Et li autres est ses conpainz,
S'ont d'un sanblant lor escuz tainz.
Et veez vos celui qui porte
An son escu pointe une porte,

---

* **5775.** bernic *(corr. d'après TA).*

5782. Por los et *(TFVA).* **5792.** *La tradition est très confuse sur tous ces noms : ex.* Covert *(V),* Covoiteus *(T),* Toretas *(F), pour* Governauz ; Guinablez *(V),* Ignaines *(T),* Guinaivres *(T), pour* Ignaurés *(F = C) ; et enfin* Coignilaz Manurec *(T),* Cornillanz de Marinec *(V),* Coquillant Mimarec *(F),* Gogillans Mamirec *(A).* **5798.** *Var. VA* pains.

des chevaliers qu'ils estiment le plus :
« Là, voyez-vous, se lancent-ils,
ce chevalier avec l'écu
qui porte à une bande d'or ?
C'est Governal de Roberdic.
Et voyez-vous après celui
qui sur son écu côte à côte
porte à une aigle et un dragon ?
C'est le fils du roi d'Aragon :
il est venu dans ce pays
pour conquérir estime et gloire.
Et son voisin, le voyez-vous,
celui qui part au galop et joute si bien,
à l'écu parti de sinople,
à un léopard sur le vert,
et d'azur sur l'autre moitié ?
C'est Ignauré le désiré
et l'amoureux, celui qui plaît.
Et cet autre qui, sur l'écu,
porte à deux faisans bec à bec ?
C'est Coguillant de Mautirec.
Et à côté, voyez-vous ces deux-là,
sur leurs chevaux gris pommelés,
qui portent d'or aux lions gris-bruns ?
L'un a pour nom Sémiramis
et l'autre, c'est son compagnon :
ce sont les mêmes armoiries que l'on voit peintes.
Remarquez-vous celui qui meuble
son écu d'une porte peinte,

[fo 49 rb] Si sanble qu'il s'an isse uns cers ?*
Par foi, ce est li rois Yders. »
Ensi devisent des les loges :
« Cil escuz fu fez a Lymoges,
Si l'an aporta Piladés
Qui an estor vialt estre adés
Et molt le desirre et golose,
Cil autres fu fez a Tolose,
Et li lorains et li peitrax,
Si l'en aporta Keus d'Estrax.
Cil vint de Lyon sor le Rosne,
N'a nul si boen desoz le trosne,
Si fu par une grant desserte
Donez Taulas de la Deserte
Qui bel le porte et bien s'an cuevre,
Et cil autres si est de l'uevre
D'Engleterre et fu fez a Londres,
Ou vos veez ces .II. arondres
Qui sanblent que voler s'an doivent,
Mes ne se muevent, ainz reçoivent
Mainz cos des aciers poitevins,
Sel porte Thoas li meschins. »
Ensi devisent et deboissent
Les armes de ces qu'il conoissent,
Mes de celui mie n'i voient
Qu'an tel despit eü avoient,
Si cuident qu'il s'an soit anblez
Quant a l'estor n'est assanblez.
Quant la reïne point n'an voit,
Talanz li prist qu'ele l'anvoit

* **5810.** cuens d'E.

5803. cil des l. *(A)*. **5813.** *Var. F* por *(TA* par*)*. **5814.** *Var. TF(A)* Tallas. **5830.** *Var. TF* qu'ele i envoit, *V(A)* que el envoit.

d'où l'on croit voir sortir un cerf?
Sur ma parole, c'est le roi Yder. »
Ainsi détaillent-ils ce qu'ils voient d'en haut:
« Cet écu fut fait à Limoges,
d'où Pilade l'a rapporté:
il n'a que le combat en tête,
c'est là son plus ardent désir.
Cet autre provient de Toulouse,
la bride aussi, et le poitrail,
c'est Keu d'Estraus qui les rapporta.
Et celui-là sort de Lyon sur le Rhône,
il n'y en a de meilleur sous le ciel.
Pour avoir su le mériter,
Taulas de la Déserte l'a reçu.
Il sait bien le porter et s'en couvrir.
En voici un autre dont l'œuvre
est anglaise: il fut fait à Londres.
Vous y voyez deux hirondelles,
qu'on dirait prêtes à l'envol,
immobiles pourtant, offertes
à tous les coups des aciers poitevins.
Il est porté par le jeune Thoas. »
C'est ainsi qu'ils dépeignent avec soin
les armes de ceux qu'ils connaissent.
Mais pas la moindre trace de celui
qu'ils avaient tenu en un tel mépris!
Il s'est esquivé, pensent-ils,
en le voyant absent de la mêlée.
Ne l'apercevant pas, la reine
eut envie d'envoyer quelqu'un

Les rans cerchier tant qu'an le truisse,*
Ne set cui envoier i puisse
Qui mialz le quiere de celi
Qui hier i ala de par li.
Tot maintenant a li l'apele,
Si li dit : « Alez, dameisele,
Monter sor vostre palefroi !
Au chevalier d'ier vos envoi,
Sel querez tant que vos l'aiez,
Por rien ne vos an delaiez,
Et tant si li redites or
Qu'au noauz le reface ancor,
Et quant vos l'en avroiz semons,
S'antandez bien a son respons. »

[fo49 rc] Cele de rien ne s'en retarde,
Qui bien s'estoit donee garde
Le soir quel part il torneroit,
Por ce que sanz dote savoit
Qu'ele i reseroit anvoiee.
Parmi les rans s'est avoiee,
Tant qu'ele vit le chevalier,
Si li vet tantost conseillier
Que ancor au noauz le face
S'avoir vialt l'amor et la grace
La reïne, qu'ele li mande.
Et cil, des qu'ele le comande,
Li respont : « La soë merci. »
Tantost cele se departi,
Et lors comancent a huier

---

*

5841-5842. *Var. VTF* Et si li redites encor / Que au n. le r. or *(A* Que a n. le face encor*)*. **5856.** *Les éditeurs depuis Foerster ponctuent au discours direct après* et cil, *rejetant* li respont *en incise.*

pour le chercher dans les rangs et le trouver,
et elle ne voit pas qui d'autre
s'en acquitterait mieux que celle
qui pour elle y alla la veille.
Elle l'appelle sur-le-champ
et lui dit : « Allez donc monter
sur votre palefroi, mademoiselle !
Je vous envoie au chevalier d'hier,
cherchez-le, trouvez-le enfin,
et n'y mettez aucun retard !
Redites-lui ceci sans plus :
qu'il fasse encore de son pis !
Après le lui avoir enjoint,
écoutez bien ce qu'il répond. »
Celle-ci ne s'attarde pas.
Elle avait bien noté la veille
de quel côté il partirait,
car elle avait la certitude
qu'on l'enverrait encore à lui.
Elle se dirige à travers les rangs
et trouve enfin le chevalier.
Aussitôt elle va tout bas lui dire
qu'il fasse de nouveau au pis,
s'il veut avoir les bonnes grâces
de la reine, qui le lui mande.
Et lui, puisque c'est elle qui l'ordonne,
de répondre : « Qu'elle en soit remerciée ! »
Elle est repartie tout de suite.
Voici que des huées s'élèvent :

Vaslet, sergent et escuier,*
Et dient tuit : « Veez mervoilles
De celui as armes vermoilles !
Revenuz est, mes que fet il ?
Ja n'a el monde rien tant vil,
Si despite ne si faillie !
Si l'a Malvestiez an baillie
Qu'il ne puet rien contre li faire. »
Et la pucele s'an repaire,
S'est a la reïne venue,
Qui molt l'a corte et pres tenue
Tant que la responsse ot oïe,
Dom ele s'est molt esjoïe
Por ce c'or set ele sanz dote
Que ce est cil cui ele est tote
Et il toz suens sanz nule faille.
A la pucel[e] dit qu'ele aille
Molt tost arriere, et si li die
Que ele li comande et prie
Que au mialz face qu'il porra,
Et cele dit qu'ele i ira
Tot maintenant sanz respit querre.
Des loges est venue a terre
La ou ses garçons l'atandoit,
Qui son palefroi li gardoit,
Et ele monte, si s'an va
Tant que le chevalier trova,
Si li ala maintenant dire :
« Or vos mande ma dame, sire,

---

* **5861.** veez vermoilles.

5862. *Var. T(F)* Car (Que) cil d'ier. **5879.** Que tot le miex que il p. *(VF, cf. infra v. 5889, T* Face le m. que*).*

hommes de troupe, écuyers, jeunes gens,
se sont tous écriés : « Merveille !
voilà l'homme aux armes vermeilles !
Il est de retour, mais pourquoi ?
Il n'y a pas d'être au monde aussi vil,
aussi méprisable et déchu.
C'est Lâcheté qui le gouverne,
il ne peut rien faire contre elle. »
La demoiselle s'en retourne,
elle est allée jusqu'à la reine
qui ne lui a pas laissé de répit
avant d'entendre la réponse
qui lui a réjoui le cœur,
parce qu'elle est sûre à présent
que c'est lui, à qui elle est toute
et qui sans faute est tout à elle.
Et elle demande à la jeune fille
de repartir vite en arrière
lui dire qu'il fasse du mieux qu'il peut :
c'est là sa prière et son ordre.
Celle-ci répond qu'elle ira
tout de suite, sans s'attarder.
Elle est redescendue des loges
rejoindre son valet qui l'attendait
en lui gardant son palefroi.
Elle se met en selle et va,
sans s'arrêter, trouver le chevalier.
Et de lui dire sur-le-champ :
« Monseigneur, ma dame vous mande cette fois

[fo 49 va] Que tot le mialz que vos porroiz. »*
Et il respont : « Or li diroiz
Qu'il n'est riens nule qui me griet
A feire des que il li siet,
Que quanque li plest m'atalante. »
Lors ne fu mie cele lante
De son message reporter,
Que molt an cuide deporter
La reïne et esleescier.
Quanqu'ele se pot adrecier,
S'est vers les loges adreciee,
Et la reïne s'est dreciee,
Se li est a l'ancontre alee,
Mes n'est mie jus avalee,
Einz l'atant au chief del degré,
Et cele vient qui molt a gré
Li sot son message conter.
Les degrez comance a monter,
Et quant ele est venue a li,
Si li dist : « Dame, onques ne vi
Nul chevalier tant deboneire,
Qu'il vialt si oltreemant feire
Trestot quanque vos li mandez
Que, se le voir m'an demandez,
Autel chiere tot par igal
Fet il del bien come del mal.
— Par foi, fet ele, bien puet estre. »
Lors s'an retorne a la fenestre
Por les chevaliers esgarder.
Et Lanceloz sanz plus tarder

---

*

---

que ce soit du mieux que vous le pourrez.
— Vous lui direz, lui répond-il,
que rien ne peut m'être pénible
à faire, si cela lui plaît,
car sa volonté fait tout mon désir. »
Elle, alors, n'a pas été longue
à venir porter ce message,
se doutant bien qu'il ravirait
de bonheur le cœur de la reine.
Elle est allée au plus droit qu'elle a pu
dans la direction des tribunes.
Aussitôt s'est levée la reine
pour s'avancer à sa rencontre,
sans aller pourtant jusqu'en bas.
Elle préfère attendre en haut des marches,
tandis que vient celle qui sait
bien s'acquitter d'un message agréable.
La voici qui monte les marches
et qui est venue jusqu'à elle :
« Je n'ai jamais vu, madame, dit-elle,
un chevalier d'aussi grand cœur,
car sa volonté est si absolue
de faire tout ce que vous commandez
qu'à vous dire la vérité,
il reçoit du même visage
ce qu'il en est du bien comme du mal.
— Ma foi, dit-elle, c'est possible. »
Elle revient alors devant la baie
pour regarder les chevaliers.
Lancelot ne veut plus attendre :

L'escu par les enarmes prant,*
Que volentez l'art et esprant
De mostrer tote sa proesce,
Le col de son destrier adresce
Et lesse corre antre .II. rans.
Tuit seront esbahi par tans
Li deceü, li amusé,
Qui an lui gaber ont usé
Piece del jor et de la nuit,
Molt s'an sont grant piece deduit
Et deporté et solacié.
Par les enarmes anbracié
Tint son escu li filz le roi
D'Irlande, et point a grant desroi

[fo 49 vb] De l'autre part ancontre lui,
Si s'antrefierent anbedui
Si que li filz le roi d'Irlande
De la joste plus ne demande,
Que sa lance fraint et estrosse,
Car ne feri mie sor mosse,
Mes sor ais molt dures et seches.
Lanceloz une de ses teches
Li a aprise a cele joste,
Que l'escu au braz li ajoste
Et le braz au costé li serre,
Sel porte del cheval a terre.
Et tantost chevalier descochent,
D'anbedeus parz poignent et brochent,
Li uns por celui desconbrer

* **5924.** esbaudi *(corr. d'après TF)*. **5947.** por l'autre *(faute commune à CF)*.

5922. *Var. TFV* son cheval. **5934.** *Var. TV* s'entrevienent, *F* s'entrecontrent. **5938.** n'ot mie feru *(TV)*.

il saisit l'écu par les brides,
brûlant du désir le plus vif
de faire éclater sa prouesse.
Puis, guidant la tête de son cheval,
il l'a lancé à fond entre deux rangs.
Ils en resteront bientôt stupéfaits,
tous ceux à qui il a donné le change
et qui se sont moqués de lui
toute une part du jour et de la nuit :
il ne les a que trop longtemps
amusés, à leur grande joie !
Tenant son écu embrassé
par les poignées, le fils du roi
d'Irlande s'est lancé d'en face
à bride abattue contre lui.
Mais leur heurt à tous deux est tel
que pour le fils du roi d'Irlande
l'envie de la joute est passée :
sa lance se brise en morceaux,
car il n'a pas frappé sur de la mousse,
mais sur des lattes d'un bois dur et sec.
Dans cette joute Lancelot
lui a appris un maître coup,
en lui plaquant l'écu contre le bras,
puis le bras contre le côté
pour l'envoyer rouler à terre.
Des chevaliers partent en flèche
des deux camps à coup d'éperons,
les uns pour le sortir de là,

Et li autres por l'enconbrer.*
Li un lor seignors eidier cuident,
Et des plusors les seles vuident
An la meslee et an l'estor,
Mes onques an trestot le jor
Gauvains d'armes ne se mesla,
Qui ert avoec les autres la,
Qu'a esgarder tant li pleisoit
Les proesces que cil feisoit
As armes de sinople taintes
Qu'estre li sanbloient estaintes
Celes que li autre feisoient,
Envers les soës ne paroient.
Et li hyrauz se resbaudist
Tant qu'oiant toz cria et dist :
« Or est venuz qui l'aunera !
Huimés verroiz que il fera,
Huimés aparra sa proesce. »
Et lors li chevaliers s'adresce
Son cheval et fet une pointe
Ancontre un chevalier molt cointe,
Et fiert si qu'il le porte jus
Loing del cheval .C. piez ou plus.
Si bien a faire le comance
Et de l'espee et de la lance
Qu'il n'est nus qui armes ne port
Qu'a lui veoir ne se deport,
Nes maint de ces qui armes portent
S'i redelitent et deportent,

---

* **5973.** Que il n'est hom qui armes port *(corr. d'après V, TF* riens qui*).*

5949. seignor *(TVF).* **5954.** *Var. T* o les a. de la *: c'est-à-dire « avec ceux de là-bas », de l'autre camp, opposés à ceux de la ville de Noauz. Mais seul T offre un sens aussi précis. Dans C au contraire, on peut penser que* les autres *répond à* li un *du v. 5949. Dans ce cas, Gauvain est du même camp que Lancelot, comme le traduit Frappier.* **5960.** Qu'envers *(TFV).*

les autres pour y faire obstacle.
Les premiers comptent aider leur seigneur :
pour la plupart, ils vident les arçons
au beau milieu de la mêlée.
Mais de toute cette journée
Gauvain n'a pris part au combat,
bien qu'il fût là, avec les autres :
il avait un si grand plaisir à voir
les prouesses qu'accomplissait
le chevalier aux armes rouges
que venait s'éteindre à ses yeux
tout l'éclat de celles des autres.
Elles disparaissaient devant les siennes.
Le héraut s'en trouve ragaillardi,
et tous de l'entendre crier :
« Voici celui qui en prendra la mesure !
Vous allez voir ce qu'il va faire,
aujourd'hui éclatera sa prouesse. »
Et le chevalier dirige autre part
son cheval, courant à l'attaque
d'un adversaire élégamment vêtu.
Le coup est si fort qu'il l'envoie au sol
à cent pieds, voire plus, de son cheval.
Il se montre ensuite si bon
à l'épée tout comme à la lance
que tous ceux qui assistaient sans combattre
sont à la fête en le voyant.
Même parmi les combattants,
plus d'un y prend un vif plaisir,

[fo 49 vc] Que granz deporz est de veoir*
Con fet trabuchier et cheoir
Chevax et chevaliers ansanble.
Gaires a chevalier n'asanble
Qu'an sele de cheval remaingne,
Et les chevax que il gaaigne
Done a toz ces qui les voloient.
Et cil qui gaber le soloient
Dient : « Honi somes et mort !
Molt avomes eü grant tort
De lui despire et avillier.
Certes il valt bien un millier
De tex a en cest chanp assez,
Que il a vaincuz et passez
Trestoz les chevaliers del monde,
Qu'il n'i a un qu'a lui s'aponde. »
Et les dameiseles disoient,
Qui a mervoilles l'esgardoient,
Que cil les tolt a marier
Car tant ne s'osoient fier
En lor biautez n'an lor richeces,
N'an lor pooirs, n'an lor hauteces,
Que por biauté ne por avoir
Deignast nule d'eles avoir
Cil chevaliers, que trop est prouz.
Et neporquant se font tex vouz
Les plusors d'eles qu'eles dient
Que s'an cestui ne se marient,
Ne seront ouan mariees,
N'a mari n'a seignor donees.

---

* **5984.** Et cil chevalier le sivoient *(corr. d'après TVF).*

5995. *Seul C a la bonne leçon (var. F* Que s'il estoit a m. / Que, *T* Qu'a lui se voldront m. / Mes*).* **6004.** a cestui *(TFV).*

car c'est un vrai régal de voir
comment il renverse par terre
chevaux et chevaliers ensemble.
Ils sont très peu, quand vient le choc,
à demeurer encore en selle.
Et puis il donne à qui les veut
tous les chevaux qu'il a gagnés.
Et tous les moqueurs de la veille
de s'écrier : « C'est notre mort et notre honte !
Nous avons eu le plus grand tort
de le dénigrer et de l'humilier.
Il en vaut à lui seul bien mille
de ceux qu'on voit sur ce champ de bataille.
Il a vaincu et surpassé
tous les chevaliers de ce monde.
Aucun ne peut se comparer à lui. »
Mais les demoiselles disaient,
tout en ouvrant des yeux émerveillés,
qu'il leur ôte tout espoir de mariage,
car elles n'osaient pas se fier
à leur beauté, à leur richesse
ou aux privilèges de leur naissance
au point d'en obtenir qu'il daigne
pour son charme ou son bien épouser l'une d'elles :
c'était un chevalier de trop haute valeur.
Mais voici cependant le vœu
qu'elles ont presque toutes formulé :
sans mariage avec celui-ci,
pas de mariage dans l'année !
Pas d'autre mari d'ici là !

Et la reïne qui antant*
Ce dom eles se vont vantant
A soi meïsmes an rit et gabe,
Bien set que por tot l'or d'Arrabe,
Qui trestot devant li metroit,
La meillor d'eles ne prandroit,
La plus bele ne la plus gente,
Cil qui a totes atalante.
Et lor volentez est comune
Si qu'avoir le voldroit chascune,
Et l'une est de l'autre jalouse
Si con s'ele fust ja s'espouse,
Por ce que si adroit le voient
Qu'eles ne pansent ne ne croient

[fo 50 ra] Que nus d'armes, tant lor pleisoit,
Poïst ce feire qu'il feisoit.
Si bien le fist qu'au departir
D'andeus parz distrent sanz mantir
Que n'i avoit eü paroil
Cil qui porte l'escu vermoil,
Trestuit le distrent et voirs fu.
Mes au departir son escu
Leissa an la presse cheoir,
La ou greignor la pot veoir,
Et sa lance et sa coverture,
Puis si s'an va grant aleüre.
Si s'an ala si en anblee
Que nus de tote l'asanblee
Qui la fust, garde ne s'an prist.

---

*

6021. Qu(e) hom terrïens *(TVF)*. **6032.** Puis se mist es granz aleüres *(TV)*.

Mais la reine, lorsqu'elle entend
de quels espoirs elles se flattent,
en a ri au fond d'elle-même.
Se verrait-il offrir là, devant lui,
tout l'or de l'Arabie, elle sait bien
qu'il ne prendrait pour autant la meilleure,
la plus belle et la plus gracieuse
parmi toutes celles qui n'ont d'yeux que pour lui.
Elles ont un seul et même désir,
c'est de l'avoir chacune à soi,
l'une l'autre elles se jalousent
comme s'il était déjà leur mari.
N'est-il pas d'une telle adresse
qu'à le voir, elles sont d'avis,
tant il leur plaisait, que personne
ne saurait faire autant d'armes que lui ?
Pour ses hauts faits, au moment de se séparer,
on a dit sans mentir dans les deux camps
qu'il avait été sans pareil,
le chevalier avec l'écu vermeil.
Tous l'ont affirmé. C'était vrai.
Mais son écu, au moment du départ,
il l'a laissé tomber parmi la foule,
là où il l'a vue la plus dense,
ainsi que sa lance et la housse du cheval.
Puis il s'éloigne à grande allure.
Il a si bien su cacher son départ
que nul ne s'en est aperçu,
dans toute l'assemblée réunie là.

Et cil a la voie se mist,*
Si s'an ala molt tost et droit
Cele part don venuz estoit
Por aquiter son sairemant.
Au partir del tornoiemant
Le quierent et demandent tuit,
N'an truevent point, car il s'an fuit,
Qu'il n'a cure qu'an le conoisse.
Grant duel en ont et grant angoisse
Li chevalier, qui an feïssent
Grant joie se il le tenissent.
Et se aus chevaliers pesa
Quant il ensi lessiez les a,
Les dameiseles, quant le sorent,
Asez plus grant pesance en orent,
Et dient que par saint Johan
Ne se marieront ouan :
Quant celui n'ont qu'eles voloient,
Toz les autres quites clamoient.
L'anhatine ensi departi
C'onques nule n'an prist mari.
Et Lanceloz pas ne sejorne,
Mes tost an sa prison retorne,
Et li seneschax vint ençois
De Lancelot .II. jorz ou trois,
Si demanda ou il estoit,
Et la dame qui li avoit
Ses armes vermoilles bailliees,
Bien et beles apareilliees,

---

* **6044.** en a.

6053-6054. que eles aiment / Trestouz les a. q. claiment *(TVF).* **6064.** beles et bien *(TVF).*

Le voici qui s'est mis en route.
Il s'est hâté d'aller tout droit
vers là d'où il était venu,
pour s'acquitter de son serment.
Au moment de se séparer,
tous le cherchent et le réclament,
sans le trouver, car il s'enfuit,
il ne tient pas à être reconnu.
Que de trouble et que de tristesse
parmi les chevaliers qui avec joie
l'auraient fêté, s'ils l'avaient eu !
Mais s'ils ont été contrariés
d'avoir été laissés ainsi,
les demoiselles bien plus qu'eux,
en l'apprenant, furent chagrines,
et par saint Jean, ont-elles dit,
de l'année elles ne se marieront !
Faute de celui qu'elles aiment,
les autres en sont tenus pour quittes !
Le tournoi se sépare ainsi
sans qu'aucune ait pris de mari.

Lancelot ne s'attarde pas,
mais revient vite à sa prison.
Or le sénéchal arriva
deux ou trois jours plus tôt que lui.
Il demanda où il était
et la dame qui lui avait
fait don de ses armes vermeilles,
en parfait état et si belles,

[fo 50 rb] Et son hernois et son cheval,*
Le voir an dist au seneschal,
Comant ele l'ot anvoié
La ou en avoit tornoié,
A l'ahatine de Noauz.
« Dame, voir, fet li seneschauz,
Ne poïssiez faire noaus.
Molt m'an vanra, ce cuit, granz maus,
Que mes sire Meleaganz
Me fera pis que li jaianz
Se j'avoie esté perilliez.
Morz an serai et essilliez
Maintenant que il le savra,
Que ja de moi pitié n'avra.
— Biax sire, or ne vos esmaiez,
Fet la dame, mie n'aiez
Tel peor, qu'il ne vos estuet.
Riens nule retenir nel puet,
Que il le me jura sor sainz
Qu'il vanroit ja ne porroit ainz. »
Li seneschaus maintenant monte,
A son seignor vint, se li conte
Tote la chose et l'avanture,
Mes ice molt le raseüre
Que il li dit confaitemant
Sa fame an prist le sairemant
Qu'il revandroit an la prison.
« Il n'an fera ja mesprison,
Fet Meleaganz, bien le sai,
Et neporquant grant duel en ai

---

*

6070-6071. *TF, intervertis.* **6074.** *Var. VF* li lagans, *T = C.* **6075.** *Var. T(V)* Qui en la mer fu (est) p., *F = C ! Pour Foerster, il s'agit du* lagan *ou « droit d'épave » qui autorisait le seigneur du pays à se saisir de tout ce qui échouait sur les côtes (cf. s.v. Tobler-Lommatzsch). Pour Roques, ce serait le géant qui terrifia le pays autour du Mont-Saint-Michel.* **6084.** Qu'il revendroit ne p. a. *(F, TV* revendra*).* **6086.** vient *(TF).*

de son cheval et du harnais,
a dit au sénéchal la vérité
et comment elle l'envoya
à la compétition du Pis,
là où le tournoi a eu lieu.
« Ah ! madame, lui dit le sénéchal,
vous ne pouviez pas faire pis !
Il m'en viendra, je crois, bien du malheur,
car Méléagant, mon seigneur,
me fera pis qu'il n'advient d'une épave
si j'avais dû faire naufrage.
Ce sera ma mort et ma ruine
dès qu'il en aura connaissance.
Il sera sans pitié pour moi.
— Soyez sans crainte, cher seigneur,
fait la dame, il est inutile
de concevoir tant de frayeur.
Rien ne peut le retenir loin d'ici,
il m'a juré sur les reliques saintes
qu'il reviendrait au plus tôt qu'il pourrait. »
Le sénéchal est aussitôt en selle,
il va voir son seigneur et lui raconte
toute l'affaire survenue.
Mais le voici plus rassuré
quand il apprend de lui comment
sa femme reçut le serment
qu'il reviendrait dans sa prison.
« Il ne se mettra pas en faute,
dit Méléagant, j'en suis sûr.
Je regrette pourtant beaucoup

De ce que vostre fame a fait,*
Je nel volsisse por nul plait
Qu'il eüst esté an l'estor.
Mes or vos metez au retor
Et gardez, quant il iert venuz,
Qu'il soit an tel prison tenuz
Qu'il n'isse de la prison fors
Ne n'ait nul pooir de son cors,
Et maintenant le me mandez.
— Fet iert si con vos comandez »,
Fet li seneschax. Si s'an va,
Et Lancelot venu trova
Qui prison tenoit an sa cort.
Uns messages arriere cort,

[fo 50 rc] Que li seneschax en anvoie
A Meleagant droite voie,
Si li a dit de Lancelot
Qu'il est venuz, et quant il l'ot,
Si prist maçons et charpantiers
Qui a enviz ou volantiers
Firent ce qu'il lor comanda.
Les meillors del païs manda,
Si lor a dit qu'il li feïssent
Une tor et poinne i meïssent
En ce que ele fust tost feite.
Sor la mer fu la pierre treite,
Que pres de Gorre iqui delez
An cort uns braz et granz et lez.
Enmi le braz une isle avoit

---

* **6119-6120.** Ençois qu'ele fust tote feite / Sor la mer, et la pierre treite *(corr. d'après V :* En ce qu'ele f. bien t. f., *T* Et que ele f. molt t. f., *F* Si que ele f. t. f.*)*.

tout ce que votre femme a fait.
Je n'aurais pas voulu, quoi qu'on pût me dire,
qu'il se rendît à ce tournoi.
Mais repartez donc maintenant
et veillez, à son arrivée,
à ce qu'il soit si bien gardé
qu'il ne sorte plus de prison
et qu'il ne soit pas libre de ses mouvements.
Et hâtez-vous de m'avertir !
— Il en sera fait, dit le sénéchal,
comme vous l'ordonnez. » Et il s'en va.
Il a trouvé Lancelot de retour,
qui se tenait prisonnier à sa cour.
Un messager est reparti,
envoyé par le sénéchal
au plus droit à Méléagant,
pour lui dire, de Lancelot,
qu'il est rentré. Dès qu'il l'apprend,
il réunit maçons et charpentiers,
lesquels ont dû, bon gré mal gré,
faire ce qu'il leur commanda.
Il fit venir les meilleurs du pays
et leur a dit de lui bâtir
une tour et de faire effort
pour la terminer au plus vite.
Le long de la mer en fut prise la pierre,
car, près de Gorre, au voisinage,
s'étend un large bras de mer.
En son milieu était une île

Que Meliaganz bien savoit,*
La comanda la pierre a traire
Et le merrien por la tor faire.
An moins de cinquante et .VII. jorz
Fu tote parfeite la torz,
Forz et espesse et longue et lee.
Quant ele fu ensi fondee,
Lancelot amener i fist
Et an la tor ensi le mist,
Puis comanda les huis murer
Et fist toz les maçons jurer
Que ja par aus de cele tor
Ne sera parole a nul jor.
Ensi volt qu'ele fust celee,
Ne n'i remest huis ne antree
Fors c'une petite fenestre.
Leanz covint Lancelot estre,
Si li donoit l'an a mangier
Molt povremant et a dongier
Par cele fenestre petite
A ore devisee et dite,
Si con l'ot dit et comandé
Li fel plains de deslëauté.
Or a tot fet quanque il vialt
Meleaganz, aprés s'aquialt
Droit a la cort le roi Artu,
Estes le vos ja la venu.
Et quant il vint devant le roi,
Molt plains d'orguel et de desroi

---

* **6133.** barrer *(corr. d'après TFV).*

6126. *V abrège et refait le récit, F confirme la leçon de C (*merrien*) contre T (*mortier*) et apparaît comme un plus sûr témoin de sa tradition que ce dernier.* **6129.** *Var. TV* Haute et e. et bien fondee *(F* bien fermee*).* **6130.** *Var. F* fu a ce menee *(V* einsi m.*).* **6132.** Par nuit et en la tor le mist *(TVF).*

bien connue de Méléagant.
C'est là qu'il fit prendre la pierre
et le madrier pour bâtir la tour.
En moins de cinquante-sept jours
la tour était parachevée,
bien fortifiée, les murs épais, de large dimension.
Une fois qu'elle fut construite,
il fit amener Lancelot
de nuit, et il le mit dedans.
Il donna l'ordre de murer les portes
et força tous les maçons à jurer
que de leur vie ils ne diront
jamais un mot sur cette tour.
Il voulait ainsi la garder secrète.
Pas de porte ni d'ouverture,
sauf une petite fenêtre.
Voilà où Lancelot dut vivre !
On lui donnait de quoi manger,
bien maigrement, en le privant,
par cette petite fenêtre
juste mentionnée à l'instant.
Ainsi en avait décidé
la méchanceté de ce traître.
Ayant donc fait ce qu'il voulait,
Méléagant se rend ensuite
droit à la cour du roi Arthur.
Le voici déjà arrivé.
Sitôt qu'il fut devant le roi,
sans retenue, gonflé d'orgueil,

[fo 50 va] A comanciee sa reison :*
« Rois, devant toi an ta meison
Ai une bataille arramie,
Mes de Lancelot n'i voi mie,
Qui l'a enprise ancontre moi,
Et neporquant, si con je doi,
Ma bataille oiant toz presant
Ces que ceanz voi an presant.
Et s'il est ceanz, avant veingne
Et soit tex que covant me teigne
An vostre cort d'ui en un an.
Ne sai s'onques le vos dist l'an
An quel meniere et an quel guise
Ceste bataille fu anprise,
Mes je voi chevaliers ceanz
Qui furent a noz covenanz,
Et bien dire le vos savroient,
Se voir reconuistre an voloient.
Mes se il le me vialt noier,
Ja n'i loierai soldoier,
Einz le mosterrai vers son cors. »
La reïne, qui seoit lors
Delez le roi, a soi le tire,
Et si li encomance a dire :
« Sire, savez vos qui est cist ?
C'est Meliaganz qui me prist
El conduit Kex le seneschal,
Assez li fist et honte et mal. »
Et li rois li a respondu :
« Dame, je l'ai bien antendu,

---

*

il lui adresse ce discours :
« Roi, à ta cour et devant toi
je dois, par un serment, livrer bataille,
mais je ne vois trace de Lancelot
qui s'y engagea contre moi.
Néanmoins, ainsi que je dois,
j'offre la bataille devant tous ceux
que je vois présents ici même.
S'il est en ces lieux, qu'il s'avance
et qu'il soit prêt à me tenir parole
dans un an jour pour jour à votre cour.
J'ignore si on vous a dit
comment, dans quelles circonstances,
fut décidée cette bataille,
mais j'aperçois ici des chevaliers
qui ont été présents à nos accords
et ils pourraient vous renseigner
s'ils avouaient la vérité.
Mais s'il prétend nier la chose,
je le prouverai contre lui,
sans le secours d'autres services ! »
La reine qui était assise
auprès du roi, l'attire à elle
et lui glisse ces premiers mots :
« Sire, connaissez-vous cet homme ?
C'est Méléagant qui me captura
quand le sénéchal Keu m'avait en garde.
Que de honte et de mal il lui causa ! »
Et le roi lui a répondu :
« Madame, je l'ai bien compris,

Je sai molt bien que ce est cil*
Qui tenoit ma gent an essil. »
La reïne plus n'an parole,
Li rois a torné sa parole
Vers Meleagant, si li dit :
« Amis, fet il, se Dex m'aït,
De Lancelot nos ne savons
Noveles, don grant duel avons.
— Sire rois, fet Meleaganz,
Lanceloz me dist que ceanz
Le troveroie je sanz faille,
Ne je ne doi ceste bataille
Semondre s'an vostre cort non.
Je vuel que trestuit cist baron

[fo 50 vb] Qui ci sont m'an portent tesmoing
Que d'ui en un an l'en semoing
Par les covanz que nos feïsmes
La ou la bataille anpreïsmes. »
A cest mot an estant se lieve
Mes sire Gauvains, cui molt grieve
De la parole que il ot,
Et dit : « Sire, de Lancelot
N'a point an tote ceste terre,
Mes nos l'anvoieromes querre,
Se Deu plest, sel trovera l'an
Ençois que veigne au chief de l'an,
S'il n'est morz ou anprisonez,
Et s'il ne vient, si me donez
La bataille, je la ferai.

---

*

6186. *Les éditeurs ont choisi de lire* atorne sa p. *mais F:* Et li rois torne sa p. *et T:* Vers Meleagant sa parole / A li rois torné.

je sais parfaitement que c'est lui
qui tenait mon peuple en exil. »
La reine alors n'en parle plus,
tandis que le roi s'est tourné
vers Méléagant pour lui dire :
« Ami, que Dieu m'en soit témoin,
de Lancelot nous n'avons pas
de nouvelles et c'est notre tourment.
— Sire roi, fait Méléagant,
Lancelot m'a bien dit qu'ici
sans faute je le trouverais.
La sommation de la bataille
ne peut être faite qu'à votre cour.
Je demande à tous les seigneurs
ici présents de m'en être témoins :
d'ici un an je l'en mets en demeure,
en vertu des accords passés
le jour où la décision en fut prise. »
À ces mots monseigneur Gauvain
s'est levé, car ce qu'il entend
lui a profondément déplu.
« Sire, dit-il, de Lancelot
il n'y a pas trace en ce pays,
mais nous le ferons rechercher
et, s'il plaît à Dieu, on le trouvera
avant que l'année ne s'achève,
à moins qu'il ne soit mort ou en prison.
Mais s'il ne vient pas, accordez-moi
ce combat, que je le remplace.

Por Lancelot m'an armerai*
Au jor, se il ne vient ençois.
— Haï, por Deu ! Biax sire rois,
Fet Meliaganz, donez li,
Il la vialt et je vos an pri,
Qu'el monde chevalier ne sai
A cui si volentiers m'essai,
Fors que Lancelot seulemant.
Mes sachiez bien certainnemant
S'a l'un d'aus .II. ne me conbat,
Nul eschange ne nul rabat
Fors que l'un d'aus .II. n'an prandroie. »
Et li rois dit que il l'otroie
Se Lanceloz ne vient dedanz.
A tant s'an part Meleaganz
Et de la cort le roi s'an va,
Ne fina tant que il trova
Le roi Bademagu son pere.
Devant lui por ce que il pere
Qu'il est preuz et de grant afeire,
Comança un sanblant a feire
Et une chiere merveilleuse.
Ce jor tenoit cort molt joieuse
Li rois a Bade sa cité,
Jorz fu de sa natevité,
Por ce la tint grant et pleniere,
Si ot gent de mainte meniere
Avoec lui venu plus qu'assez,
Toz fu li palés antassez

*

6222. *Excellente leçon de C pour le sens et pour la rime, contre T (*achat*) et V (*rachat*) : hormis ces deux, inutile de se « rabattre » sur un tiers, dit en substance Méléagant.* **6236.** *Var. TF :* la N. *cf. A. Fourrier, BBSIA nº 2, 1950, p. 71, n. 6.*

Pour Lancelot je porterai les armes
au jour dit, s'il ne vient pas avant.
— Oh ! pour Dieu, dit Méléagant,
mon très cher roi, acceptez-le !
C'est son vœu, c'est aussi ma prière :
je ne connais de chevalier au monde,
à l'exception de Lancelot,
avec qui je voudrais autant me mesurer.
Soyez cependant bien certain
que si l'un de ces deux ne me combat,
je n'accepterais en échange
personne sur qui me rabattre. »
Le roi a donné son accord,
si Lancelot n'arrive à temps.
Sur ce, Méléagant les quitte
et il s'éloigne de la cour.
Il n'a de cesse qu'il ne retrouve
le roi Bademagu, son père.
Devant lui, comme pour montrer
sa prouesse et son importance,
il s'est composé un visage
qui les a tous émerveillés.
Dans sa ville de Bade, ce jour-là,
le roi tenait une cour très joyeuse :
c'était le jour de son anniversaire.
Aussi tenait-il cour plénière.
Une foule de gens divers
était venue plus que nombreuse avec lui,
et dans la grande salle se pressaient

[fo 50 vc] De chevaliers et de puceles.*
Mes une en i ot avoec eles
Cele estoit suer Meleagant,
Don bien vos dirai ça avant
Mon pansser et m'antencion,
Mes n'an vuel feire mancion,
Car n'afiert pas a ma matire
Que ci androit an doie dire,
Ne je ne la vuel boceier
Ne corronpre ne forceier,
Mes mener boen chemin et droit.
Et si vos dirai or androit,
Ou Meleaganz est venuz,
Qui oiant toz, gros et menuz,
Dist a son pere molt en haut :
« Pere, fet il, se Dex vos saut,
Se vos plest, or me dites voir
Se cil ne doit grant joie avoir
Et se molt n'est de grant vertu
Qui a la cort le roi Artu
Par ses armes se fet doter. »
Li peres sanz plus escoter
A sa demande li respont :
« Filz, fet il, tuit cil qui boen sont
Doivent enorer et servir
Celui qui ce puet desservir
Et maintenir sa conpaignie. »
Lors le blandist et si li prie
Et dit c'or ne soit mes teü
Por coi a ce amanteü,

* **6243-6244.** *Intervertis.*

6243. Qui suer estoit M. *(TV)*. **6246.** Por coi j'en ai fet m. *(TF)*. **6247.** Mes *(TF)*. **6252.** la endroit *(TVF)*. **6254.** *Foerster corrige* Qui *par* Que *pour ne pas laisser en suspens le v. 6252.*

les chevaliers et les demoiselles.
Parmi elles s'en trouvait une,
qui était la sœur de Méléagant
et dont je vous dirai plus loin
ce qu'à son propos j'ai en tête
et pourquoi j'en ai fait mention.
Je ferais tort à mon récit
si pour l'instant j'en disais plus,
je ne veux le rendre difforme,
l'altérer, lui faire violence,
je veux qu'il suive un bon, un droit chemin.
Pour le moment, je m'en tiens à ceci :
Méléagant, après son arrivée,
devant eux tous, petits et grands,
a dit à son père d'une voix forte :
« Mon père, que Dieu ait votre âme !
Dites-moi, s'il vous plaît, la vérité :
ne doit-il pas être rempli de joie,
n'est-il pas de grande vaillance
celui qui à la cour du roi Arthur
est redouté grâce à ses armes ? »
Sans en entendre plus, son père
a répondu à sa question :
« Mon fils, tous ceux qui ont quelque valeur
doivent servir et honorer
celui qui a un tel mérite,
et vivre dans sa compagnie. »
Et, lui faisant compliment, il l'invite
à ne plus cacher davantage
la raison de ce rappel et à dire

Qu'il quiert, qu'il vialt et dom il vient.*
« Sire, ne sai s'il vos sovient,
Ce dit ses filz Meleaganz,
Des esgarz et des covenanz
Qui dit furent et recordé,
Quant par vos fumes acordé
Et moi et Lancelot ansanble.
Bien vos an manbre, ce me sanble,
Que devant plusors nos dist l'an
Que nos fussiens au chief de l'an
An la cort Artus prest andui.
G'i alai quant aler i dui,
Apareilliez et aprestez
De ce por coi g'i ere alez.

[fo 51 ra] Tot ce que je dui faire fis,
Lancelot demandai et quis
Contre cui je devoie ovrer,
Mes nel poi veoir ne trover,
Foïz s'an est et destornez.
Or si m'an sui par tel tornez
Que Gauvains m'a sa foi plevie
Que se Lanceloz n'est an vie
Et se dedanz le terme mis
Ne vient, bien m'a dit et promis
Que ja respiz pris n'an sera,
Mes il meïsmes la fera
Ancontre moi por Lancelot.
Artus n'a chevalier qu'an lot
Tant con cestui, c'est bien seü,

---

*

6273. fet ce donques M. *(V, T* se*)*. **6278.** Lors fu esgardé *(VF, T* La fu*)*. **6279.** Et devant *(TF)*.

ce qu'il veut, ce qu'il cherche et d'où il vient.
« Sire, lui dit son fils Méléagant,
je ne sais pas si vous vous souvenez
des arrangements convenus
en des termes bien confirmés,
quand un accord fut trouvé par vos soins
entre Lancelot et moi-même.
Devant plusieurs il nous fut dit,
comme on l'envisagea, je crois,
que nous devions être prêts à combattre
au bout d'un an tous les deux à la cour d'Arthur.
J'y suis allé en temps voulu,
ayant pris les dispositions
conformes à l'objet de ma venue.
Je fis tout ce que je devais :
je réclamai et cherchai Lancelot,
mon adversaire en pareil ouvrage,
mais je n'ai pu le retrouver.
Il a dû s'enfuir bien au loin.
Mais je ne suis pas reparti
sans que Gauvain ne m'ait juré,
si Lancelot n'est plus en vie,
ou s'il ne vient dans les délais,
qu'on ne repoussera pas la bataille,
j'en ai sa parole formelle,
et qu'il s'en chargera lui-même
contre moi à la place de Lancelot.
Arthur n'a pas de chevalier
aussi prisé que lui, c'est bien connu.

Mes ainz que florissent seü*
Verrai ge, s'au ferir venons,
S'au fet s'acorde li renons,
Et mon vuel seroit or androit !
— Filz, fet li peres, or en droit
Te fez ici tenir por sot !
Or set tex qui devant nel sot
Par toi meïsmes ta folie.
Voirs est que boens cuers s'umilie,
Mes li fos et li descuidiez
N'iert ja de folie vuidiez.
Filz, por toi le di, que tes teches
Par sont si dures et si seches
Qu'il n'i a dolçor n'amitié,
Li tuens cuers est trop sanz pitié,
Trop es de la folie espris,
C'est ce por coi ge te mespris,
C'est ce qui molt t'abeissera.
Se tu es preuz, assez sera
Qui le bien an tesmoingnera
A l'ore qu'il besoingnera,
N'estuet pas prodome loer
Son cuer por son fet aloer,
Que li fez meïsmes se loe,
Neïs la monte d'une aloe
Ne t'aïde a monter an pris
Tes los, mes assez mains t'en pris.
Filz, je to chasti, mes cui chaut ?
Quanqu'an dit a fol petit vaut,
Que cil ne se fet fors debatre

---

* **6320.** A l'uevre qui *(corr. d'après TF).*

6300. *Il s'agit du sureau noir. Judas, dit la légende, se serait pendu à un sureau. Cf. Rutebeuf, Le Miracle de Théophile, v. 389 (éd. Faral, II, p. 194) : renier Dieu, c'est avoir laissé le baume pour le sureau (d'odeur fétide).* **6304.** *Var. VF* a bon droit *(Foerster a cru devoir corriger par* or a droit, *mais cf.*

Mais avant que les sureaux refleurissent,
je verrai bien, pour peu qu'on vienne aux prises,
si le renom s'accorde au fait.
Ah ! je voudrais que ce fût maintenant !
— Mon fils, dit le père, tu passes
à bon droit ici pour un fou.
Qui n'en savait rien peut apprendre
de ta bouche maintenant ta folie.
On dit vrai : cœur vaillant est humble,
mais l'homme égaré par l'orgueil
sera toujours plein de folie.
En le disant, mon fils, je pense à toi,
à tes mauvaises qualités,
à ton cœur sec et sans douceur,
par trop fermé à la pitié.
Tu es enflammé de fureur,
voilà pourquoi je te méprise,
c'est là ce qui te fait déchoir.
As-tu quelque valeur ? Des gens
s'en porteront témoins sans faute,
au moment où il le faudra.
Un homme de bien ne doit pas vanter
sa bravoure pour mieux relever son exploit :
l'exploit se suffit à lui-même.
Tu n'augmentes pas ton renom
de la valeur d'une alouette
à faire ton éloge et tu perds mon estime.
Je te fais la leçon, mon fils, mais à quoi bon ?
Parler à un fou, c'est peine perdue,
on ne fait rien que s'épuiser

Roman de la Rose, éd. F. Lecoy, v. 12866, la rime or endroit : en droit, *de même sens que* a droit *selon le glossaire de F. Lecoy).* **6309.** sorcuidiez *(TVF).* **6314.** touz s. p. *(T(F)).*

[fo 51 rb] Qui de fol vialt folie abatre,*
Et biens qu'an anseigne et descuevre
Ne valt rien s'an nel met a oevre,
Einz est lués alez et perduz. »
Lors fu duremant esperduz
Meleaganz et forssené,
Onques home de mere né,
Ce vos puis je bien por voir dire,
Ne veïstes ausi plain d'ire
Com il estoit, et par corroz
Fu ilueques li festuz roz,
Car de rien nule ne blandist
Son pere, mes itant li dist :
« Est ce songes, ou vos resvez,
Qui dites que je sui desvez
Por ce se je vos cont mon estre ?
Com a mon seignor cuidoie estre
A vos venuz, com a mon pere,
Mes ne sanble pas qu'il apere,
Car plus vilmant me leidoiez,
Ce m'est avis, que ne doiez,
Ne reison dire ne savez
Por coi ancomancié l'avez.
— Si faz assez. — Et vos de quoi ?
— Que nule rien an toi ne voi
Fors seulemant forssan et rage.
Je conuis molt bien ton corage
Qui ancor grant mal te fera.
Et dahait qui ja cuidera

---

* **6335.** *Vers répété à la suite.* **6343.** resbez.

6342. einçois li a dit *(T)*. **6355.** folie et r. *(TVF)*.

à vouloir guérir un fou de folie.
Le bien qu'on enseigne en toute clarté
ne vaut rien s'il n'est mis en œuvre,
il s'envole et se perd tout aussitôt. »
Méléagant fut hors de lui
et pris d'une rage violente.
Non, jamais aucun être humain,
je peux vraiment vous l'affirmer,
ne se montra plus gonflé de colère
qu'il n'était, et dans sa fureur
la paille fut rompue entre eux,
car il a perdu tout respect
pour son père, en lui répondant :
« Parlez-vous en rêve ou délirez-vous,
quand vous me traitez d'insensé
si je vous dis ce qu'il en va de moi ?
Je croyais bien venir à vous
comme à mon père, à mon seigneur :
vous n'en donnez pas l'apparence,
vous m'insultez indignement,
plus qu'il ne convient, je le pense.
Vous ne pourriez même expliquer
pourquoi vous avez commencé.
— Oh ! si, je le peux. — Et pourquoi ?
— C'est que je ne vois rien en toi
qui ne soit pas folie furieuse.
Je connais le fond de ton cœur,
il fera ton malheur encore.
Et maudit soit qui en viendra à penser

Que Lanceloz li bien apris,*
Qui de toz fors de toi a pris,
S'an soit por ta crieme foïz,
Mes espoir qu'il est anfoïz
Ou an tel prison anserrez
Don li huis est si fort serrez
Qu'il n'an puet issir sanz congié.
Certes c'est la chose dont gié
Seroie duremant iriez
S'il estoit morz ou anpiriez,
Certes trop i avroit grant perte
Se criature si aperte,
Si bele, si preuz, si serie
Estoit si a par tans perie !

[fo 51 rc] Mes c'est mançonge, se Deu plest. »
A tant Bademaguz se test,
Mes quanqu'il ot dit et conté
Ot antendu et escouté
Une soë fille pucele,
Et sachiez bien que ce fu cele
C'orainz amantui an mon conte,
Qui n'est pas liee quant an conte
Tex noveles de Lancelot.
Bien aparçoit qu'an le celot,
Quant an n'an set ne vant ne voie.
« Ja Dex, fet ele, ne me voie
Quant je ja mes reposerai
Jusque tant que je an savrai
Novele certainne et veraie ! »

---

* **6382.** quant.

6372. ja si par tens *(TVF)*.

que Lancelot, le si courtois,
prisé de tous hormis de toi seul,
se soit enfui par peur de toi !
Mais il est mort et enterré
peut-être, ou si bien enfermé
dans une prison à la porte close
qu'il n'a permission d'en sortir.
Mais c'est chose dont, à coup sûr,
j'aurais une extrême douleur,
s'il était mort ou en détresse.
Ah ! quelle perte ce serait
si un être aussi rayonnant
de tant de beauté, de valeur et de grâce
était trop tôt anéanti !
Mais plaise à Dieu que ce soit faux ! »
Bademagu se tait alors.
Mais tout ce qu'il avait pu dire
avait été bien entendu
par une fille qu'il avait.
C'était la demoiselle, apprenez-le,
dont j'ai parlé un peu plus haut.
Son cœur est triste en écoutant
ce qu'on disait de Lancelot.
On l'a mis, comprend-elle, dans un cachot,
puisqu'on n'a vent ni trace de lui.
« Que je sois damnée, se dit-elle,
si je prends jamais de repos
avant d'en avoir obtenu
des nouvelles sûres et vraies ! »

Maintenant sanz nule delaie,*
Sanz noise feire et sanz murmure,
S'an cort monter sor une mure
Molt bele et molt soef portant.
Mes de ma part vos di ge tant
Qu'ele ne set onques quel part
Torner quant de la cort se part,
N'ele nel set n'ele nel rueve,
Mes el premier chemin qu'el trueve
S'an antre et va grant aleüre,
Ne set ou, mes par avanture,
Sanz chevalier et sanz sergent.
Molt se haste, molt est an grant
D'aconsivre ce qu'ele chace,
Molt se porquiert, molt se porchace,
Mes ce n'iert ja mie si tost !
N'estuet pas qu'ele se repost
Ne demort an un leu granmant,
S'ele vialt feire avenanmant
Ce qu'ele a anpanssé a faire,
C'est Lancelot de prison traire
S'el le trueve et feire le puisse.
Mes je cuit qu'ainçois qu'el le truisse
En avra maint païs cerchié,
Maint alé et maint reverchié,
Ainz que nule novele an oie.
Mes que valdroit se je contoie
Ne ses gistes ne ses jornees ?
Mes tantes voies a tornees

---

* **6395.** nel trueve.

Sans tarder un instant de plus,
sans parler ni faire de bruit,
elle court monter sur une mule
qui était fort belle et légère à la main.
Mais quant à moi, je peux vous dire
qu'elle ne sait pas en quittant la cour
de quel côté se diriger.
Ne sachant rien, ne s'enquérant de rien,
elle prend le premier chemin
qu'elle voit, et s'en va bon train,
sans savoir où, à l'aventure,
sans chevalier ni serviteur.
Elle se hâte, dans le seul désir
d'atteindre au but qu'elle poursuit.
Que d'efforts et que d'entreprises !
Ce ne sera pas pour si tôt.
Il ne faut pas qu'elle s'arrête
ou s'attarde en un lieu longtemps
si elle veut mener à bien
ce qu'elle s'est mis en pensée de faire :
tirer Lancelot de prison,
après l'avoir trouvé, si c'est possible.
Mais je crois bien qu'elle devra
aller dans maints et maints pays
pour les explorer en tous sens,
avant d'avoir de ses nouvelles.
Mais à quoi bon vous raconter
ses haltes et ses longues étapes ?
Elle a eu beau faire tous les chemins,

[fo 51 va] Amont, aval, et sus et jus*
Que passez fu li mois ou plus
C'onques plus aprandre n'an pot
Ne moins qu'ele devant an sot,
Et c'est neanz tot an travers !
Un jor s'an aloit a travers
Un chanp, molt dolante et pansive,
Et vit bien loing lez une rive
Pres d'un braz de mer une tor,
Mes n'avoit d'une liue antor
Meison ne buiron ne repeire.
Meleaganz l'ot feite feire,
Qui Lancelot mis i avoit,
Mes cele neant n'an savoit.
Et si tost com el l'ot veüe,
S'i a si mise sa veüe
Qu'aillors ne la torne ne met,
Et ses cuers tres bien li promet
Que c'est ce qu'ele a tant chacié,
Mes ore an est venue a chié,
Qu'a droite voie l'a menee
Fortune qui tant l'a penee.
La pucele la tor aproche
Et tant a alé qu'ele i toche,
Antor va, oroille et escote,
Et si met s'antencïon tote
Savoir mon se ele i oïst
Chose dont ele s'esjoïst.
Aval esgarde et amont bee,
Si voit la tor et longue et lee,

---

* **6438.** tant l'a menee.

6446. La tor voit fort et haute et lee *(T(F) ; V* et grant et lee*)*.

monter, descendre et remonter,
un mois ou plus s'est écoulé
sans qu'elle en ait appris ni plus
ni moins que ce qu'elle savait,
autant dire rien, d'un bout à l'autre !
Un jour qu'en traversant un champ
elle avançait triste et pensive,
elle aperçut au loin sur le rivage
une tour, près d'un bras de mer,
mais à une lieu à la ronde
on ne voyait cabane ni maison.
C'était bien l'œuvre de Méléagant,
qui dedans avait mis Lancelot,
ce qu'elle ne savait pas.
Mais à peine l'eut-elle aperçue
qu'elle y a fixé son regard
sans plus pouvoir l'en détourner.
Son cœur lui garantit sans faute
qu'elle a trouvé ce qu'elle a tant cherché.
Maintenant elle touche au terme :
après l'avoir tant mise en peine,
Fortune enfin l'y a menée tout droit.
La jeune fille approche de la tour,
et maintenant elle l'atteint,
la contourne en prêtant l'oreille
avec toute son attention,
pour être bien sûre d'entendre
ce qui pourrait la mettre en joie.
Elle regarde au pied, puis fixe le sommet,
elle la voit haute, massive et forte,

Mes mervoille a ce que puet estre,*
Qu'ele n'i voit huis ne fenestre
Fors une petite et estroite.
An la tor, qui est haute et droite,
N'avoit eschiele ne degré.
Por ce croit que c'est fet de gré
Et que Lanceloz est dedanz,
Mes ainz qu'ele manjut des danz
Savra se ce est voirs ou non !
Lors le vet apeler par non,
Apeler voloit Lancelot,
Mes ce l'atarde que ele ot,
Andemantiers que se teisoit,
Une voiz qui un duel feisoit
[fo 51 vb] An la tor merveilleuse et fort,
Qui ne queroit el que la mort.
La mort covoite et trop se diaut,
Trop par a mal et morir viaut,
Sa vie et son cors despisoit
A la foiee, si disoit
Foiblemant a voiz basse et roe :
« Haï, Fortune ! Con ta roe
M'est ore leidemant tornee !
Malemant la m'as bestornee,
Car g'iere el mont, or sui el val,
Or avoie bien, or ai mal,
Or me plores, or me rioies.
Las, cheitis, por coi t'i fioies
Quant ele si tost t'a lessié ?

---

* **6474.** le fesoies *(corr. d'après TF).*

6447. Mervelle soi *(TF, V* Mervella soi*).* **6449-6450.** *F, intervertis.* **6456.** velt *(T, VF).* **6461.** *Var.* merveillous *(VF, mais T = C). Est-ce la peine qui est extrême ou la tour qui est prodigieuse ?* **6463-6464.** La mort covoite, morir velt / Car trop a mal et trop se deut *(T, F* sa mort v.*; V, intervertis).*

mais elle reste très surprise
de n'y voir de porte ni de fenêtre,
excepté une, étroite et basse.
Cette tour si haute et bien droite
n'avait d'escalier ni d'échelle.
C'est à dessein, elle en est sûre,
Lancelot doit être dedans.
Mais elle en aura le cœur net
avant d'accepter de manger !
Elle avait son nom à la bouche,
elle veut crier « Lancelot »,
mais se retient en entendant,
pendant qu'elle faisait silence,
une voix qui se lamentait
au sein de cette étrange tour
et qui n'appelait que la mort.
Il désire la mort, il veut mourir
celui qui a ainsi trop de tourments.
Il ne faisait plus cas de soi
ni de sa vie, tout en disant
faiblement à voix basse et rauque :
« Ah ! Fortune, comme ta roue
a tourné pour moi de façon cruelle !
Pour mon malheur, tout est mis à l'envers :
j'étais au sommet, je suis tout au bas,
j'étais heureux, me voici mal.
Tu pleures sur moi, mais avant tu me riais.
Malheureux ! Pourquoi t'y fier,
quand elle a tôt fait de t'abandonner ?

An po d'ore m'a abessié*
Voiremant de si haut si bas.
Fortune, quant tu me gabas,
Molt feïs mal, mes toi que chaut?
A neant est comant qu'il aut.
Ha, Sainte Croiz, Sainz Esperiz!
Con sui perduz, con sui periz!
Con sui del tot an tot alez!
Ha, Gauvain! Vos qui tant valez,
Qui de bontez n'avez paroil,
Certes duremant me mervoil
Por coi vos ne me secorez,
Certes trop i par demorez,
Si ne feites pas corteisie,
Bien deüst avoir vostre aïe
Cil cui tant solïez amer.
Certes deça ne dela mer,
Ce puis je bien dire sanz faille,
N'eüst destor ne repostaille
Ou je ne vos eüsse quis
Atot le moins .VII. anz ou dis,
Se je an prison vos seüsse,
Einz que trové ne vos eüsse.
Mes de coi me vois debatant?
Il ne vos an est mie a tant
Qu'antrer an vuilliez an la poinne.
Li vilains dit bien voir qu'a poinne
Puet an mes un ami trover,
De legier puet an esprover

---

*

6476. *Noter ici encore l'accord FC (*m'a*), contre TV (*t'a*).* **6480.** A neent t'est *(TV, mais F = C).* **6496.** *Var. TV* .V. anz ou .VI. *(mais F = C).*

En peu de temps je suis tombé
par son fait de si haut si bas.
Fortune, en te jouant de moi,
tu as mal agi. Que t'importe?
Rien ne compte pour toi, quoi qu'il arrive.
Ah! sainte Croix, ah! Saint-Esprit!
C'est ma destruction, c'est ma perte,
c'est mon anéantissement!
Gauvain, vous dont le mérite est si grand,
dont la vaillance est sans égale,
ne faut-il pas que je m'étonne
que vous ne m'ayez pas secouru?
Vraiment, vous avez trop tardé,
c'est un manque de courtoisie:
celui que vous aimiez autant
aurait bien dû avoir votre aide.
De ce côté de la mer et de l'autre,
oui, je le dis sans hésiter,
dans les lieux écartés, les plus secrets,
partout je vous aurais cherché
sept années durant ou dix même,
si je vous savais en prison,
avant de vous avoir trouvé.
Mais à quoi bon cette querelle?
Je ne compte pas assez à vos yeux
pour que vous preniez tant de peine.
Comme dit le proverbe avec raison,
on a du mal à trouver un ami
et le mettre à l'épreuve est aisé:

[fo 51 vc] Au besoing qui est boens amis.*
Las ! Plus a d'un an qu'an m'a mis
Ci an ceste tor an prison.
Gauvain, jel tieng a mesprison,
Certes, quant lessié m'i avez,
Mes espoir quant vos nel savez,
Espoir que je vos blasme a tort.
Certes voirs est, bien m'an recort,
Et grant oltrage et grant mal fis
Quant jel cuidai, car je sui fis
Que por quanque cuevrent les nues
Ne fust que n'i fussent venues
Voz genz et vos por moi fors traire
De cest mal et de cest contraire,
Se vos de voir le seüssiez,
Et feire le redeüssiez
Par amor et par conpaignie,
Qu'autremant nel redi mie.
Mes c'est neanz, ce ne puet estre.
Ha ! de Deu et de saint Cervestre
Soit maudiz, et Dex le destine,
Qui a tel honte me define !
C'est li pires qui soit an vie,
Meleaganz, qui par envie
M'a fet tot le pis que il pot. »
A tant se coise, a tant se tot
Cil qui a dolor sa vie use.
Mes lors cele qui aval muse
Quanqu'il ot dit ot entandu,
N'a plus longuemant atandu,

---

*

6508. Certes jel t. *(TVF)*. **6509.** Gauvain quant *(TVF)*. **6510.** espoir que vos nel s. *(VF, T* espoir vos ne le s.*)*. **6512.** bien m'i acort *(TVF)*. **6525.** le destruie *(TVF). Dans C,* destine *: que Dieu fixe son destin, le lui inflige.* **6526.** m'estuie *(TVF). Dans C,* define *: détermine, assigne à.*

au besoin on connaît l'ami.
Hélas ! cela fait plus d'un an
qu'on m'a mis en prison dans cette tour.
J'affirme que c'est une faute,
Gauvain, de m'y abandonner,
mais vous n'en savez rien peut-être,
peut-être vous blâmé-je à tort.
C'est la raison, et j'en conviens.
Quelle injure et quelle injustice
de l'avoir cru ! Car je suis sûr
que rien sous la voûte du ciel
ne vous eût empêché, vos gens
et vous, de venir me sortir
du mal et de l'adversité,
si vous aviez connu la vérité.
De plus c'était votre devoir,
comme compagnon, pour notre amitié,
autrement je ne le dirais pas.
Mais en vain ! Cela ne peut arriver.
Ah ! puisse-t-il être maudit de Dieu
et de saint Sylvestre, et par Dieu anéanti,
celui qui si honteusement m'enferme !
C'est le pire de ceux qui vivent,
c'est Méléagant l'envieux
qui m'a fait le pis qu'il pouvait. »
Celui dont la vie se passe à souffrir
se calme à cet instant et il s'est tu.
Mais celle qui est en bas à attendre
a entendu tout ce qu'il dit
et ne veut plus perdre de temps,

C'or set qu'ele est bien assenee,*
Si l'apele come senee
« Lancelot ! », quanqu'el puet et plus :
« Amis, vos qui estes lessus,
Parlez a une vostre amie ! »
Mes cil dedanz ne l'oï mie,
Et cele plus et plus s'esforce,
Tant que cil qui n'a point de force
L'antroï, si s'an merveilla
Que puet estre qui l'apela.
La voiz entant, apeler s'ot,
Mes qui l'apele il ne le sot,
Fantosme cuide que ce soit.
Tot entor soi garde et porvoit

[fo 52 ra] Savoir se il verroit nelui,
Mes ne voit fors la tor et lui.
« Dex, fet il, qu'est ice que j'oi ?
J'oi parler et neant ne voi !
Par foi, ce est plus que mervoille,
Si ne dor je pas, ençois voille.
Espoir s'il m'avenist an songe,
Cuidasse que ce fust mançonge,
Mes je voil, et por ce me grieve. »
Lors a quel que poinne se lieve
Et va vers le pertuis petit,
Feblemant, petit et petit,
Et quant il i fu, si s'acoste
Sus et jus, de lonc et de coste.
Quant sa veüe a mise fors,

---

* **6560.** Belemant.

6557. *Var. VF* ge veille, por ce. **6561.** Quant il i fu, si s'i a. *(V, T* est*).*

elle sait qu'elle touche au but.
Elle l'appelle avec les mots qu'il faut :
« Lancelot, crie-t-elle avec force,
ami, vous qui êtes là-haut,
parlez-moi ! Je suis votre amie. »
Mais lui, dedans, n'entendit rien.
Et elle de crier toujours plus fort.
Finalement, dans sa faiblesse,
il crut l'entendre et s'étonna :
qui donc peut ainsi l'appeler ?
Il entend la voix qui l'appelle,
mais de qui ? Il ne le savait,
il se croit le jouet d'une illusion.
Il regarde avec attention autour de lui,
au cas où il verrait quelqu'un,
mais dans la tour il est bien seul.
« Mon Dieu, dit-il, qu'est-ce donc que j'entends ?
J'entends parler sans voir personne !
Ma parole, c'est plus que fabuleux.
Pourtant je ne dors pas, mes yeux sont grands ouverts.
Si cela survenait en songe,
je pourrais croire à un mensonge,
mais je suis éveillé, ce qui m'inquiète. »
Alors non sans peine il se lève,
et va vers l'étroite ouverture,
à pas faibles, très lentement.
Arrivé là, il s'y appuie
cherchant toutes les positions.
Quand il jette les yeux dehors,

Si com il puet esgarde, lors*
Vit celi qui huchié l'avoit,
Ne la conut, mes il la voit,
Mes cele tantost conut lui,
Si li dit : « Lanceloz, je sui
Por vos querre de loing venue.
Or est si la chose avenue,
Deu merci, c'or vos ai trové.
Je fui cele qui vos rové
Quant au Pont de l'Espee alastes
Un don, et vos le me donastes
Molt volantiers, quant jel vos quis,
Ce fu del chevalier conquis
Le chief, que je vos fis tranchier,
Que je nes point n'avoie chier.
Por ce don et por ce servise
Me sui an ceste poinne mise,
Por ce vos metrai fors de ci.
— Pucele, la vostre merci,
Fet donques li anprisonez,
Bien me sera guerredonez
Li servises que je vos fis,
Se je fors de ceanz sui mis.
Se fors de ci me poez metre,
Por voir vos puis dire et prometre
Que je toz [jorz] mes serai vostres,
Si m'aïst sainz Pos li apostres !
Et se je Deu voie an la face,
Ja mes n'iert jorz que je ne face

---

*

6564. esgarder lors *(TVF).* **6583.** Fet se donc *(F* soi, *T* ce*). Cf. Ph. Ménard, Syntaxe de l'ancien français, 3e éd., 1988, p. 126 (*soi faire, « *dire* »*).*

en regardant comme il a pu,
il a vu celle qui avait crié.
Mais qui est-elle ? Du moins il la voit.
Elle aussitôt l'a reconnu
et lui dit : « Lancelot, de loin
je suis venue pour vous chercher.
La chose est enfin arrivée,
Dieu merci ! Je vous ai trouvé.
C'est moi qui vous ai demandé,
quand vous alliez vers le Pont de l'Épée,
ce don que vous m'avez bien volontiers
accordé, sitôt réclamé,
c'était la tête du vaincu,
ce chevalier haï de moi,
que je vous fis alors trancher.
Pour ce don, pour le service rendu,
je me suis ainsi mise en peine
et je vous sortirai d'ici.
— Mademoiselle, grand merci !
répond alors le prisonnier,
je serai bien récompensé
de vous avoir rendu service,
si je suis mis hors de ces lieux.
Sauriez-vous me mettre hors d'ici,
je vous fais la ferme promesse,
au nom de l'apôtre saint Paul,
de vous rester à jamais tout acquis !
J'en atteste Dieu et sa face,
il ne se passera pas de jour que je ne fasse

[fo 52 rb] Quanque vos pleira comander,*
Ne me savroiz ja demander
Chose nule, por que je l'aie,
Que vos ne l'aiez sanz delaie.
— Amis, ja de ce ne dotez
Que bien n'an soiez fors botez,
Hui seroiz desclos et delivres,
Je nel lerroie por mil livres
Que fors n'an soiez ainz le jor.
Lors vos metrai a grant sejor,
A grant repos et a grant aise,
Ja n'avrai chose qui vos plaise,
Se vos la volez, ne l'aiez.
Ja de rien ne vos esmaiez,
Mes ençois me covient porquerre
Ou que soit ci an ceste terre
Aucun engin, se je le truis,
C'om puisse croistre cest pertuis
Tant que vos issir an puissiez.
— Et Dex doint que vos le truissiez!
Fet se cil qui bien s'i acorde,
Et j'ai ceanz a planté corde
Que li sergent bailliee m'ont
Por traire le mangier amont,
Pain d'orge dur et eve troble
Qui le cuer et le cors me troble. »
Lors la fille Bademagu
un pic fort, quarré et agu
Porquiert et tantost si le baille

* **6605.** Vers répété à la suite. **6614.** a p. de corde *(hypermétrique. Il faut choisir entre les deux constructions:* a p. c. *(TV) ou comme F:* p. de c.*).*

6610. *Var. TV* Dont puissiez c. *(mais F:* Dont puisse c.*; cette hésitation laisse à C le bénéfice du doute, à condition toutefois de lire* c'om + *3e personne, et non* com + *1re personne).* **6611.** Seviaus tant qu'issir en p. *(TF, V* Au mains t.*).* **6615.** li cuivert *(TVF).* **6621.** *P.* tant qu'el l'a puis le b. *(V, F* qu'il, *T* Li quiert tant que ele li b.*).*

tout ce qu'îl vous plaira de commander.
Vous ne saurez me demander
quoi que ce soit qui dépende de moi
sans qu'aussitôt vous l'obteniez.
— Ami, n'ayez aucune crainte,
vous serez tiré de prison
et mis en liberté aujourd'hui même.
Pour mille livres je ne laisserais pas
de vous en mettre hors avant demain.
Vous ferez pour vous reposer
un long séjour tout à votre aise.
Il n'y a pas de chose qui vous plaise
que vous n'obteniez, si vous voulez.
N'ayez plus la moindre inquiétude.
Mais d'abord il me faut chercher
dans les parages, n'importe où,
un outil quelconque, si je le trouve,
pour qu'on puisse agrandir ce trou
jusqu'à ce que vous y passiez.
— Dieu vous donne de le trouver !
répond-il d'accord avec elle.
J'ai de la corde ici, en quantité,
que cette engeance m'a donnée
pour que je hisse mes repas,
un pain d'orge très dur et de l'eau trouble,
qui provoque en moi la nausée. »
La fille de Bademagu
se pourvoit alors d'un pic bien taillé,
aigu, solide et le lui donne.

Celui qui tant an hurte et maille*
Et tant a feru et chevé,
Neporquant s'il li a grevé,
Qu'issuz s'an est tot largemant.
Or est a grant alegemant,
Or a grant joie, ce sachiez,
Quant il est de prison sachiez
Et quant il d'iluec se remue
Ou tel piece a esté an mue,
Or est au large et a l'essor !
Et sachiez bien que por tot l'or
Qui est espanduz par le mont,
Qui tot le meïst an un mont
Et tot li donast et solsist,

[fo 52 rc] Arrieres estre ne volsist.
Ez vos desserré Lancelot,
Qui si ert vains qu'il chancelot
De vanité et de feblece.
Cele si soef que nel blece
Le met devant soi sor sa mure,
Puis si s'an vont grant aleüre.
Mes la pucele se desvoie
Tot de gré por ce qu'an nes voie,
Et chevalchent celeemant,
Car s'ele alast apertemant,
Espoir assez tost lor neüst
Aucuns que ele coneüst,
Et ce ne volsist ele pas.
Por ce eschive les max pas

---

* **6623.** boté *(corr. d'après TVF).* **6625.** legieremant *(corr. d'après TVF).* **6635.** ofrist *(corr. d'après TF).*

6648. s'il les reconeüst *(TV).*

Et le voici qui frappe et qui martèle
et qui creuse à force de coups,
épuisé pourtant par tout cet effort.
Il sortit enfin, quand ce fut bien large.
Quel grand soulagement pour lui !
Quelle immense joie, sachez-le,
de se voir tiré de prison
et de s'échapper à ce lieu
où il fut si longtemps gardé en mue.
Le voici à l'air libre et prenant son essor !
Soyez certains que pour tout l'or
répandu à travers le monde,
l'aurait-on mis en un seul tas
pour le lui donner en paiement,
il n'aurait pas rebroussé chemin.

Voici donc Lancelot libre,
mais si affaibli qu'il chancelait,
défaillant presque de fatigue.
Avec douceur, pour ne pas le blesser,
elle l'a mis par devant sur sa mule,
puis ils s'en vont à vive allure,
mais elle sort de son chemin
exprès pour qu'on ne les voie pas,
chevauchant à la dérobée,
car si elle allait à la vue de tous,
quelqu'un pourrait les reconnaître
qui aurait tôt fait de leur nuire,
et il n'en était pas question.
Elle évite les mauvais pas,

Et est venue a un repeire*
Ou sovant sejorne et repeire,
Por ce que biax estoit et genz.
Et li repeires et les genz
Erent an son comant del tot,
Si estoit planteïs de tot
Li leus, et sains et molt privez.
La est Lanceloz arivez,
Et si tost com il fu venuz,
Quant il fu de sa robe nuz,
En une haute et bele couche
La pucele soef le couche,
Puis le baigne, puis le conroie
Si tres bien que je n'an porroie
La mitié deviser ne dire.
Soef le menoie et atire
Si com ele feïst son pere,
Tot le renovele et repere,
Tot le remue, tot le change.
Or n'est moins biax d'un ange,
N'est mes roigneus n'esgeünez,
Mes forz et biax, si s'est levez,
Et la pucele quis li ot
Robe plus bele qu'ele pot,
Dom au lever le revesti,
Et cil lieemant la vesti
Plus legiers que oisiax qui vole.
La pucele beise et acole,
Puis li dist amiablemant :

---

*

6657. et seürs et p. *(TVF). Après* **6670** *om.* Or est plus tornanz et plus vistes / C'onques riens plus ne veïstes *(V, T, intervertis :* ausi ne v., *F* si t. et si v. / C'o. r. ausi ne v.*).* **6671.** *Var. V* ne eschenez *(eschevez ?).*

pour atteindre enfin un manoir
qui lui servait de séjour et de retraite,
pour l'agrément et la beauté du lieu.
Et la demeure avec ses gens
était tout entière à ses ordres.
Tout s'y trouvait en abondance,
c'était un lieu sûr et privé.
Lancelot y est descendu.
A peine est-il arrivé là,
il a été déshabillé,
la demoiselle le couche
avec douceur, sur un lit haut et beau ,
puis elle le baigne et l'entoure
de tant de soins que je ne pourrais pas
vous en raconter la moitié.
Sa main s'est faite douce, elle le traite
comme s'il eût été son père,
le rétablit, lui donne vie nouvelle,
et change en profondeur son être.
Il égale en beauté un ange,
[Vous ne verriez pas de créature
plus prompte, ou plus agile à se tourner].
Toute trace de faim et de gale a disparu,
le voici fort, le voici beau, il se relève.
La jeune fille est allée lui chercher
la plus belle robe de chevalier,
et elle l'en revêt, quand il se lève.
En la passant, il s'est senti de joie
plus léger qu'un oiseau en vol.
Lui mettant les bras au cou, il l'embrasse
puis il lui dit, plein d'amitié :

[fo 52va] « Amie, fet il, seulemant*
A Deu et a vos rant merciz
De ce que sains sui et gariz.
Par vos sui de prison estors,
Por ce poez mon cuer, mon cors
Et mon servise et mon avoir
Quant vos pleira prandre et avoir.
Tant m'avez fet que vostres sui,
Mes grant piece a que je ne fui
A la cort Artus mon seignor,
Qui m'a portee grant enor,
Et g'i avroie assez a feire.
Or, douce amie deboneire,
Par amors si vos prieroie
Congié d'aler, et g'i iroie
S'il vos pleisoit molt volantiers.
— Lancelot, biax dolz amis chiers,
Fet la pucele, jel vuel bien,
Que vostre enor et vostre bien
Vuel je par tot et ci et la. »
Un merveilleus cheval qu'ele a,
Le meillor c'onques veïst nus,
Li done cele, et cil saut sus,
Qu'as estriés congié n'an rova,
Ne sot mot quant sus se trova.
Lors a Deu qui onques ne mant
S'antrecomandent boenemant.
Lanceloz s'est mis a la voie
Si liez que, se juré l'avoie,

* *Le dernier vers de la colonne précédente est répété au début du verso.* **6680.** fet fet.

6703. *La traduction de ce vers est de J. Frappier.* **6704.** N'en sot *(TFV).*

« Amie, à vous seule et à Dieu
je dois rendre grâce, dit-il,
d'avoir recouvré la santé.
C'est vous qui m'avez jeté de prison,
vous pouvez disposer à votre gré
de ma personne, corps et âme,
de mes biens et de mes services.
Vous avez tant fait pour moi que je suis à vous.
Mais voici longtemps que l'on ne m'a vu
à la cour d'Arthur, mon seigneur,
qui m'a toujours porté un grand honneur.
Là-bas, j'aurais beaucoup à faire.
Puis-je, ma douce et bonne amie,
vous faire avec amour prière
de me laisser partir ? J'irais là-bas
bien volontiers, s'il vous plaisait.
— Lancelot, mon doux, mon très cher ami,
j'y consens, dit la jeune fille,
car, où que ce soit, je ne veux
que votre honneur et votre bien. »
Or elle avait un cheval merveilleux,
le meilleur qu'on ait jamais vu.
Elle le lui donne, il l'enfourche,
brûlant la politesse aux étriers,
et le voilà par surprise en selle.
Alors à Dieu qui tout est Vérité
ils se recommandent de bon cœur.
Lancelot s'est mis en chemin,
si heureux que, même en m'y engageant,

Ne porroie por nule painne*
Dire la joie qu'il demainne
De ce qu'ainsi est eschapez
De la ou il fu antrapez.
Mes or dit sovant et menu
Que mar l'a en prison tenu
Li traïtres, li forsligniez,
Qui est gabez et angigniez,
« Et maugré suen an sui je fors ! »
Donc jure le cuer et le cors
Celui qui tot le mont cria
Qu'avoir ne richesce n'en a
Des Babiloine jusqu'a Gant
Por qu'il leissast Meleagant

[fo 52 vb] Eschaper, se il le tenoit,
Et de lui au desus venoit,
Que trop li a fet leit et honte.
Mes li afeires a ce monte
Que par tans en iert a meïsmes,
Car cil Meleaganz meïsmes
Qu'il menace et tient ja si cort
Estoit ce jor venuz a cort,
Sanz ce que nus ne le manda.
Quant il i fu si demanda
Tant mon seignor Gauvain qu'il l'ot,
Puis li requiert de Lancelot
Li mauvés traïtres provez
Se puis fu veüz ne trovez,
Ausi con s'il n'en seüst rien,

---

*

6723. s'as mains le t. *(VT, F = C)*.

je ne pourrais, quoi qu'il m'arrive,
vous dire la joie qu'il se fait
d'avoir pu échapper ainsi
du piège où il était tombé.
Mais maintenant il se répète
que le traître dégénéré
qui l'emprisonnait s'est perdu lui-même,
c'est lui la dupe dont on rit :
« Oui, malgré lui, j'en suis sorti ! »
Il jure par Dieu en personne,
le Créateur de l'univers,
qu'il n'existe pas de trésor
de Babylone jusqu'à Gand
pour lequel il laisserait échapper
Méléagant, s'il le tenait
et qu'il prît sur lui le dessus :
il lui a fait trop de tort et de honte.
Mais les choses en sont venues au point
qu'il en sera bientôt à même,
car ce même Méléagant
qu'il menace et que déjà il talonne,
était venu ce jour-là à la cour,
sans que personne l'eût mandé.
Dès son arrivée, il demanda
monseigneur Gauvain qu'il obtint de voir.
Alors ce traître confirmé
s'enquiert à lui de Lancelot :
l'avait-on retrouvé depuis ?
Comme si lui n'en savait rien !

Nel feisoit il, nel sot pas bien,*
Mes il le cuidoit bien savoir.
Et Gauvains li a dit por voir
Qu'il nel vit ne il ne vint puis.
« Des qu'ainsi est que je vos truis,
Fet Meleaganz, donc venez
Et mon covenant me tenez,
Car plus ne vos en atandrai.
— Ce, fet Gauvains, bien vos tandrai,
Se Deu plest ou j'ai ma creance,
Jusqu'a po vostre covenance.
Bien me cuit a vos aquiter,
Mes se vient a plus poinz giter
Et geu giet plus que ne façoiz,
Si m'aïst Dex et sainte Foiz,
Quanqu'avra el geu tot an tasche
Prendrai, ja n'en avrai relasche ! »
Et lors Gauvains sanz plus atandre
Comande gitier et estandre
Iluec devant soi un tapi.
Ne se sont mucié ne tapi
A son comant li escuier,
Mes sanz grondre et sanz enuier
De ce qu'il rueve s'antremetent.
Le tapiz prenent, si le metent
Cele part ou il comanda.
Lors s'asiet cil qui le manda
De desus et armer se rueve
Aus vaslez que devant soi trueve,

* **6746.** randrai. **6757-6759.** Iluec un tapiz devant soi / Isnelemant font sanz esfroi / Tot son c. *(corr. d'après TF)*. **6764-6765.** Cil saut sus einz n'i aresta / Et de desore a. *(corr. d'après TVF). Contrairement à la remarque de L. Foulet dans son Glossary, s.v.* tapi, *p. 292, les exemples de la Première Continuation (T v. 10670, 12075) montrent bien que le chevalier s'asseoit pendant la cérémonie.*

Mais justement il ne savait pas tout,
bien qu'il se crût sûr de son fait.
Gauvain lui répond sans mentir
qu'il ne l'avait pas vu venir depuis.
« Puisqu'ainsi je nc le trouve pas, lui,
dit Méléagant, c'est à vous de venir !
Tenez-moi donc votre parole,
je ne vous attendrai pas plus.
— S'il plaît à Dieu en qui je crois,
répond Gauvain, je vous tiendrai
d'ici peu mes engagements.
Je compte bien m'acquitter envers vous.
Si on en vient à qui fera le plus de points
et que je lance au mieux mes dés,
que Dieu et sainte Foi m'entendent,
je prendrai comme un droit, sans faute,
la totalité de la mise. »
Alors Gauvain, sans plus attendre,
a donné l'ordre qu'on jette un tapis
là, devant lui, et qu'on l'étende.
Les écuyers devant son ordre
n'ont pas voulu se dérober.
Sans la moindre grogne ni hargne,
ce qu'il exige est accompli.
On apporte le tapis, on le place
à l'endroit qu'il a désigné.
Leur maître alors s'assied dessus,
puis il commande de l'armer
aux jeunes nobles qu'il voit là,

6742. que ge nel truis *(V, TF* qu'avoir nel puis). **6750.** *Sur ces expressions, voir le glossaire d'A. Henry pour le Jeu de Saint Nicolas, s.v.* **6756.** c. ruer et e. *(TV).* **6762.** Le t. aportent si m. *(T, VF* et m.*).*

[fo 52 vc] Qui an cors desfublé estoient.*
.III. en i ot, qui li estoient
Ne sai ou cosin ou neveu,
Por voir bien anseignié et preu,
Cil l'armerent bel et si bien
Qu'il n'a el monde nule rien
Dont nus hom reprendre les puisse
Por nule rien que il i truisse
En chose qu'il en aient fait.
Quant l'ont armé, li uns d'ax vait
Amener un destrier d'Espaigne
Tel qui plus tost cort par chanpaigne,
Par bois, par tertres et par vax,
Que ne fist li boens Bucifax.
El cheval tel con vos oez
Monta li chevaliers loez,
Gauvains, li plus bien anseigniez
Qui onques fust de main seigniez.
Et ja voloit son escu prandre,
Quant il vit devant lui descendre
Lancelot don ne se gardoit.
A grant mervoille l'esgardoit
Por ce que si soudainnemant
Est venuz, et se je n'an mant,
Mervoilles li sont avenues
Ausins granz con s'il fust des nues
Devant lui cheüz maintenant,
Mes nel va lors riens detenant
Ne besoinz qu'il poïst avoir,
Quant il voit que c'est il por voir,

---

* **6794.** decevant *(corr. d'après TV, F* retenant*)*.

6767. en piez *(TVF).Sur le rite du manteau enlevé dès qu'on est en service, voir L. Foulet, Glossary of the First Continuation, pp. 178-180.* **6768.** Deus en i ot *(TVF).* **6774.** Por mesprison nule qu'il t. *(TV, F* Por m. que il i t.*).* **6780.** *Seuls C et F donnent le nom correct du cheval d'Alexandre.*

débarrassés de leur manteau.
Ils étaient trois, parmi ses proches,
cousins ou neveux, je ne sais,
tous bien éduqués et vaillants.
Ils ont si bien su lui mettre ses armes
qu'il n'y a dans ce monde rien
que l'on pourrait leur reprocher
comme une erreur à dénoncer
dans le détail de leur service.
Après qu'il est armé, l'un deux est allé
lui chercher un coursier d'Espagne,
qui était plus véloce à travers champs
et bois, ou par monts et par vaux,
que ne le fut le vaillant Bucéphale.
Sur ce cheval que je vous dis
est monté l'illustre chevalier,
Gauvain, l'homme le plus courtois
qui ait jamais reçu bénédiction.
Déjà il saisissait l'écu,
quand il vit devant lui descendre
Lancelot qu'il n'attendait pas.
Quelle merveille de le voir,
quand il est si soudainement
survenu ! Vraiment, sans mentir,
Gauvain s'en est émerveillé
comme s'il était à l'instant,
devant ses yeux , tombé du ciel.
Mais dès qu'il voit que c'est bien lui,
rien, quelle qu'en eût été l'urgence,
ne peut alors le retenir

Qu'a terre ne soit descenduz,*
Lors li vet ses braz estanduz,
Si l'acole et salue et beise.
Or a grant joie, or est a eise,
Quant son conpaignon a trové!
Et je vos dirai voir prové,
Si ne m'an mescreez vos pas,
Que Gauvains tot en es le pas
Ne volsist pas qu'an l'esleüst
A roi por ce qu'il ne l'eüst.
Ja set li rois, ja sevent tuit
Que Lanceloz, cui qu'il enuit,
Qui tel piece a esté gaitiez,
Est venuz toz sains et haitiez,

[fo 53 ra] S'an font grant joie tuit ansanble,
Et por lui festoier s'asanble
La corz qui lonc tans l'a bahé.
N'i a nul, tant de grant ahé
Ou de petit, joie n'an face.
Joie depiece et si esface
La dolor qui ençois i ert,
Li diaus s'an fuit, si i apert
Joie, qui formant les revele.
Et la reïne n'i est ele
A cele joie qu'an demainne?
Oïl voir, tote premerainne.
Comant? Dex, ou fust ele donques?
Ele n'ot mes si grant joie onques
Com or a de sa bien venue,

* **6807.** Va s'an *(corr. d'après TF).* **6819.** rapele *(corr. d'après TVF).*

6798. Puis li a ses b. *(TV).* **6806.** par si qu'il *(TV, F* por tant qu'il*).* **6823.** C. por Deu ou f. el d. *(TF, V* et ou f. d.*).*

de mettre aussitôt pied à terre,
et d'aller vers lui, les bras tendus,
le saluer et l'embrasser.
Quelle grande joie et quel bonheur
de retrouver son compagnon !
Oui, c'est la pure vérité,
n'allez surtout pas en douter,
à cet instant même, Gauvain
aurait refusé qu'on l'élût roi
s'il avait dû être sans lui.
Déjà le roi, déjà tous savent
que Lancelot, n'en déplaise à certains,
est revenu tout sain et sauf,
lui qu'on attendait depuis si longtemps.
Ils en montrent tous une grande joie.
Pour le fêter se rassemble la cour
qui fut longtemps dans cette attente.
Tous, les jeunes comme les vieux,
manifestent leur grande joie.
La joie chasse en la dispersant
la douleur qui régnait avant.
La tristesse s'enfuit, la joie
transparaît, qui tous les transporte.
— Et la reine ? Prend-elle part
à la joie qui se voit partout ?
— Mais oui, et toute la première.
Que dites-vous ? — Dieu ! Où donc serait-elle ?
Si rien ne lui causa jamais
plus de joie que cette heureuse arrivée,

Et ele a lui ne fust venue?*
Si est, voir, ele an est si pres
Qu'a po se tient, molt s'an va pres
Que li cors le cuer ne sivoit.
Ou est donc li cuers? Il beisoit
Et conjoïssoit Lancelot.
Et li cors, por coi se celot?
N'estoit bien la joie anterine?
A y donc corroz ne haïne?
Nenil certes, ne tant ne quant,
Mes puet cel estre, li auquant,
Li rois, li autre qui la sont,
Qui lor ialz espanduz i ont,
Aparceüssent tost l'afeire,
S'ainsi veant toz volsist feire
Tot si con li cuers le volsist.
Et se Reisons ne li tolsist
Ce fol panser et cele rage,
Si veïssent tot son corage,
Lors si fust trop granz la folie.
Por ce Reisons anferme et lie
Son fol cuer et son fol pansé,
Si l'a un petit racenssé
Et a mis la chose an respit
Jusque tant que voie et espit
Un boen leu et un plus privé
Ou il soient mialz arivé
Que il or ne sont a ceste ore.
Li rois Lancelot molt enore

---

*

6828. Que poi s'an falt m. en va p. **6829.** *F donne seul avec C la bonne leçon. Tout le passage est incompris dans V.* **6853.** Qu'or ne seroient a c. hore *(T, V* Qu'il ne*).*

pourquoi n'est-elle pas venue à lui ?
— Mais c'est le cas ! Elle est si près de lui
que pour un peu, elle serait presque
à suivre en personne son cœur.
— Où donc est son cœur ? — Il couvrait,
tout joyeux, Lancelot de baisers.
— Alors pourquoi le corps se cachait-il ?
Sa joie n'est-elle pas entière ?
S'y mêle-t-il dépit ou haine ?
— Non, vraiment, d'aucune façon,
mais il y a nombre de gens,
le roi et d'autres là, présents,
avec leurs yeux tout grands ouverts,
qui pourraient vite tout comprendre,
si elle avait laissé son cœur
devant tous dicter sa conduite.
Et si Raison n'avait chassé
tant de passion, de pensées folles,
on aurait connu le fond de son cœur
et c'eût été une immense folie.
Aussi Raison a-t-elle enfermé, enchaîné
ce cœur trop fou et ses folles pensées.
Recouvrant un peu son bon sens,
elle remet la chose à plus tard,
pour guetter le moment propice
et trouver un lieu plus discret,
où ils viendraient à meilleur port
que là où ils sont à présent.
Le roi rend de grands honneurs à Lancelot.

[fo 53 rb] Et quant assez l'ot conjoï,*
Se li dist : « Amis, je n'oï
Certes de nul home noveles
Piece a qui si me fussent beles
Con de vos, mes molt m'esbaïs
An quel terre et an quel païs
Vos avez si grant piece esté.
Et tot iver et tot esté
Vos ai fet querre et sus et jus,
N'onques trover ne vos pot nus.
— Certes, fet Lanceloz, biax sire,
A briés paroles vos puis dire
Tot si com il m'est avenu.
Meleaganz si m'a tenu,
Li fel traïtres, an prison
Des cele ore que li prison
De sa terre furent delivre,
Si m'a fet a grant honte vivre
En une tor qui est sor mer.
La me fist metre et anfermer,
La menasse ancor dure vie,
Se ne fust une moie amie,
Une pucele cui ge fis
Un petit servise jadis.
Cele por assez petit don
M'a rendu large guerredon,
Grant enor m'a feite et grant bien.
Mes celui cui je n'aim de rien,
Qui cele honte et cest mesfet
M'a porchacié, porquis et fet,

---

*

6873. qui siet *(TF)*.

Après lui avoir bien marqué sa joie,
il lui a dit : « Ami, voici longtemps
vraiment que je n'ai eu un tel plaisir
d'apprendre des nouvelles de quelqu'un
comme je le fais de vous, mais je m'étonne :
dites-moi où, en quel pays,
vous avez pu rester si longuement .
Durant l'hiver, durant l'été,
je vous ai fait chercher partout,
sans que personne vous trouvât.
— Cher seigneur, répond Lancelot,
je peux vous dire en peu de mots
vraiment ce qui m'est arrivé.
Méléagant m'a maintenu,
cet infâme traître, en prison
depuis le jour où les captifs
en son pays ont été libérés.
Il m'a fait vivre indignement
dans une tour en bord de mer.
C'est là qu'il m'a fait enfermer.
J'y mènerais encore une vie de souffrances,
si je n'avais eu une amie,
une jeune fille à qui autrefois
j'avais rendu quelque service.
Et elle, pour ce don minime,
s'est montrée en retour très généreuse,
m'apportant honneur et bienfaits.
Quant à celui que je déteste en tout
et à qui je dois la honte et le mal
qu'il m'a procurés sans relâche,

Voldrai randre son paiemant*
Or androit sanz delaiemant.
Il l'est venuz querre, et il l'ait !
N'estuet pas que il se delait
Por l'atandre, car toz est prez
Li gaainz, la monte et li prez,
Mes ja Dex ne doint qu'il s'en lot ! »
Lors dit Gauvains a Lancelot :
« Amis, fet il, iceste paie
Se je vostre deteur la paie,
C'iert assez petite bontez,
Et ausi sui je ja montez
Et toz prez, si con vos veez.
Biax dolz amis, ne me veez

[fo 53 rc] Cest don, que je requier et vuel. »
Cil dit qu'il se leiroit ainz l'uel,
Voire andeus, de la teste traire
Einz qu'a ce le poïst atraire.
Bien jure que ja n'avandra,
Il li doit et il li randra,
Car de sa main li afia.
Gauvains voit bien mestier n'i a
Riens nule que dire li sache,
Si desvest son hauberc et sache
De son dos et toz se desarme.
Lanceloz de ces armes s'arme
Tot sanz delai et sanz demore,
Il ne cuide ja veoir l'ore
Qu'aquitez se soit et paiez,

---

* **6889-6890.** car trop est prez / Et je meïsmes resui prez *(corr. d'après TF)*. **6891.** qu'il l'ot *(corr. d'après TVF)*.

6909. *Var. TF* et tost.

j'entends lui payer tout son dû
ici même sans plus attendre.
Ce qu'il est venu chercher, il l'aura !
Il ne faut pas qu'il reste là
à attendre, car voici prêt
tout son gain, principal et intérêt.
Dieu veuille qu'il n'en tire gloire ! »
Gauvain s'adresse à Lancelot :
« Ami, fait-il, ce paiement-là,
je peux le faire à votre créancier,
ce n'est qu'un modeste service,
et puis je suis déjà en selle,
prêt au combat, vous le voyez.
Mon doux ami, ne me refusez pas
ce don. Je le voudrais, je le réclame. »
Plutôt se laisser arracher un œil
de la tête, répond-il, les deux même,
que de devoir y consentir !
Rien de tel n'arrivera, il le jure :
sa dette, il la remboursera lui-même,
car il en a, de sa main, fait serment.
Gauvain comprend bien qu'il est inutile
de chercher d'autres arguments.
Il retire de son dos son haubert
et il ôte toutes ses armes.
C'est Lancelot qui s'en revêt
sans prendre le moindre retard.
L'heure ne lui semble jamais venir
où ses comptes seront en règle !

N'avra mes bien, s'iert apaiez*
Meliaganz, qui se mervoille
Oltre reison de la mervoille
Qu'il a ses ialz esgarde et voit,
A bien petit qu'il ne desvoit
Et par po n'a le san changié.
« Certes, fet il, fos fui quant gié
N'alai, ençois que ça venisse,
Veoir s'ancore le tenisse
An ma prison et an ma tor
Celui qui or m'a fet un tor.
Ha, Dex ! Je por coi i alasse ?
Comant, par quel reison cuidasse
Que il s'an poïst estre issuz ?
N'est li murs assez fort tissuz
Et la torz assez forz et haute ?
N'il n'i avoit pertuis ne faute
Par ou il issir an peüst,
S'aïde par defors n'eüst.
Espoir qu'il i fu ancusez.
Or soit que li murs soit usez
Et toz cheoiz et toz fonduz,
Ne fust il avoec confonduz
Et morz et desmanbrez et roz ?
Oïl, si m'aïst Dex, trestoz !
S'il fust cheüz, morz fust sanz faille,
Mes je cuit qu'ainz que li murs faille
Faudra, ce cuit, la mers trestote
Si qu'il n'en i remandra gote,

---

* **6940.** quan que *(faute commune à TC, corr. d'après F).*

6941. Faudra la mer et l'eve tote *(FT).*

Il ne connaîtra pas de bonheur
avant d'avoir payé Méléagant,
dont l'étonnement est sans bornes
devant la merveille qu'il voit.
Pour un peu il perd la raison,
car c'est à cn devenir fou !
« Quel insensé j'ai donc été
de n'être allé voir, avant de venir,
si je le tenais bien toujours
emprisonné dedans ma tour,
celui qui vient de me jouer ce tour !
Mais pourquoi, grand Dieu, y serais-je allé ?
Comment aurais-je pu penser
qu'il fût capable d'en sortir ?
Les murs ne sont-ils pas bien compacts,
la tour, assez haute et puissante ?
Aucun trou ni aucune faille
par où il aurait pu passer,
sans trouver d'aide du dehors !
Le secret fut trahi peut-être.
Admettons qu'à force d'usure
les murs se soient tout écroulés,
n'aurait-il pas péri avec,
le corps broyé, déchiqueté ?
Mais oui, par Dieu, et tout entier !
Les murs tombés, c'était sa mort.
Mais avant qu'ils ne tiennent plus,
c'est la mer tout entière qui viendra à manquer
sans qu'il reste une seule goutte d'eau,

[fo 53 va] Ne li monz ne durera plus,*
S'a force n'est abatuz jus.
Autremant va, n'est pas issi,
Aïde ot quant il en issi,
Ne s'an est autremant volez,
Bien sui par consant afolez.
Comant qu'il fust, il an est fors,
Mes se m'an gardasse bien lors,
Ja ne fust ne ja n'avenist
Ne ja mes a cort ne venist.
Mes tart an sui au repantir,
Cil qui n'a talant de mantir,
Li vilains, dit bien chose estable,
Que trop a tart ferme an l'estable
Quant li chevax an est menez.
Bien sai c'or serai demenez
A grant honte et a grant laidure,
Se assez ne suefre et andure.
Quel sosfrir et quel andurer?
Mes tant con je porrai durer
Li donrai je assez antante,
Se Deu plest a cui j'ai m'atante. »
Ensi se va reconfortant
Ne ne demande mes fors tant
Qu'il an chanp soient mis ansanble,
Et c'iert par tans, si con moi sanble,
Car Lanceloz le va requerre
Qui molt tost le cuide conquerre.
Mes ainz que li uns l'autre assaille,
Lor dit li rois que chascuns aille

---
*

---

et ce sera la fin du monde,
ou il faudra les abattre de force.
Non, il en va tout autrement :
pour sortir, il a eu de l'aide,
sans quoi il ne se serait pas envolé.
Je dois ma perte à des complices.
Quoi qu'il en soit, il est dehors.
Si j'avais bien su m'en garder,
rien de tel ne serait arrivé,
on ne l'aurait pas revu à la cour.
Mais je me repens bien trop tard.
Le paysan qui n'a soin de mentir
a un proverbe bien établi :
c'est comme fermer l'écurie
quand le cheval s'est échappé.
Je suis bien sûr de connaître à présent
le plus honteux des traitements,
à moins d'avoir beaucoup à souffrir.
Combien me faudra-t-il souffrir ?
Qu'importe ! Aussi longtemps que je tiendrai,
je lui donnerai fort à faire,
si Dieu le veut, en qui j'ai foi. »
Ainsi cherche-t-il réconfort
et il ne demande plus rien d'autre
que de venir en champ clos face à face.
Cela ne peut tarder, je crois,
car Lancelot vient à l'attaque
en vue d'une prompte victoire.
Mais avant qu'ils ne se livrent assaut,
le roi leur dit d'aller tous deux

Aval soz la tor an la lande,*
N'a si bele jusqu'an Irlande,
Et il si font, la sont alé,
Molt furent tost jus avalé.
Li rois i va et tuit et totes,
A granz tropiax et a granz rotes.
La s'an vont tuit, nus n'i remaint,
Et as fenestres revont maint
Chevalier, dames et puceles,
Por Lancelot, gentes et beles.
En la lande un sagremor ot
Si bel que plus estre ne pot,
Molt tenoit place, molt est lez,
S'est tot antor selonc orlez

[fo 53 vb] De menue erbe fresche et bele
Qui an toz tans estoit novele.
Soz le sagremor gent et bel
Qui fu plantez del tans Abel
Sort une clere fontenele
Qui de corre est assez isnele.
Li graviers est et biax et genz,
Et clers con se ce fust argenz,
Et li tuiax, si con ge cuit,
De fin or esmeré et cuit,
Et cort parmi la lande aval
Antre .II. bois parmi un val.
Iluec plest le roi qu'il se siee,
Qu'il n'i voit rien qui li dessiee.
Les genz fet treire bien ansus,

---

*

6981. La reïne dames puceles *(FV)*. **6982.** Dont avec li avoit de beles *(TF)*.

plus bas, dans la lande au pied de la tour :
il n'y a plus belle jusqu'en Irlande.
Ainsi font-ils, ils vont là-bas,
en dévalant vite la pente.
Le roi les suit, avec sa cour,
en masse, groupes après groupes.
Ils s'y rendent tous, sans nulle exception,
tandis qu'aux fenêtres maints autres viennent,
la reine avec les dames et les jeunes filles
dont maintes étaient de grande beauté.
Dans cette lande était un sycomore,
qui ne pouvait être plus beau.
Il tenait une large place,
environné tout en bordure
d'un tapis d'herbe fraîche et belle,
qui en toute saison était nouvelle.
Au pied du noble sycomore
qui remontait au temps d'Abel,
jaillissait une source claire.
Elle s'écoulait vivement
sur un beau fond de gravier net
qui brillait comme de l'argent.
Par un conduit qui était fait,
je crois, de l'or fin le plus pur,
elle s'enfuyait à travers la lande,
entre deux bois, dans un vallon.
Là volontiers s'asseoit le roi,
qui trouve plaisir à tout ce qu'il voit.
Il donne l'ordre qu'on s'écarte.

Et Lanceloz molt tost cort sus*
Meliagant de grant aïr,
Con celui cui molt puet haïr.
Mes avant, einz que il le fiere,
Li dist a haute voiz et fiere:
« Traiez vos la, je vos desfi,
Et sachiez bien trestot de fi
Que ne vos espargnerai point. »
Lors broche son cheval et point
Et arriers un petit se trait
Tant de place com uns ars trait,
Puis lessent l'uns vers l'autre corre
Quanque cheval lor porent corre,
Si s'antrefierent maintenant
Es escuz qui bien sont taingnant
Qu'il les ont troez et perciez,
Mes l'uns ne l'autres n'est bleciez
N'an char conseüz a cele ore.
Lors passent oltre sanz demore,
Puis se revont granz cos doner
Quanque chevax puet randoner
Es escuz qui boen sont et fort,
Et il resont de grant esfort
Et chevalier preu et vassal,
Et fort et isnel li cheval.
Et a ce qu'il fierent granz cos
Sor les escuz qu'il ont as cos,
Les lances sont oltre passees
Qui fraites ne sont ne quassees,

---

*

Et Lancelot fond aussitôt
avec violence sur Méléagant,
qui était l'objet de toute sa haine.
Mais avant de venir frapper,
Il l'a menacé à voix haute :
« Venez par là, je vous défie !
Soyez de plus bien assuré
que je n'entends pas vous épargner. »
Il éperonne son cheval
et revient un peu en arrière,
à une portée d'arc au moins.
Puis l'un contre l'autre ils se lancent
de toute la vitesse de leurs chevaux.
Ils se portent un coup si rude
sur les écus qu'ils ont solides
qu'ils les transpercent maintenant,
mais sans se blesser l'un ni l'autre
et sans s'atteindre dans leur chair.
Sans s'arrêter ils passent outre,
puis reviennent se donner un grand coup
de tout l'élan de leurs chevaux
sur les écus qui les protègent.
Ce sont des chevaliers impétueux,
pleins de vaillance et de courage,
leurs chevaux aussi ont force et vitesse.
Dans la violence de ce choc
les écus qu'ils portent au cou
sont traversés par les deux lances
qui, sans avoir été brisées,

[fo 53 vc] Et sont a force parvenues*
Desi qu'a lor charz totes nues.
Par grant vertu l'uns l'autre anpaint,
Qu'a terre se sont jus anpaint,
Ne peitrax ne cengle n'estrie[r]s
N'i pot eidier que par derriers
Chascuns d'ax la sele ne vuide
Et chieent a la terre vuide.
Esfreé an sont li cheval
Qui s'an vont amont et aval,
Li uns regibe, l'autres mort,
Que l'uns volsist l'autre avoir mort.
Et li chevalier qui cheïrent
Plus tost qu'il porent sus saillirent
Et ont tost les espees traites,
Qui de letres erent portraites.
Les escuz devant lor vis metent
Et des ore més s'antremetent
Comant se puissent domagier
As espees tranchanz d'acier.
Lanceloz nel redote mie,
Car il savoit plus d'escremie
La mitié que cil n'an savoit,
Car an s'anfance apris l'avoit.
Andui s'antrefierent granz cos
Sor les escuz qu'il ont as cos
Et sor les hiaumes d'or barrez,
Que fraiz les ont et anbarrez.
Mes Lanceloz le haste fort,
Si li done un grant cop et fort

---

* **7041.** Li uns regibe l'autre et mort *(corr. d'après TF).*

7038. *Var. T* Que de seignor fu tote vuide *(voir A. Micha, La tradition manuscrite ..., p. 338).* **7039.** Estraier *(TVF).*

sont parvenues de vive force
jusqu'au contact de leur chair.
Leur poussée réciproque est si brutale
qu'ils se sont renversés à terre,
poitrail, sangle ni étriers,
n'ont pu empêcher qu'ils ne vident
chacun leur selle par-derrière
et ne tombent sur le sol vide.
Les chevaux errent en tous sens,
remontant, puis redescendant.
L'un se met à ruer et l'autre à mordre,
prêts tous deux à s'entretuer.
Les chevaliers jetés à bas
se sont relevés au plus vite
et ils ont tirés leurs épées
où des lettres étaient inscrites.
L'écu à hauteur de visage,
ils sont désormais occupés
à se faire tout le mal possible
avec leurs épées à l'acier tranchant.
Mais Lancelot ne le craint pas,
car, en escrime, il en savait
la moitié plus que son adversaire :
dès l'enfance il l'avait apprise.
Tous deux se frappent de grands coups
sur les écus retenus à leur cou
et sur les heaumes aux cercles d'or :
les voilà brisés et cabossés.
Mais Lancelot le serre de très près.
D'un coup porté avec puissance

Devant l'escu a descovert*
El braz destre de fer covert,
Si li a colpé et tranchié.
Et quant il se sant domagié
De sa destre qu'il a perdue,
Dist que chier li sera vandue
S'il an puet leu ne aise avoir,
Ne remanra por nul avoir,
Car tant a duel et ire et rage
Qu'a bien petit que il n'anrage
Et molt po prise son afeire
S'un malvés geu ne li puet feire.
Vers lui cort, que prendre le cuide,
Mes Lanceloz bien se porcuide,

[fo 54 ra] Car a s'espee qui bien taille
Li a fet tele osche an sa taille
Dom il ne respassera mais,
Einz iert passez avrix et mais,
Que le nasal li hurte as danz
Que trois l'en a brisiez dedanz.
Et Meliaganz a tele ire
Qu'il ne puet parler ne mot dire,
Ne merci demander ne daingne,
Car ses fos cuers li desansaingne,
Qui trop l'enprisone et anlace.
Lanceloz vient, si li deslace
Le hiaume et la teste li tranche.
Ja mes cist ne li fera ganche,
Morz est cheüz, fet est de lui.

---

* **7076.** an s'antraille *(corr. d'après TV).*

7088. *Pour* guenche, *Tobler-Lommatzsch, comme Foerster, donne le sens d'« esquiver, se détourner », et non pas de « jouer un mauvais tour », comme on traduit (T-L, s.v., fasc. 35, col. 726).*

sur son bras droit bardé de fer,
qui était à découvert par-devant son écu,
il le lui a tout net tranché.
Quand l'autre sent le dommage subi,
cette main droite qu'il a perdue,
il se dit qu'il la vendra chèrement,
s'il peut en trouver l'occasion,
sans y manquer pour rien au monde.
Il ressent tant de rage et de douleur
qu'il est près d'en devenir fou.
Son affaire n'en vaudrait pas la peine,
s'il ne peut lui faire un mauvais parti.
Il fonce sur lui, croyant le surprendre,
mais Lancelot a bien pris garde :
avec son épée bien tranchante,
il l'entame d'un coup de taille
dont il ne se remettra plus,
quand passeraient avril et mai.
Il lui rentre le nasal dans les dents,
dont trois se retrouvent brisées.
Méléagant suffoque de colère
au point d'en perdre la parole,
il ne daigne non plus demander grâce,
il est trop prisonnier de la folie
de son cœur qui l'instruit à contresens.
Lancelot vient et lui délace
le heaume et lui tranche la tête :
il ne peut plus s'y dérober.
Il est tombé mort, c'en est fait de lui.

Mes or vos di n'i a celui*
Qu'ilueques fust, qui ce veïst,
Cui nule pitiez an preïst.
Li rois et tuit cil qui i sont
Grant joie an demainnent et font.
Lancelot desarment adonques
Cil qui plus lié an furent onques,
Si l'en ont mené a grant joie.
Seignor, se j'avant an disoie,
Ce seroit oltre la matire,
Por ce au definer m'atire,
Ci faut li romanz an travers.
Godefroiz de Leigni, li clers,
A parfinee la charrete,
Mes nus hom blasme ne l'an mete
Se sor Crestïen a ovré,
Car ç'a il fet par le boen gré
Crestïen qui le comança.
Tant en a fet des lors an ça
Ou Lanceloz fu anmurez,
Tant con li contes est durez.
Tant en a fet, n'i vialt plus metre
Ne moins, por le conte malmetre.

Ci faut li romans de Lancelot
De la charrete.

---

*

7096. *Var. TV* lié ne f. *(mais F = C). Explicit : T :* Ci fenist li romanz dou chevalier de la charrete*, V :* Ci faut li romanz de la charrete.

Mais personne, je vous l'assure,
parmi les présents n'eut à sa vue
la moindre pitié de lui.
Le roi ainsi que tous les autres
en ont montré beaucoup de joie.
Ceux qui en sont les plus heureux
désarment alors Lancelot
et l'emmènent dans l'allégresse.

Seigneurs, si je parlais encore,
j'aurais dépassé mon sujet.
Je m'apprête donc à conclure.
Ici s'achève le roman de part en part.
Godefroi de Leigni, le clerc,
a mené à bonne fin *La Charrette*,
mais qu'on ne vienne pas le blâmer
s'il a repris l'œuvre sur Chrétien !
Il ne l'a fait qu'avec l'accord
de Chrétien qui l'a commencée.
Il l'entreprit à compter du moment
où Lancelot venait d'être emmuré
pour aller aussi loin que dure le récit.
Telle est sa part. Il ne veut rien ajouter
ni retrancher, pour ne pas gâter le conte.

Ici prend fin le roman de Lancelot
de la charrette.

INDEX DES NOMS PROPRES

TABLE

CHRÉTIEN DE TROYES, LE CHEVALIER DE LA CHARRETTE

Dans Le Livre de Poche

Extraits du catalogue

LE LIVRE de POCHE

Lettres gothiques

Collection dirigée par Michel Zink

La collection Lettres gothiques *se propose d'ouvrir au public le plus large un accès à la fois direct, aisé et sûr à la littérature du Moyen Âge.*

Un accès direct en mettant chaque fois sous les yeux du lecteur le texte original. Un accès aisé grâce à la traduction en français moderne proposée en regard, à l'introduction et aux notes qui l'accompagnent. Un accès sûr grâce aux soins dont font l'objet traductions et commentaires. La collection Lettres gothiques *offre ainsi un panorama représentatif de l'ensemble de la littérature médiévale.*

La Chanson de la croisade albigeoise

Cette chronique de la croisade contre les Albigeois sous la forme d'une chanson de geste en langue d'oc a été composée à chaud dans le premier quart du XIIIe siècle. Commencée par un poète favorable aux croisés — Guillaume de Tudèle —, elle a été poursuivie par un autre — anonyme — qui leur est hostile. La traduction qu'on lira en regard du texte original est l'œuvre d'un poète. Elle restitue le rythme, la passion, la couleur de la *Chanson*. « Écrite... dans la langue dont on usait dans les cours et les cités méridionales, ce langage admirable, sonore, ferme, dru, qui procure jouissance à seulement en prononcer les mots rutilants, à en épouser les rythmes, *La Chanson de la croisade* est l'un des monuments de la littérature occitane » (Georges Duby).

La Chanson de Roland

La Chanson de Roland est le premier grand texte littéraire français, celui qui a fixé pour toujours dans les mémoires la mort de Roland à Roncevaux. Composée, telle que nous la connaissons, à la fin du XIe siècle, c'est la plus ancienne, la plus illustre et la plus belle des chansons de geste, ces poèmes épiques chantés qui situent tous leur action trois siècles en arrière, à l'époque carolingienne, sous le règne de Charlemagne ou de son fils. *La Chanson de Roland* est un poème d'une âpre grandeur, dense et profond, jouant avec une sobre puissance de ses résonances et de ses échos. L'édition et la traduction qu'en donne ici Ian Short sont l'une et l'autre nouvelles.

Tristan et Iseut

Les poèmes français - La saga norroise

Peu de légendes ont marqué l'imaginaire amoureux de notre civilisation aussi fortement que celle de Tristan et Iseut. Ce volume réunit les romans et les récits en vers français qui en constituent, au XIIe siècle, les monuments les plus anciens: les romans de Béroul et de Thomas, la *Folie Tristan*, le lai du *Chèvrefeuille* et celui du *Donnei des Amants* (ou « Tristan rossignol »). On y a joint, traduite pour la première fois en français, la saga norroise du XIIIe siècle, version intégrale d'une histoire dont les poèmes français ne livrent que des fragments.

Journal d'un bourgeois de Paris

Ce journal a été tenu entre 1405 et 1449 par un Parisien, sans doute un chanoine de Notre-Dame et un membre de l'Université. Vivant, alerte, souvent saisissant, il offre un précieux témoignage sur la vie quotidienne et les mouvements d'opinion à Paris à la fin de la guerre de Cent Ans, au temps des affrontements entre Armagnacs et Bourguignons, au temps de Jeanne d'Arc. Publié intégralement pour la première fois depuis plus d'un siècle, ce texte, écrit dans une langue facile, n'est pas traduit, mais la graphie en est modernisée et il est accompagné de notes très nombreuses dues à l'une des meilleures historiennes de cette période.

Marie de France

Lais

Contes d'aventure et d'amour, les *Lais*, composés à la fin du XIIe siècle par une mystérieuse Marie, sont d'abord, comme le revendique leur auteur, des contes populaires situés dans une Bretagne ancienne et mythique. Les fées y viennent à la rencontre du mortel dont elles sont éprises ; un chevalier peut se révéler loup-garou ou revêtir l'apparence d'un oiseau pour voler jusqu'à la fenêtre de sa bien-aimée. Mais la thématique universelle du folklore est ici intégrée à un univers poétique à nul autre pareil, qui intériorise le merveilleux des contes de fées pour en faire l'émanation de l'amour.

Lancelot du Lac

Lancelot enlevé par la fée du lac, élevé dans son château au fond des eaux. Lancelot épris, Lancelot amant de la reine Guenièvre. Lancelot exalté par son amour jusqu'à devenir le meilleur chevalier du monde. Lancelot dépossédé par son amour de tout et de lui-même. Quelle autre figure unit aussi violemment l'énigme de la naissance, le voile de la féerie, l'éclat de la chevalerie, le déchirement de l'amour ?

L'immense roman en prose de *Lancelot*, composé autour de 1225, n'était jusqu'ici accessible que dans des éditions très coûteuses et dépourvues de traduction, des extraits traduits sans accompagnement du texte original, ou à travers des adaptations lointaines. Le présent volume offre au lecteur à la fois le texte original, complet et continu jusqu'au baiser qui scelle l'amour de Lancelot et de la reine, et une traduction de François Mosès qui joint l'exactitude à l'élégance.

Le Livre de l'Échelle de Mahomet

Le Livre de l'Échelle de Mahomet appartient à la littérature du *miraj*, ensemble de récits en arabe relatant l'ascension jusqu'à Dieu du prophète Mahomet durant un voyage nocturne. L'original en est perdu, mais on en connaît une traduction latine du XIIIe siècle. C'est elle qui est éditée et traduite en français dans le présent volume.

Ce beau texte étrange et envoûtant est d'un intérêt exceptionnel. Il illustre une tradition islamique à la fois importante et marginale. Il est riche d'un imaginaire foisonnant. Il témoigne des efforts de l'Occident médiéval pour connaître l'Islam et mérite particulièrement à ce titre l'attention du lecteur d'aujourd'hui.

Chrétien de Troyes

Le Conte du Graal

ou le roman de Perceval

Voici l'œuvre dernière, restée inachevée (c. 1181), du grand romancier d'aventure et d'amour qu'est Chrétien de Troyes. Paradoxe d'une mort féconde. Énigme demeurée intacte. Œuvre riche de toutes les traditions : biblique et augustinienne, antique et rhétorique, celtique et féerique. Est-ce un roman d'éducation ou le mystère d'une initiation ? Brille-t-il par le cristal de sa langue ou par la merveille d'une femme ?

Une édition nouvelle, une traduction critique, la découverte d'un copiste méconnu du manuscrit de Berne, autant d'efforts pour restituer au lecteur moderne les puissances d'abîme et d'extase du grand œuvre du maître champenois.

François Villon

Poésies complètes

Villon nous touche violemment par son évocation gouailleuse et amère de la misère, de la déchéance et de la mort. Mais c'est aussi un poète ambigu, difficile moins par sa langue que par son art de l'allusion et du double sens. La présente édition, entièrement nouvelle, éclaire son œuvre et en facilite l'accès tout en évitant le passage par la traduction, qui rompt le rythme et les effets de cette poésie sans en donner la clé. Toute la page qui, dans les autres volumes de la collection, est occupée par la traduction est utilisée ici pour donner en regard du texte des explications continues que le lecteur peut consulter d'un coup d'œil sans même interrompre sa lecture.

La Pochothèque

Une nouvelle série du Livre de Poche
au format 12,5 × 19

Le LIVRE de POCHE

Le Petit Littré

Broché cousu - 1 946 pages - 120 F

L'édition du « Petit Littré » est la version abrégée du monument de science lexicographique édifié voilà un peu plus d'un siècle par Émile Littré à la demande de son ami Louis Hachette. Elle a été établie sous le contrôle de Littré par A. Beaujean, professeur d'Université, ami et collaborateur de l'auteur pendant plus de vingt ans.

Cet « abrégé », connu sous le titre de « Petit Littré » et de « Littré-Beaujean », offre l'essentiel de ce que les étudiants et un grand public cultivé peuvent rechercher dans la version complète et développée.

Les caractéristiques et les qualités irremplaçables du « Grand Littré » se retrouvent dans le petit.

Littré retrace l'évolution du sens et de l'emploi de chaque terme, parfois sur plusieurs siècles. Il indique l'étymologie lorsqu'elle est sûre, les règles de prononciation et les particularités grammaticales ou orthographiques.

La place faite dans le « Petit Littré » à l'histoire des mots à travers les textes sur une période qui s'étend du Moyen Age au XIXe siècle en fait un complément sans concurrent des ouvrages actuels. Il consigne un état monumental de la langue française qu'aucun grand dictionnaire ne remplace.

Le corpus du « Petit Littré » s'élève à 80 000 mots.

*

« Encyclopédies d'aujourd'hui »

Encyclopédie géographique

Broché cousu - 1 200 pages - 64 pages hors texte - 155 F

En un seul volume, l'inventaire actuel complet des 169 unités nationales du monde contemporain, de leurs institutions, de leur histoire, de leurs ressources naturelles, de leurs structures économiques, des courants d'échanges et des données statistiques sur les produits et les services.

L'ouvrage comporte trois parties :

1. L'astronomie, la géographie physique, les statistiques économiques de base conformes aux informations récentes (1990), les institutions internationales (100 pages) ;

2. La France (200 pages) ;

3. Les pays du monde (de l'Afghanistan au Zaïre) (900 pages) : monographies par pays présentées dans un ordre alphabétique.

Encyclopédie de l'art

Broché cousu - 1 400 pages - 195 F

Un inventaire et une analyse des grandes créations artistiques *de la Préhistoire à nos jours*. Toutes les époques, toutes les régions du monde, toutes les disciplines y sont présentées.

L'ouvrage comprend un *dictionnaire* de plusieurs milliers d'articles : des notices biographiques et critiques sur les artistes (peintres, architectes, sculpteurs, photographes, mais aussi décorateurs, orfèvres, céramistes, ébénistes, etc.) ; des exposés de synthèse sur les écoles, les genres, les mouvements, les techniques ; une présentation systématique des grandes civilisations du passé et des institutions ayant marqué l'histoire de l'art, l'analyse des rapports entre l'art et la vie économique de chaque époque.

Plusieurs annexes complètent le dictionnaire : une chronologie universelle ; un panorama des grandes créations architecturales ; un *lexique des termes techniques*, qui forme un rappel des mots de métier.

La richesse de l'iconographie (plus de 1 600 documents pour la plupart en couleurs) et la multiplicité des renvois animent et approfondissent les perspectives de lecture.

A paraître :

Dictionnaire des lettres françaises, de Mgr de Grente
Moyen Age, XVIe siècle, XVIIe siècle, XVIIIe siècle

Encyclopédie de la musique

Encyclopédie des sciences

Encyclopédie de la littérature

La Bibliothèque idéale
(réédition du volume publié par *Lire*)

Composition réalisée par COMPOFAC - PARIS

IMPRIMÉ EN FRANCE PAR BRODARD ET TAUPIN
Usine de La Flèche (Sarthe).
LIBRAIRIE GÉNÉRALE FRANÇAISE - 6, rue Pierre-Sarrazin - 75006 Paris.

ISBN : 2 - 253 - 05401 - 1

30/4527/5